Raças e Classes Sociais no Brasil

Octavio Ianni

Raças e Classes Sociais no Brasil

editora brasiliense

Copyright © by Octavio Ianni
Nenhuma parte desta publicação pode ser gravada,
armazenada em sistemas eletrônicos, fotocopiada,
reproduzida por meios mecânicos ou outros quaisquer
sem autorização prévia da editora.

3ª edição, revista e acrescida de novos capítulos, 1987
2ª reimpressão, 2014

Diretora Editorial: *Maria Teresa B. de Lima*
Editor: *Max Welcman*
Projeto Gráfico e Diagramação: *Formato Editora e Serviços*

Dados Internacionais de catalogação na Publicação(CIP)
(Câmara Brasileira do Livro, SP, Brasil)

Ianni, Octavio, 1926-2004
　Raças e classes sociais no Brasil / Octavio Ianni. São Paulo : Brasiliense, 2004.
　2ª reimpr. da 3. ed. de 1987.
　Bibliografia.

　ISBN 978-85-11-08062-7

　1. Brasil relações raciais 2. Classes sociais Brasil I Título.

04-3077　　　　　　　　　　　　　　　　　　　CDD-305.50981

Índices para catálogo sistemático:
1. Brasil : Raças e classes sociais : Sociologia 305.50981

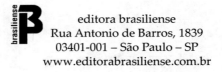

editora brasiliense
Rua Antonio de Barros, 1839
03401-001 – São Paulo – SP
www.editorabrasiliense.com.br

SUMÁRIO

Prefácio à 3ª edição 7

PRIMEIRA PARTE – BRANCOS E NEGROS NA
FORMAÇÃO DA SOCIEDADE 9
1 Capitalismo e escravatura 11
2 Do escravo ao cidadão 21
3 Raça e mobilidade social 46
4 A ideologia do branco 70
5 A ideologia do negro e do mulato 87
6 Negritude e cidadania 101

SEGUNDA PARTE – UMA SOCIEDADE
MULTIRRACIAL 123
7 A imigração italiana 125
8 A situação social do polonês 152
9 A comunidade indígena 179
10 Religiões populares 195
11 O samba de terreiro 212
12 Educação e mobilidade social 240

TERCEIRA PARTE – POVO E NAÇÃO 257
13 O estudo da situação racial 259
14 Raça e sociedade 265
15 Raça e classe 289
16 Diversidades raciais e questão nacional 308

Sobre o autor 325

PREFÁCIO À 3ª EDIÇÃO

A formação do povo brasileiro compreende também as diversidades raciais. Essas diversidades mesclam-se todo tempo nas relações sociais. Estão presentes em muitos lugares, instituições, grupos. São um aspecto essencial da fisionomia do povo.

Entretanto, apesar de serem frequentemente apresentadas como naturais, as diversidades raciais escondem muitas desigualdades. A história do povo revela que há diversidades raciais que são criadas e recriadas no interior das desigualdades sociais. Aliás, as características raciais são produzidas socialmente nas relações entre diferentes etnias. Nesse sentido é que a raça, o preconceito racial e o racismo são produtos das relações entre membros de grupos que se consideram e agem como diferentes, desiguais.

Não se trata de apagar a multiplicidade. Ao contrário, cabe garantir a riqueza e a beleza da multiplicidade. Para isso, no entanto, torna-se necessário reduzir e abolir as desigualdades sociais, políticas, econômicas, culturais e outras que se escondem sob as diversidades raciais.

Este livro reúne trabalhos escritos em várias ocasiões. Uns se referem à sociedade brasileira como um todo, e outros, a determinadas situações, cidades, regiões. Há diferenças narrativas evidentes revelando as marcas do tempo. Há temas que são apenas retomados em mais de um capítulo; outros recebem algum desenvolvimento. Mas todos estão inspirados na mesma preocupação de compreender as desigualdades sociais que se escondem nas diversidades raciais.

Nesta 3ª edição incluem-se alguns capítulos novos: "Negritude e cidadania", "A imigração italiana", "A comunidade indígena", "Religiões populares", "Educação e mobilidade social" e "Diversidades raciais e questão nacional". Assim abriu-se a possibilidade de reordenar o conjunto dos escritos que compõem esta nova edição.

São Paulo, março de 1987.

Octavio Ianni

PRIMEIRA PARTE

BRANCOS E NEGROS NA FORMAÇÃO DA SOCIEDADE

1

CAPITALISMO E ESCRAVATURA

A formação do capitalismo industrial do Brasil é um processo cujas etapas e limites históricos ainda não foram suficientemente situados e interpretados. As análises dos historiadores, economistas, sociólogos e cientistas políticos já reuniram um acervo de conhecimentos importantes à explicação da sociedade industrial brasileira. Assim, alguns estudiosos ressaltam, por exemplo: a Revolução de 1930, as crises na cafeicultura, as crises do capitalismo internacional em 1914-1918, em 1929, em 1939-1945 etc. Outras contribuições apontam o valor explicativo da Abolição da Escravatura, da queda da monarquia e do primeiro surto de industrialização em fins do século XIX. É inegável que todos esses acontecimentos são fundamentais para a interpretação da gênese e da configuração industrial no Brasil. A própria coexistência, as tensões e os conflitos entre o mundo agrário e o mundo industrial somente se esclarecem quando a análise apanha aqueles fatos e processos.

É durante a segunda metade do século XIX que a sociedade brasileira, profundamente marcada por relações coloniais (com Portugal e, depois, a Inglaterra), começa a sofrer a diferenciação interna que caracterizará a sua relativa autonomia e singularidade. Ou melhor, nessa época são geradas as forças que conduzem a essa direção. Gerada com o desenvolvimento econômico ocorrido no referido período, a diferenciação

12 RAÇAS E CLASSES SOCIAIS NO BRASIL | *Octavio Ianni*

atinge o sistema produtivo e as relações de produção. É nesse ambiente que se instauram, de maneira aberta, algumas das relações fundamentais à formação do capitalismo industrial. Em seu sentido histórico, o capitalismo industrial criado durante a Era Getuliana (1930-1964) não se constituiu totalmente nessa mesma época. Foi produzido passo a passo, por partes, desde fases anteriores. Os mecanismos fiscais, aduaneiros, cambiais, as técnicas empresariais e de gerência, a formalização do mercado de força de trabalho, a capacidade de formular, importar e utilizar a tecnologia apropriada, a reformulação da estrutura do poder público, as correntes ideológicas vinculadas à economia nacional e à industrialização etc. criaram-se pouco a pouco. *Grosso modo*, essas condições constituíram-se em decorrência do desenvolvimento e da diversificação das relações internas e externas da economia e da sociedade nacionais. Adiante focalizaremos a essência dessas relações.

Neste ensaio apresentaremos uma interpretação da sociedade nacional, conforme as suas transformações mais notáveis, na segunda metade do século XIX. Com esse fim, examinaremos o *processo de ruptura entre o trabalhador e os meios de produção*. A expulsão do trabalhador da esfera dos meios de produção é um acontecimento ao mesmo tempo preliminar e interno à formação do capitalismo industrial no Brasil. É nessa ocasião que se inicia uma fase importante da acumulação capitalista no âmbito da sociedade nacional. Ao mesmo tempo, inicia-se também um novo ciclo de reacomodações do Brasil no quadro do capitalismo mundial.

A contradição fundamental

Vários acontecimentos se apresentam como fundamentais, quando analisamos a sociedade brasileira durante a segunda metade do século XIX. Destacam-se, por exemplo: a interrupção do tráfico de escravos; a adoção da tarifa Alves Branco; a Guerra do Paraguai e suas repercussões na sociedade brasileira; o aparecimento do "exército deliberante", pela sua presença ativa na política; a campanha abolicionista; a campanha republicana; a expansão e o predomínio da cafeicultura; a

CAPITALISMO E ESCRAVATURA 13

imigração europeia para a zona cafeeira e os centros urbanos mais importantes; a colonização das regiões despovoadas ou com baixa densidade demográfica; o florescimento da economia da borracha, provocando o afluxo de nordestinos para a Amazônia; os primórdios da industrialização; a Abolição da Escravatura; a Proclamação da República. A interpretação dessa época não pode prescindir do exame cuidadoso desses acontecimentos, encarados isoladamente e em suas influências recíprocas.

Entretanto, todos esses elementos, tomados um a um ou em conjunto, são insuficientes para explicar satisfatoriamente a referida época histórica, seja simbolizada na Abolição, seja simbolizada na queda da monarquia. A interpretação clássica de Oliveira Vianna, a despeito de isolar alguns acontecimentos cruciais, não é satisfatória. Ou melhor, não é propriamente uma explicação, apresentando-se antes como uma descrição de processos e fatos importantes ao entendimento do ocaso do império. O mesmo se pode dizer da contribuição de Nelson Werneck Sodré.[1] A despeito de incorporar e alargar as reflexões de Oliveira Vianna, Sodré não realiza uma explicação completa. A meu ver, essas contribuições (inegavelmente fundamentais ao estudo do referido período) não são satisfatórias, porque permanecem no plano da descrição, sem apanhar plenamente os processos cruciais. Elas se resolvem numa configuração histórico-estrutural, teoricamente explícita e convincente.

Em verdade, todos os acontecimentos mencionados somente adquirem valor explicativo quando compreendem a estrutura e historicidade dos sistemas sociais. É preciso apanhar os acontecimentos em suas manifestações e significações, em seus aspectos visíveis e subjacentes, a fim de que possamos adquirir uma adequada referência estrutural. Por

---

[1] Oliveira Vianna, *O Ocaso do Império*, 2ª ed., São Paulo, Melhoramentos, 1933; Nelson Werneck Sodré, *Panorama do Segundo Império*, São Paulo, Nacional, 1939, e *História da Burguesia Brasileira*, Rio de Janeiro, Civilização Brasileira, 1964. Outros autores também oferecem elementos importantes ao estudo do período. Todavia, Vianna e Sodré têm o mérito de compreender a singularidade dessa época e apresentar explicações globais.

isso, toda a época em questão, em seus acontecimentos mais importantes e secundários ou reflexos, somente se torna efetivamente explicada quando examinada com referência à coexistência da produção mercantilizada (café, açúcar, cacau, algodão, borracha, couro, erva-mate etc.) com o regime escravocrata. Durante a segunda metade do século XIX, a sociedade brasileira é governada pela contradição entre a *mercadoria* e o *escravo*. Ou seja, é nessa época que a contradição entre o modo de produção e as relações de produção se torna aberta e incômoda, impondo-se o seu desenvolvimento.

Diferenciação da estrutura econômico-social

O antagonismo essencial entre o escravo e a mercadoria somente aparece como contradição no momento em que o sistema econômico-social ingressa num período de transformações aceleradas. A coexistência entre a produção mercantil e a escravatura é eficaz enquanto a mercadoria não adquire, de modo pleno, a condição de categoria fundamental do sistema. É a partir de meados do século XIX que ocorrem acontecimentos importantes, modificando-se a estrutura econômico-social e, em consequência, fazendo emergir a referida contradição.

Diversos fatos exprimem as modificações que se verificavam então: a expansão e o predomínio da cafeicultura na economia nacional, provocando o crescimento da renda nacional; a redução e a extinção do tráfico de africanos, com a consequente liberação de capitais e experiência empresarial para investimentos produtivos em outros setores; a adoção da tarifa Alves Branco, em 1844, com o seu caráter fiscal e protecionista; o aparecimento de um incipiente setor fabril, ao lado do artesanato já importante; a campanha de combate ao livre-cambismo, em benefício das atividades produtivas não agrícolas, identificadas com o nascente mercado interno. Em suma, durante a referida época houve um importante surto de desenvolvimento econômico. A estrutura da economia brasileira diferenciou-se acentuadamente. Ao lado da expansão e predomínio da cafeicultura expandiram-se as atividades artesanais e o setor de serviços, além de ter-se criado um setor fabril.

Em consonância com esses acontecimentos, ocorridos na esfera da economia, verificou-se a diferenciação interna do sistema social. Tanto quantitativa quanto qualitativamente, a sociedade passou por modificações substanciais. A divisão do trabalho, inerente à organização social da vida coletiva, desenvolveu-se aceleradamente. Além de multiplicarem-se as ocupações preexistentes, criam-se novas, emergindo outros grupos sociais, diferentes concepções sobre a economia e a sociedade, a política e a cultura, a indústria e a agricultura, a economia do país e a economia mundial etc.

Em síntese, durante a segunda metade do século XIX, a estrutura econômico-social no Brasil modificou-se profundamente. Expande-se a produção mercantil e criam-se interesses econômicos novos, distintos daqueles configurados na cafeicultura. A diferenciação crescente da estrutura econômico-social manifesta-se no aparecimento e expansão das atividades econômicas não agrícolas. Ao mesmo tempo, surgem grupos sociais não identificados com o *fazendeiro*. É nesse contexto que a mercantilização das atividades produtivas e das outras relações econômicas adquire maior amplitude. A partir desse momento, a coexistência entre a mercadoria e o escravo se torna cada vez mais difícil. Tornam-se incompatíveis.

Na cafeicultura, em especial no oeste paulista, a *fazenda* se transforma numa *empresa*. A racionalidade inerente à economia mercantil penetra progressivamente a unidade produtora. Gerada na esfera da comercialização do café, a organização racional dos negócios relacionados à cafeicultura encaminha-se insistentemente para a fazenda. Assim, a comercialização do café impõe a reelaboração dos fatores e da organização na fazenda, transformando-a numa empresa, no sentido de empreendimento capitalista. Para enfrentar os problemas relacionados à organização eficaz dos elementos da produção, tais como a terra, o capital, a técnica, a mão de obra, além do financiamento, o transporte, o crédito etc., o *fazendeiro* foi obrigado a adotar outras atitudes e comportamentos, transformando-se em *empresário*. A racionalidade inerente ao modo capitalista de organização da produção difunde-se progressivamente pelo sistema social. Nesse processo desenvolve-se a autorracionalização do comportamento do empresário. E também do trabalhador.

Nesse contexto, o fazendeiro de café descobre que o escravo é um investimento relativamente oneroso. A organização mais eficaz do empreendimento, implicando a ordenação produtiva dos fatores e a avaliação mais cuidadosa dos custos, bem como das condições do mercado, evidencia a amplitude do risco do caráter agora *antieconômico* do investimento em escravos. Em outros termos, revela-se ao empresário uma sorte de antagonismo, ou incompatibilidade, entre o trabalhador escravo e as possibilidades de ampliação da margem de lucro. Em sua consciência, o escravo e o lucro é que se revelam inadequadamente integrados ou não mais suscetíveis de integrar-se satisfatoriamente. Esse é um conteúdo importante em toda a campanha abolicionista e no movimento pela imigração europeia. O progresso possível do sistema econômico-social passou a depender (agora claramente) da eliminação do trabalhador da esfera dos meios de produção. Não apenas no sentido da abolição da escravatura, mas também no sentido de criação de um mercado efetivo de mão de obra, com base no trabalhador livre.

Esse processo ganhou novos elementos dinâmicos e maior envergadura devido à expansão dos setores não agrícolas da economia. Nas atividades artesanais e fabris, bem como nos serviços públicos, a identificação com o escravo era bem menor ou nula, em confronto com o que ocorria na agricultura. Essa situação facilitava e incentivava a criação do mercado de mão de obra baseado no trabalhador livre. A própria massa imigrada estava interessada em distinguir-se da escravaria e, mais ainda, valorizar-se muito mais do que a massa escrava. O imigrado considerava-se diferente e melhor que o escravo ou ex-escravo. Incorporou rapidamente os padrões discriminatórios dominantes na sociedade brasileira, apresentando-se, pois, privilegiado no mercado de trabalho.

Portanto, a abolição e a imigração resultaram da instalação e, ao mesmo tempo, do remanejamento do mercado de trabalho. Por isso, quando a procura de ocupações foi maior que a oferta, ou quando esta foi seletiva, os negros e mulatos ficaram em último lugar; são eles que contribuirão, em maior parte, para a formação de um contingente de reserva que vegetará no Rio de Janeiro, São Paulo, Porto Alegre e outros núcleos dominantes. Em parte, esse contingente de trabalhadores disponíveis alimentará expansões posteriores da economia nacional, especialmente a industrialização.

A importância da cultura urbana

Todavia, os interesses econômicos criados, especialmente a inversão de capital em escravos, tornavam difícil a elaboração de uma consciência clara da incongruência crescente entre o modo de produção e as relações de produção. A transição da fazenda à empresa, em correspondência com a modificação do fazendeiro em empresário, não ocorreu senão paulatinamente. Na maior parte dos casos, na mesma unidade produtiva coexistiam o *escravo* e o *colono*, da mesma forma que relações de produção escravistas com relações de produção baseadas em mão de obra assalariada. Os interesses criados, as práticas rotinizados, o patrimonialismo, a cultura escravocrata, toda uma visão do mundo, enfim, obstava a formulação clara dos termos da situação. Por isso o referido antagonismo não aparece aos sujeitos da situação senão como inadequação em face do lucro efetivo e o possível. Entretanto, a contradição estava operando, praticamente, tanto ao nível da empresa como ao do mercado, tanto no plano das relações pessoais como no da sociedade global. Nem sempre a consciência social apreende as dimensões mais significativas da realidade.

Em particular, é na cidade que a contradição entre mercadoria e escravo adquire significação social e política, ainda que não enquanto tal. Devido à emergência de interesses econômicos diversos, à formação de grupos sociais não identificados com a agricultura nem com a escravidão, no ambiente urbano o escravo aparece representando um sistema que precisa ser ultrapassado. Essa tomada de consciência das incongruências entre as possibilidades de mercantilização crescente da economia e o regime escravista reflete o antagonismo entre mercadoria e escravo. Na cultura urbana, à medida que ela se desenvolve e adquire autonomia, em face da cultura rural, aparece a contradição entre a *escravidão* e a *liberdade*. Os valores culturais específicos do ambiente urbano, influenciados pelo padrão europeu, põem em evidência aquela incompatibilidade. Por isso é que a campanha abolicionista se fez na cidade. O abolicionismo envolve valores que somente aparecem na cidade, quando a cidade brasileira se diferencia do campo.

Como vemos, a contradição entre liberdade e escravidão manifesta-se quando aparece também a contradição entre a *cidade* e o *campo*, entre a civilização agrária e a civilização urbana. É nesse ambiente que florescem os primeiros ideais democráticos. Aí os princípios da liberdade e da igualdade, perante Deus e no mercado, surgem como uma necessidade da lei. Por isso, o clero não pôde mais *sacramentar* a escravização do negro nem o Exército aceitou amparar o regime escravocrata. O desenvolvimento econômico-social e a concomitante diferenciação interna da sociedade brasileira colocaram em evidência as limitações do regime escravista. Mais ainda, a cultura urbana, gerada com aquelas transformações, pôs em discussão as bases morais e políticas do regime. Assim se constituem as preliminares do *contrato democrático*, em que, ao menos teoricamente, todos são iguais perante a lei.

Mercadoria e liberdade

A contradição entre a mercadoria e o escravo, configurada ao nível da economia, aparece no plano ideológico como contradição entre a escravidão e a liberdade. No âmbito da unidade produtiva, o fazendeiro (empresário) reconhece que as exigências da criação de lucro impõe a reordenação e reavaliação dos fatores da produção. O império do valor de troca exige a redução da esfera de vigência do valor de uso, ou a eliminação da mercantilização parcial. No âmbito da sociedade como um todo, em particular no ambiente urbano, os cidadãos que participam dos círculos sociais menos privilegiados reconhecem que a liberdade e o progresso estão na dependência da modificação das instituições que sustentam os privilégios presentes. Por isso, evidencia-se o caráter retrógrado da escravidão.

Em plano teórico, a superação do antagonismo entre a mercadoria e o escravo envolve as possibilidades de ampliação da margem de lucro e, em consequência, a instauração de outros níveis de racionalidade, na organização da empresa e do mercado. Torna-se necessário romper a vinculação do escravo com os meios de produção, de modo que a racionalidade possível no sistema econômico penetre também a esfera do trabalho. Nesse passo, o escravo se transforma em trabalhador livre, a mão de obra em força de trabalho. Somente nesse contexto é que a produção de lucro é função da produção da mais-valia relativa. Agora, a divisão do trabalho, isto é, a racionalização crescente do modo de produção, difunde-se pelas relações de produção, adquirindo a integração indispensável ao progresso do sistema. Em consequência, o escravo se transforma em cidadão, ao mesmo tempo que o imigrante: a abolição ocorre em 1888, e a grande naturalização, em 1891. A eles se confere a liberdade política, muito antes que possam utilizá-la. Num dos limites desse processo está a autorracionalização do comportamento de todo cidadão, inclusive o trabalhador.

A mercantilização crescente das atividades econômicas impõe que o trabalhador seja afastado da esfera dos meios de produção. Para que a sua atividade seja mercantilizada de modo pleno, ou segundo as exigências do processo produtivo, é preciso que a sua pessoa deixe de ser mercadoria. A mercantilização da força de trabalho exige que o proprietário dela tenha condições jurídicas e políticas para negociá-la. A racionalidade possível na organização dos elementos da produção efetiva-se de modo mais amplo quando também as expectativas do trabalhador estão referidas monetariamente, quando ele próprio avalia a sua atividade em dinheiro. Nesse sentido é que liberdade e mercadoria se relacionam. Para que a atividade produtiva do trabalhador adquira a condição de mercadoria, é necessário que o trabalhador ganhe a liberdade. Como cidadão, ele venderá a sua força de trabalho no mercado, segundo as tendências da oferta e da demanda. Nesse momento, a contradição entre a mercadoria e o escravo, ou entre liberdade e escravidão, está completamente ultrapassada. Depois de ter atingido a unidade produtiva e o empresário, a racionalidade inerente à economia mercantil alcança também a esfera das expectativas e do comportamento do trabalhador. Assim, o escravo se torna *operário*.

Em síntese, a interpretação desenvolvida neste ensaio revela qual é o feixe das contradições que governam os acontecimentos históricos nacionais, desde meados do século XIX. De início configura-se o antagonismo entre a liberdade e a escravidão. A sua análise põe em evidência a contradição entre a mercadoria e o escravo, como fundamento daquela. Em realidade, trata-se da incompatibilidade estrutural, surgida entre o trabalhador livre e o escravo, no processo de produção de lucro. À medida que a pesquisa se desenvolve, evidencia-se a oposição entre a indústria e a agricultura, bem como no próprio seio desta. As diferentes maneiras de organizar as unidades produtivas denotam diversas possibilidades de ampliação da margem de lucro. Na mesma sequência de reflexões, aparece o antagonismo entre a cidade e campo, configurado na singularidade da cultura urbana em face da cultura gerada com a sociedade agrária. Surgem, então, as condições preliminares da ordem democrática, do contrato. Enfim, em plano mais geral, está em jogo a contradição entre a economia brasileira, em busca de especificidade e autonomia, e a economia internacional, com centro dominante na Inglaterra, no âmbito da qual o país aparece como adjetivo. É o jogo dessas contradições que governa os acontecimentos fundamentais da sociedade brasileira na segunda metade do século XIX. À medida que o sistema econômico-social vai se diferenciando internamente, esses antagonismos tornam-se explícitos para alguns grupos sociais, afetando as orientações da sua atividade. Mesmo quando não ocorre essa tomada de consciência, é inegável que eles passam a governar os acontecimentos. É a trama dessas oposições que revela os primórdios e alguns desenvolvimentos fundamentais do capitalismo industrial possível no Brasil.

1968

2

DO ESCRAVO AO CIDADÃO

Este estudo destina-se a descrever o modo pelo qual o trabalhador livre surge na sociedade brasileira, na segunda metade do século XIX. Para isso, examinam-se as condições econômicas e sociais, no âmbito das quais aquele fato adquire toda a sua significação.

A abolição e o próprio abolicionismo explicam apenas parcialmente a transformação do escravo em trabalhador livre. Os processos econômicos e sociais responsáveis pela expulsão do escravo da esfera dos meios de produção são os mesmos que provocam o afluxo de imigrantes e, em menor escala, o deslocamento de caboclos e roceiros para as fazendas de café e os núcleos urbanos.

Ao apanhar o modo pelo qual a mão de obra se insere no processo produtivo, nas condições reais da economia nacional, explicam-se as transformações responsáveis pelas modificações na composição e na estrutura da camada dos trabalhadores agrícolas, artesanais e fabris. Nesse quadro, o imigrante e o escravo são vistos como trabalhadores, isto é, produtores de valor. Em particular, a imigração e a abolição aparecem como manifestações do processo mais amplo de formação do mercado de mão de obra baseado no trabalhador livre.

Capitalismo e trabalho escravo

Dentre os acontecimentos importantes à explicação da sociedade brasileira, durante o século XIX, destacam-se o intercâmbio econômico com a Inglaterra e, internamente, a organização escravocrata do trabalho produtivo. No plano internacional, o Brasil é fornecedor de café, açúcar, fumo, couros e peles, erva-mate, arroz, madeiras, borracha, comércio do qual obtém os recursos para a manutenção da administração pública, a criação de novos serviços, o estímulo à iniciativa privada etc. No plano interno, a produção e a sociedade estão organizadas com base na escravatura. Em outras palavras, a sociedade brasileira está apoiada numa economia produtora de mercadorias para o mercado internacional, com fundamento na utilização predominante do trabalhador escravizado. Essa é uma contradição que se tomará progressivamente insuportável, até a sua superação.

Em teoria, os processos racionais do modo capitalista de produção tendem a tornar-se incompatíveis com a condição escrava do trabalhador. Ou melhor, na empresa nacional de então, como em qualquer empresa capitalista, ou tendente a esse padrão, a participação de mão de obra precisa conformar-se às exigências da produção de lucro. Isso exige larga flexibilidade na ordenação dos *fatores* e, em consequência, na organização do empreendimento. Isto é, o capital, a terra, a técnica e a mão de obra precisam ser combinados em função das flutuações ou exigências da oferta e da procura. No regime de mercado, a empresa deve ajustar-se, tão pronto quanto possível, seja à oferta dos fatores, seja à procura de mercadorias, ou seja, de produtos acabados. Por isso, os processos típicos do sistema capitalista impõem que todos os fatores, inclusive a mão de obra, conformem-se progressivamente à racionalidade inerente à produção de lucro. Nesse sentido, a transformação do trabalhador livre é uma necessidade; o trabalhador deixa de ser meio de produção.

Entretanto, enquanto essa contradição não se resolve, estará galvanizando acontecimentos importantes. Tanto no plano da estrutura econômica como no da vida social e política, essa condição da existência nacional está presente. A formação do capitalismo no Brasil apresenta várias crises de profundidade. A crise provocada pela necessidade de transformar o trabalhador escravo em trabalhador livre é uma das mais importantes. Mesmo após da abolição, várias décadas depois, a sociedade brasileira ainda manifestará as consequências das tensões e lutas decorrentes da referida contradição. Alguns dos estigmas sociais que cercam a existência do negro livre, após a abolição, originaram-se na comoção nacional provocada pela necessidade de romper aquele antagonismo.

Não há dúvida que outros aspectos também são importantes para explicar o caráter da sociedade brasileira nas últimas décadas do século XIX. Os estudiosos costumam destacar os seguintes: as repercussões da Guerra do Paraguai na sociedade nacional, nos planos econômico, político e social; o aparecimento do "exército deliberante" no quadro da política nacional; a expansão acelerada da cafeicultura, tornando-se o setor dominante na economia brasileira; os surtos iniciais de produção artesanal e fabril; o abolicionismo e a abolição; a imigração europeia, desdobrada nas colônias do Brasil meridional e na política de "braços para a lavoura" cafeeira do oeste paulista; o movimento republicano e a queda da monarquia, pela ação conjugada de civis e militares. Esses acontecimentos podem contribuir para elucidar a fisionomia da sociedade brasileira na época, desde que convenientemente conjugados. E essa integração depende de uma concepção estrutural do processo histórico.

Para conjugar esses acontecimentos e processos, precisamos considerar que a nação estava ingressando em novo ciclo de desenvolvimento econômico-social. Ao expandir-se a cafeicultura, como atividade dominante, verifica-se a prosperidade geral e a manutenção dos vínculos com a Inglaterra. Ao mesmo tempo, ocorrem modificações econômicas e sociais internas importantes. Em poucas palavras, a fisionomia da sociedade nacional passa a ser determinada pela predominância da cafeicultura. É uma atividade econômica que mantém a sociedade na dependência de centros comerciais, financeiros e culturais externos. Convém sublinhar que o que é singular nessa relação é que a mercadoria produzida no Brasil somente adquire sua plena existência de mercadoria no exterior, no comércio com a Inglaterra. Essa é uma determinação essencial à compreensão da sociedade brasileira em suas esferas

24 RAÇAS E CLASSES SOCIAIS NO BRASIL | *Octavio Ianni*

fundamentais. Portanto, para explicar as configurações da sociedade nacional, nas últimas décadas do século XIX, é necessário considerar que a nação foi dominada pela cafeicultura, dependia decisivamente dos vínculos econômicos externos e estava organizada com base na escravatura. Em outros termos, a forma pela qual o trabalhador escravo estava inserido no processo produtivo capitalista (tomando inclusive as relações externas do país) conferia um caráter singular à civilização brasileira, em suas criações e contradições.

Desenvolvimento econômico-social

A economia brasileira prosperou durante toda a segunda metade do século XIX. Esse desenvolvimento deveu-se ao progresso continuado da cafeicultura, caminhando pela Baixada Fluminense, Vale do Paraíba e oeste paulista. Deveu-se também aos surtos de prosperidade, de duração variável, ocorridos com a cana-de-açúcar, o algodão, a borracha etc. Em concomitância, verifica-se a diversificação paulatina da economia nacional e do próprio sistema social.

Essa expansão econômica reflete-se significativamente na evolução do valor do comércio exterior. O valor da exportação nacional, em libra esterlina, cresceu cerca de 200% entre 1851-1860 e 1891-1900.

Uma parte desse valor reverterá em aplicações na agricultura, especialmente na cafeicultura. Outras parcelas reverterão para atividades novas, não agrícolas. À medida que cresce a renda nacional, desenvolvem-se o comércio de produtos manufaturados, a produção artesanal e fabril e o setor de serviços. Inicia-se o ciclo de industrialização relacionado com os gêneros de consumo diário, bem como os tecidos, chapéus etc.

A expansão econômica faz-se acompanhar, pois, de uma diferenciação crescente do sistema econômico-social. "A segunda metade do século XIX assinala o momento de maior transformação econômica na história brasileira." No decênio posterior a 1850, fundam-se "62 empresas industriais, 14 bancos, 3 caixas econômicas, 20 companhias de navegação a vapor, 23 de seguros, 4 de colonização, 8 de mineração, 3 de transporte urbano, 2 de gás e finalmente 8 estradas de

DO ESCRAVO AO CIDADÃO 25

ferro".[1] Começa a configurar-se uma estrutura econômica diferenciada. Em escala ainda bastante reduzida, uma parte do excedente econômico gerado na agricultura exportadora é retida e aplicada no país. Pouco a pouco multiplicam-se as unidades fabris, geralmente de pequeno porte. Há períodos em que as aplicações de capital no setor manufatureiro são elevadas, relativamente aos investimentos ocorridos em épocas anteriores e em comparação com as outras inversões.

É óbvio que esse desenvolvimento econômico ocasiona a progressiva diferenciação das ocupações e das relações sociais. À medida que se expandem os setores manufatureiro e de serviços, em concomitância com o crescimento do capital gerado na agricultura, multiplicam-se as ocupações e a sua diferenciação qualitativa.

Está em andamento a divisão do trabalho, no plano das unidades produtivas (agrícolas, comerciais, artesanais, fabris e de serviços) e nas organizações públicas (federais, provinciais e municipais). Em consequência, o referido processo manifesta-se também no plano da sociedade como um todo. A diferenciação do sistema produtivo e do sistema social são processos concomitantes. Aliás, a amplitude alcançada pelo processo de divisão do trabalho aparece claramente no crescimento da população ocupada na administração e nas profissões liberais.

Os ambientes urbanos diferenciam-se acentuadamente, seja no âmbito interno, seja com referência à sociedade agrária. A cidade ganha estatuto diferente do campo. A cultura urbana adquire fisionomia própria. Nesse ambiente, verifica-se o progresso da cultura política, artística e científica. Os problemas e as reflexões que formam o fulcro das obras de Tavares Bastos e Joaquim Nabuco, por exemplo, denotam um novo universo civilizatório. As novas condições de existência social, com suas contradições e dilemas, aparecem nas reflexões desses e de outros intelectuais. O desenvolvimento econômico-social acelerado, em curso durante a segunda metade do século XIX,

---

[1] Caio Prado Júnior. *História Econômica do Brasil,* 3ª ed., São Paulo, Brasiliense, 1953, p. 107.

impôs tarefas novas àqueles que Oliveira Vianna denominou *elite dos letrados*. Em verdade, essa *elite* enfrentou problemas fundamentais. As suas técnicas de ação e os seus recursos intelectuais é que nem sempre foram adequados.

À medida que um sistema social progride, criam-se e multiplicam-se as carências. Ao mesmo tempo que o progresso implica uma acumulação de riqueza e a elevação do nível de vida (para certos grupos sociais), o desenvolvimento gera tensões e novas necessidades. Aumenta o interesse pela vida intelectual, a necessidade de tecnologia, a precisão de capital, a *fome de braços* etc.

Durante a segunda metade do século XIX, em concomitância com o desenvolvimento econômico-social, ocorre uma verdadeira escassez de braços. Exatamente na época em que a sociedade nacional ingressa num ciclo de expansão acelerada, entra em colapso o fornecimento de escravos. "Pela metade do século XIX, a força de trabalho da economia brasileira estava basicamente constituída por uma massa de escravos que talvez não alcançasse dois milhões de indivíduos. Qualquer empreendimento que se pretendesse realizar teria que chocar-se com a inelasticidade da oferta de trabalho."[2] Em face da procura crescente de trabalhadores, especialmente para a cafeicultura, a escravaria disponível no país não só era insuficiente como reduzia-se numericamente. "O primeiro censo demográfico, realizado em 1872, indica que nesse ano existiam no Brasil aproximadamente 1,5 milhão de escravos. Tendo em conta que o número de escravos, no começo do século, era de algo de mais de um milhão, e que nos primeiros cinquenta anos do século XIX se importou muito, provavelmente mais de meio milhão, deduz-se que a taxa de mortalidade era superior à de natalidade."[3] Além disso, a escravidão estava condenada técnica e moralmente.

O regime representava um obstáculo à expansão da racionalidade indispensável à aceleração da produção de lucro. Como a economia nacional estava organizada para produzir

---

[2] Celso Furtado, *Formação Econômica do Brasil*. Rio de Janeiro, Fundo de Cultura, 1959, p. 141.

[3] Celso Furtado, *op. cit.*, p. 141.

mercadorias, isto é, lucro, a empresa exigia renovação contínua, tanto em sua organização geral como no planejamento da utilização dos fatores. Por isso, impõe-se a transformação do escravo em trabalhador livre, daquele que é *meio de produção* em *assalariado*. Em outras palavras, a mão de obra, simplesmente, transforma-se em força de trabalho, no sentido de fator adequado à produção de lucro. Ao transformar o escravo em trabalhador livre, o que ocorre é a libertação da empresa dos ônus da propriedade de um *fator* do qual agora só interessa a sua capacidade de produzir valor. A libertação do escravo é o processo pelo qual se dá um avanço na constituição das condições racionais indispensáveis à produção crescente de lucro. Somente quando o trabalhador é livre, a sua força de trabalho ganha a condição efetiva de mercadoria. E, como tal, ela pode ser comprada segundo as necessidades da empresa, isto é, da produção de lucro. Esse é o sentido essencial da abolição. As transformações da estrutura econômica impuseram a libertação do escravo. É com a separação completa entre o trabalhador e os meios de produção que se estabelece uma condição básica à entrada da economia nacional no ciclo da industrialização.

No plano moral, a escravidão estava condenada por contradições insuportáveis para os agentes da situação e para os grupos sociais identificados com a sociedade urbana florescente. O princípio da igualdade dos homens perante Deus precisava ser instaurado também na esfera do comportamento efetivo das pessoas. Os subterfúgios utilizados pelos senhores de escravos, até meados do século XIX, já se haviam tornado gastos e insustentáveis. O próprio clero e o Exército não estavam mais dispostos a dar cobertura a uma instituição condenada moral e politicamente. Além do mais, para que a mão de obra adquirisse o caráter de mercadoria, de força de trabalho, na acepção técnica do termo, era indispensável que o princípio de igualdade dos homens perante Deus fosse instaurado no seio dos homens. A igualdade dos homens perante a lei é um princípio do *contrato* sem o qual não se instalará a ordem democrática. O trabalhador só é livre quando é livre para oferecer sua força de trabalho no mercado. Os consumidores de força de trabalho precisam dispor da possibilidade de comprá-la segundo as necessidades do empreendimento econômico. Por isso, impôs-se a humanização do escravo, isto é, a sua libertação. O percurso entre o escravo e o cidadão será ininteligível se não passar pela mercantilização da força de trabalho.

É óbvio que as razões técnicas e morais da abolição do regime escravocrata conduzem à imigração e à arregimentação de trabalhadores nacionais dispersos em núcleos de "economia de subsistência" incrustados e adjacentes às áreas mercantilizadas. Mas essas razões não aparecem de modo claro na consciência do administrador e do fazendeiro. Os interesses criados, cristalizados nas unidades agrícolas, perturbam a adequação da gerência dos negócios à eficácia dos fatores. O capital investido em escravos, o modo de organização social da produção, elaborado com base na escravatura, e as práticas de mando na fazenda obstavam uma transição rápida. "Incrustando-se no organismo da nação, como um pólipo, aí cresceu, deitou ramificações e acabou por se constituir um órgão e exercitar uma função na nossa economia social: a de agente do trabalho e da produção nacional. Nestas circunstâncias, representando o escravo quase exclusivamente o elemento que tem, de remotíssima data, fornecido os braços para a agricultura, bem é de ver que a sua eliminação, ainda que reclamada por todos os sãos princípios da civilização contemporânea, não podia deixar de se operar senão pelos trâmites de prolongada crise, tão prolongada quanto era de necessidade resolver a questão por meios graduais, sem maior perturbação dos grandes interesses vinculados ao odioso regime."[4] Por esses motivos, a abolição da escravatura era considerada, por uma parte da opinião pública, como um desastre de amplas proporções. Ao lado dos interesses econômicos, toda uma cultura se havia elaborado com base na organização escravocrata do trabalho produtivo. Por isso se

---

[4] *A Província de São Paulo*, relatório apresentado ao Exmo. Sr. Presidente da Província de São Paulo pela Comissão Central de Estatística, composta dos srs. dr. Elias Antônio Pacheco e Chaves (presidente) e outros. Leroy King Bookwalter, São Paulo, 1888, pp. 243-244.

DO ESCRAVO AO CIDADÃO 29

tornara difícil a compreensão dos processos em andamento no interior da sociedade nacional.

A cafeicultura e o trabalhador livre

Diante dos problemas criados pela expansão econômica ocorrida durante a segunda metade do século XIX, sobressai a escassez do fator mão de obra. O estancamento do tráfico de africanos, a taxa negativa de crescimento vegetativo da população escrava e o desenvolvimento econômico traduzem-se numa efetiva *fonte de braços*.

Essa situação aparece em toda a sua relevância no âmbito da fazenda do café do oeste paulista, florescente a partir de meados do século XIX. É inegável que a necessidade de trabalhadores se faz sentir também no setor artesanal e fabril. Todavia, é na cafeicultura, na região pioneira de então, que o fenômeno se apresenta em toda a sua nitidez. Nessa área, a fazenda de café apresenta características de empresa. Havia um conjunto de vinculações, inerentes ao caráter mercantil e exportador da economia cafeeira, que impunha o modo capitalista de organização. Dentre os vínculos essenciais à definição da empresa, destacam-se: o progressivo desenvolvimento do intercâmbio com os compradores de café no exterior; a formalização das relações entre a unidade produtora e os comissários e exportadores, devido ao vulto dos negócios, às flutuações do fluxo de capital financeiro, à expansão continua das plantações: a predominância dessa produção na economia nacional e seus vínculos com os centros consumidores no exterior, que tornaram a cafeicultura elemento importante nas razões de Estado. Devido ao modo pelo qual esse sistema de relações se desenvolvia, verificava-se crescente racionalização dos negócios no setor do café. É verdade que a racionalidade possível no setor espraiou-se por fases, encontrando às vezes obstáculos muito resistentes.

Paradoxalmente, a racionalização da cafeicultura, tomada como um todo, progrediu da esfera da comercialização para a da produção. Por essa razão, em certos casos, o comissário submeteu o fazendeiro. Em seus desenvolvimentos fundamentais, no entanto, o processo de racionalização inerente à necessidade da produção do lucro impôs-se nos vários níveis da cafeicultura. Por isso, a *fazenda* adquire paulatinamente a fisionomia de *empresa*. "A nova classe dirigente formou-se numa luta que se estende em uma frente ampla: aquisição de terras, recrutamento de mão de obra, organização e direção da produção, transporte interno, comercialização nos portos, contatos oficiais, interferência na política financeira e econômica. A proximidade da capital do país constituía, evidentemente, uma grande vantagem para os dirigentes da economia cafeeira. Desde cedo eles compreenderam a enorme importância que podia ter o governo como instrumento de ação econômica. Essa tendência à subordinação do instrumento político aos interesses de um grupo econômico alcançará sua plenitude com a conquista da autonomia estadual, ao proclamar-se a República. O governo central estava submetido a interesses demasiadamente heterogêneos para responder com a necessária prontidão e eficiência aos chamados dos interesses locais. A descentralização do poder permitirá uma integração ainda mais completa dos grupos que dirigiam a empresa cafeeira com a maquinaria político-administrativa. Mas não é o fato de que hajam controlado o governo o que singulariza os homens do café. E sim que hajam utilizado esse controle para alcançar objetivos perfeitamente definidos de uma política. É por essa consciência clara dos próprios interesses que eles se diferenciam de outros grupos dominantes anteriores ou contemporâneos."[5] O *fazendeiro* se havia transformado em *empresário*. Por isso, ele estava em condições de encaminhar os seus negócios segundo padrões racionais, no quadro das possibilidades reais na ocasião.

Nesse contexto, ao mesmo tempo que o empresário procura retardar a abolição (ou deixa que ela se verifique por etapas, como de fato ocorreu), formula toda uma política de mão de obra. A *fome de braços* conduziu à política de *braços para a lavoura*.

A mobilização dos trabalhadores nacionais, dispersos nas faixas de economia de subsistência, não pôde realizar-se. Ou

---

[5] Celso Furtado, *op. cit.*, pp. 130-140.

DO ESCRAVO AO CIDADÃO   31

talvez tenha ocorrido numa escala muito reduzida, insuficiente para satisfazer à demanda. Os documentos da época não chegaram a registrar o fato, tão reduzido deve ter sido esse movimento de trabalhadores. A única região em que havia um estoque significativo de trabalhadores em condições de ser aproveitado no Sul era o nordeste. Todavia, essa população foi atraída pela expansão crescente da exploração da borracha na Amazônia. Paralelamente ao desenvolvimento da demanda de mão de obra na zona do café, cresceu também a demanda na região da borracha. Em consequência. a cafeicultura não teve condições para suprir-se no mercado interno. A escravaria deslocada das outras províncias para São Paulo não foi suficiente para atender à procura de braços. Em suma, "a economia de subsistência de maneira geral estava de tal forma dispersa que o recrutamento de mão de obra dentro da mesma seria tarefa bastante difícil e exigiria grande mobilização de recursos."[6] Além do mais, os vínculos de tipo patrimonial que prendiam o roceiro ou o caboclo ao dono da terra dificultavam o deslocamento. A relativa estabilidade de suas condições de vida, a acomodação encontrada no plano econômico-social e o caráter do seu horizonte cultural, inerente à ordem patrimonial, reduziam as possibilidades de movimentação dos trabalhadores potenciais.

Por todas essas razões, impôs-se a imigração estrangeira. Depois de se ventilarem as mais diversas hipóteses (inclusive sobre a imigração chinesa), os cafeicultores e os poderes públicos provinciais e federal passaram a incentivar a imigração europeia.

Naturalmente, a entrada de trabalhadores europeus e seus familiares não se deveu apenas à atração exercida pelas oportunidades abertas na cafeicultura, no artesanato e na indústria. Em concomitância, nas nações da Europa ocorriam transformações econômicas, sociais e políticas de profundidade, propiciando a liberação de habitantes das zonas agrícolas. A forma pela qual se realizava a industrialização na Itália, na Alemanha, na Rússia, bem como as mudanças

---

6   Celso Furtado, *op. cit.* p. 146.

32 RAÇAS E CLASSES SOCIAIS NO BRASIL | *Octavio Ianni*

sociais e políticas que ocorriam também na Polônia, na Espanha, em Portugal etc., não permitiam a absorção de toda a mão de obra disponível ou subempregada. Além disso, a difusão dos ideais e instituições político-democráticos facilitavam o deslocamento do cidadão para o exterior. Acresce que os governantes e grupos dominantes nos referidos países compreenderam imediatamente que a emigração de seus concidadãos provocava o afluxo de divisas, em decorrência das remessas dos emigrados para os seus familiares, as igrejas locais e outras instituições. Por essas razões, a imigração europeia pôde iniciar-se e crescer.

Para esse fim, constituíram-se muitas sociedades de imigração. Um documento da época, referente à Província de São Paulo, menciona "diferentes sociedades fundadas na capital e em várias outras cidades, tendo por fim não só promover a corrente imigratória como prestar aos imigrantes os auxílios e a proteção de que ordinariamente carecem os recém-chegados à terra estrangeira."[7] Por essa forma, além de outras, entraram no Brasil milhares de trabalhadores: alemães, espanhóis, italianos, portugueses, russos, poloneses e outros.

Em verdade, duas foram as correntes imigratórias estabelecidas nessa época. Os poderes públicos as estimularam direta e indiretamente, em função das pressões oriundas da cafeicultura e outros interesses privados, ou das autoridades provinciais. A corrente colonizadora destinou-se à criação de colônias de povoamento, especialmente no Rio Grande do Sul, Santa Catarina e Paraná. Em menor escala, criou núcleos em São Paulo, Rio de Janeiro, Espírito Santo etc. Além de orientar-se para o povoamento, esse fluxo imigratório provocou a formação de setores de produção agrícola e, depois, artesanal e fabril. Todavia, esse aspecto da imigração escapa aos objetivos deste estudo.

Interessa-nos aqui, em especial, a corrente destinada a prover a cafeicultura de mão de obra. Em outro plano, como veremos, as atividades artesanais e fabris também absorvem imigrantes.

---

[7] *A Província de São Paulo*, citada, p. 240.

Naturalmente, a integração de europeus à situação de trabalho na fazenda de café não se deu sem atritos e desajustamentos graves. As *Memórias de um Colono no Brasil*, de Thomas Davatz,[8] são o mais importante documento sobre as condições sociais e culturais das tensões e conflitos verificados em muitas fazendas. Esses obstáculos, todavia, não afetaram a corrente geral nem a significação desse movimento demográfico para a expansão da sociedade nacional. Aliás, as sucessivas flutuações da experiência de uns e outros fizeram evoluir o padrão de contrato de trabalho, até alcançar-se uma acomodação satisfatória.

Em poucas palavras, dois tipos de contrato foram postos em prática nas fazendas de café. De início, cria-se o regime de *parceria*. "À exploração agrícola pelo método de parceria repousa na divisão do produto da colheita entre o proprietário da terra e o lavrador que nela trabalha. O primeiro entra com o capital, representado pelas terras, as plantações etc.; o segundo, com seu trabalho, cultivando, limpando a terra, procedendo às colheitas. O lucro líquido, isto é, deduzidas as despesas previamente especificadas, tais como trabalhos no terreiro, descascamento e limpeza do produto, transporte até o porto, armazenagens, comissões aos corretores, quebras por acidentes, umidade etc., oscilações da cotação e outras, é dividido em partes iguais entre o proprietário das terras e o lavrador."[9] Pelos riscos e insegurança a que era submetido o colono, esse tipo de contrato foi abandonado. Na prática, o contrato adquiria um caráter leonino. Além disso, o padrão de convivência entre o fazendeiro e o capataz, de um lado, e os colonos e escravos, de outro, tornava a existência dos imigrantes e seus familiares bastante difícil. O padrão escravista de administração e tratamento não deixa de contaminar as relações de trabalho no sistema de parceria, dificultando o ajustamento social do colono. As condições de existência

---

[8] Thomas Davatz, *Memórias de um Colono no Brasil* (1858), trad., prefácio e notas de Sérgio Buarque de Holanda. São Paulo, Martins, 1941.

[9] J. J. von Tschudi. *Viagem às Províncias do Rio de Janeiro e São Paulo*, introdução de Afonso de E. Taunay, trad. de Eduardo de Lima Castro. São Paulo, Martins, 1953, p. 129. Também Thomas Devauz, *op. cit.*, esp. pp. 233-237.

deste melhoraram pouco a pouco, devido à experiência progressivamente acumulada lado a lado e à medida que agoniza a escravatura.

Depois, difunde-se o regime *misto*, ou de *assalariado* propriamente dito. "Abandona-se o sistema de parceria adotado anteriormente, e os trabalhadores serão fixados nas fazendas como simples assalariados; isto é, a sua remuneração deixará de ser feita com a divisão do produto, passando a realizar-se com o pagamento de salários. Obviam-se com isso alguns dos principais inconvenientes do sistema anterior, fazendo desaparecer as dúvidas que sempre surgiram por ocasião da fixação das quotas que cabiam respectivamente ao empregador e ao empregado. Além disso, em vez de preceder a vinda do imigrante com contratos já assinados na Europa, o governo tomará o assunto a seu cargo, limitando-se a fazer a propaganda nos países emigratórios e pagando o transporte dos imigrantes até o Brasil. Chegando aqui, eles eram distribuídos pelas diferentes fazendas de acordo com as suas necessidades e os pedidos feitos."[10] Esse sistema é condizente com os anseios de realização pessoal e de liberdade que motivaram a saída da comunidade originária. E atende também às exigências estruturais das relações de trabalho. É a forma pela qual se estabelece um mercado de trabalho incipiente no âmbito interno. Como uma parte dos imigrantes é trazida pelos órgãos públicos, esses trabalhadores ficam livres de se oferecer no mercado, conforme as flutuações da demanda. Em verdade, é o mercado de trabalho, com base no trabalhador livre, funcionando nos planos nacional e internacional. Assim, a unidade de produção agrícola ganha mais alguns atributos típicos da empresa propriamente capitalista, abandonando pouco a pouco os padrões patrimoniais de organização da vida econômica e social.

---

[10] Caio Prado Júnior, *op. cit.*, pp. 192-193.

Industrialização

O volume e a diversidade qualitativa da mão de obra exigidos pelo desenvolvimento econômico ocorrido no Brasil, no século XIX, não se explicam apenas pela expansão da cafeicultura. Em certo sentido, todavia, a crescente procura de trabalhadores nos vários setores de produção, além das disponibilidades nacionais, foi provocada pelo crescimento da economia cafeeira. Como setor dominante, plenamente mercantilizado e vinculado ao mercado externo, a cafeicultura adquiriu o caráter de setor dinâmico fundamental. Isso significa que as atividades produtivas em geral, desde que inseridas no setor de mercado, beneficiavam-se dos estímulos provenientes do café. O capital gerado na agricultura, em seu desdobramento em capital comercial e capital financeiro, não se fixava totalmente no exterior. A parcela de capital que se preservava no seio da sociedade nacional, em consequência de controles fiscais, aduaneiros etc., transformava-se em poder aquisitivo em vários setores da população, especialmente a urbana. Ou, então, assumiam a forma de poupança suscetível de utilização ostentatória. Em certos casos, dada a demanda crescente diferenciada de meios de consumo, uma parte do referido capital era canalizada para investimentos em unidades artesanais e fabris. Algumas vezes, o colono das fazendas de café transformava-se em artesão e, depois, em industrial. Em outros casos, era o próprio fazendeiro que se interessava pela indústria de tecidos ou outros empreendimentos. Tratava-se de garantir o capital privado das flutuações imprevisíveis da cafeicultura. Os outros setores, ainda que não oferecessem a margem de lucro propiciada pelo café, eram mais estáveis, ou flutuavam segundo ciclos diferentes da cafeicultura. Acresce, como dado importante nesse passo, que uma parte da população urbana não dispunha de recursos, geralmente salários, para consumir as manufaturas importadas. Por isso, as chamadas classes médias impulsionaram, no plano das pressões sociais e políticas, o início do processo de substituição das importações.

36 RAÇAS E CLASSES SOCIAIS NO BRASIL | Octavio Ianni

Aliás, durante a segunda metade do século XIX formou--se um amplo movimento em defesa do *trabalho nacional*. O fulcro desse movimento era a reformulação do *livre-cambismo*, em benefício do *protecionismo* alfandegário. "Talvez pareça a muitos espíritos que a propaganda, por nós encetada em favor da indústria nacional, vai até ao ponto de pretendermos que nossos portos sejam trancados às mercadorias estrangeiras, que no país encontram similares. Nunca foi esse o nosso fim, nem razoavelmente se nos pode emprestar semelhante intenção. Sabemos que algumas das nossas indústrias são muito novas, e outras, embora já não estejam nas faixas (categorias dependentes de proteção governamental), não podem contudo bastar atualmente para suprir todos os mercados do Império. O que queremos, a ideia que sustentamos, é que os poderes públicos nos deem a mão, que nos prestem um ponto de apoio para bem nos firmarmos, e nos retirem sua proteção no dia em que nos acharmos em condições de lutar vantajosamente com a indústria estrangeira. Essa proteção que, há muito tempo, a indústria reclama, não significa, segundo nosso modo de ver, *exclusão* ou *proibição* de entrada para os produtos de outros países."[11] Essa campanha, orientada pelo *Industrial*, que a Associação Industrial publicava, exprimia os interesses econômicos diretos dos proprietários de estabelecimentos industriais artesanais, cuja produção destinava-se a atender os consumidores que não estavam em condições de adquirir as manufaturas importadas.

Por essas razões, os dados relativos à economia nacional, durante a segunda parte do século XIX, referem-se também à produção fabril e artesanal. Os documentos da época registram "estabelecimentos", "fábricas" e "indústrias" destinados a: mineração de ferro, cal, mármore, xisto betuminoso; preparo de gás e óleos minerais; produção de artefatos cerâmicos; oficinas e fundições para artefatos de ferro; preparo de madeira para construções e outros fins, além da fabricação de mobiliário; produção de fósforos, chapéus, papéis, sabão

---

[11] *O Trabalho Nacional e seus Adversários*. Rio de Janeiro, Biblioteca da Associação Industrial, 1881, pp. 161-162.

DO ESCRAVO AO CIDADÃO 37

e velas, laticínios, bebidas, bordados, meias, carros. Como assinala Roberto Simonsen, em 1866 a indústria têxtil já era a mais importante do país.[12] Aliás, a evolução das estatísticas de importação de "manufaturas de algodão" indicam o progresso da produção de tecidos. A despeito do crescimento demográfico acentuado, devido à entrada de imigrantes e ao crescimento do consumo ocasionado pela expansão dos núcleos urbanos, a importação decresce.

Em dimensões modestas, estava iniciado o processo de substituição das importações. Naturalmente, as aplicações de capital nos setores não agrícolas dependiam de condições como as seguintes: a cafeicultura marcava profundamente a economia nacional, como uma economia voltada para fora; o mercado consumidor interno era relativamente modesto, estimulando antes as pequenas e médias unidades que as grandes; o controle que os cafeicultores mantinham sobre os órgãos e as instituições bancárias etc.; a reduzida experiência empresarial aproveitável nas inversões fabris; o prestígio social e, muitas vezes, os preços relativamente vantajosos das importações. Todavia, uma industrialização incipiente se havia iniciado. "Depois de seus modestos princípios, a indústria brasileira terá seu primeiro surto apreciável no último decênio do Império (1880-1889), coincidindo com esta fase já assinalada de geral recrudescimento das atividades do país. O número de estabelecimentos industriais, de pouco mais de 200 em 1881, ascende no último ano da monarquia para mais de 600. O capital invertido sobe então a 400 mil contos (cerca de 25 milhões de libras), sendo 60% na indústria têxtil; 15% na de alimentação; 10% na de produtos químicos e análogos; 4% na indústria de madeiras; 3,5% na de vestuário e objetos de toucador, 3% na metalurgia."[13] Em consequência, aumenta a demanda geral de trabalhadores para os setores secundário (fabril, artesanal, mineral) e terciário (transportes, comunicações, serviços públicos, profissões liberais).

---

12 Roberto C. Simonsen. *A Evolução Industrial do Brasil*. São Paulo, 1939.
13 Caio Prado Júnior, *op. cit. p. 265.*

38 RAÇAS E CLASSES SOCIAIS NO BRASIL | *Octavio Ianni*

Essa é a época em que a *cidade* começa a suplantar o campo, como ambiente sociocultural e político diferente. Aliás, é nessa ocasião que se instaura efetivamente o conflito entre a cidade e o campo no Brasil. As campanhas de opinião pública realizadas nesses tempos simbolizam as tensões crescentes entre o mundo agrário e o mundo urbano em expansão. Em certos casos, implicam uma reformulação das relações entre ambos. Essa é a fase da história nacional em que se desenvolvem os debates relacionados aos seguintes problemas: abolição da escravatura, imigração colonizadora e de *braços*, livre-cambismo e protecionismo à indústria nascente, a República e a Federação, a grande nacionalização, a separação entre a Igreja e o Estado. Esses são temas da civilização urbana. "Atrair a colonização espontânea, desenvolver as vias férreas, igualar os estrangeiros naturalizados aos nacionais pela homogeneidade de direitos e deveres, dar incremento ao trabalho do país por meio de bem entendida proteção, regular o nosso sistema tributário estabelecendo claramente as linhas divisórias das atribuições do Governo geral e das assembleias das províncias, tais são as momentosas questões que com tanta proficiência o *Jornal do Comércio*, o *Cruzeiro*, o *Globo* e a *Província de São Paulo* têm tratado ultimamente."[14] Nesse ambiente de preocupações, quanto ao progresso da sociedade nacional, sobressai a campanha pelo incentivo à imigração. Compreendia-se perfeitamente que a economia brasileira estava em jogo naquele momento. "Promover a imigração é abrir de par em par as portas de um país novo como o nosso a todos os bons elementos de trabalho, quer para a agricultura, quer para a indústria, para as artes, enfim para as múltiplas formas de atividade humana."[15] A partir de certa época, a diferenciação do sistema econômico e a expansão da sociedade urbana ocorreram em concomitância, dinamizando-se reciprocamente.

---

[14] *O Trabalho Nacional, op. cit.*, p. 172.

[15] Alfredo de Escragnolle Taunay, "O Programa da Sociedade Central de Imigração", apresentado em setembro de 1886, transcrito em apêndice da obra de Louis Couty, *Pequena Propriedade e Imigração Europeia*, Rio de Janeiro, Imprensa Nacional, 1887, pp. 103-140; citação da p. 100.

Foi ainda nessa época que se realizou a redefinição social do trabalho produtivo. Em vários planos, e no seio da própria campanha abolicionista, o trabalho braçal, em suas diferentes gradações, precisou ser redefinido. "As profissões do trabalho carecem de força moral, têm uma tal quebra de bastardia, um tal vício de origem que, mesmo certos espíritos cultos, que têm responsabilidade moral e certa ascendência sobre a opinião pública, não se têm podido emancipar do prejuízo de considerá-las como funções secundárias, exercidas por órgãos inferiores do corpo social. Tal é a força e o enraizamento do preconceito! Funesta consequência do triste regime da escravidão em que por largos anos temos vivido, o aviltamento do trabalho, o envilecimento das carreiras industriais, têm sido por sua vez uma das causas do desequilíbrio que entre nós existe entre as diversas funções de nosso organismo."[16] A diferenciação crescente do sistema econômico, ou seja, o progresso da divisão do trabalho, dependia da reformulação dos valores e padrões culturais relacionados às atividades produtivas e ao próprio trabalho produtivo. As atividades não agrícolas, bem como estas, precisavam adquirir atributos positivos. A abolição definitiva da escravatura impunha a elaboração de outras expectativas e avaliações sociais sobre alguns aspectos básicos do sistema econômico-social em formação.

Sem que houvesse uma redefinição do significado moral do trabalho braçal, a condição do imigrante seria ainda mais penosa. Tanto na agricultura como nas outras atividades, o imigrante estava interessado na reavaliação social do trabalho produtivo. Esse é o sentido cultural subjacente ao conflito registrado por Thomas Davatz.

Em parte, a absorção dos imigrantes nas atividades fabris e artesanais foi mais fácil. Por outro lado, elas estavam sendo iniciadas então, o que facilitava o engajamento do imigrante como trabalhador ou como proprietário. Por outro, e em consequência de estarem em seus primórdios, essas atividades encontravam-se identificadas em menor grau com

---

16 Tarquino de Souza Filho. *O Ensino Técnico no Brasil*. Col. Livros de Propaganda da Sociedade Central de Imigração. Rio de Janeiro, Imprensa Nacional, 1887, pp. 51-52.

40 RAÇAS E CLASSES SOCIAIS NO BRASIL | Octavio Ianni

o trabalhador escravizado. Ou seja, nas fábricas e estabelecimentos artesanais, o trabalho produtivo foi dignificado socialmente de forma mais fácil.

A absorção do imigrante nas atividades acima referidas foi ampla, provocando tensões com os nacionais, especialmente os ex-escravos e seus descendentes. Mesmo depois da Abolição da Escravatura, ocorrida em 1888, as empresas continuaram a empregar preferencialmente os imigrantes e seus descendentes. Muitas vezes, os empresários ou proprietários de oficinas são conacionais dos empregados que selecionam. "Os negros e os mulatos ficaram à margem ou se viram excluídos da prosperidade geral, bem como de seus proventos políticos, porque não tinham condições para entrar nesse jogo e sustentar as suas regras. Em consequência, *viveram dentro da cidade*, mas *não progrediram com ela e através dela*. Constituíam uma congérie social, dispersa pelos bairros, e só partilhavam em comum uma existência árdua, obscura e muitas vezes deletéria. Nessa situação, agravou-se, em lugar de corrigir-se, o estado de anomia social transplantado do cativeiro."[17] A experiência social diversa, os horizontes culturais diferentes colocaram os negros e mulatos em desvantagem em face dos imigrantes. Em consequência, a estrutura do operariado incipiente constitui-se permeado pelo preconceito de cor e o etnocentrismo.

Um acontecimento importante na caracterização da situação do imigrante, como trabalhador assalariado e como empresário, foi a *grande naturalização*. Essa medida, preconizada por uma corrente da opinião pública e posta em prática pela Constituição de 1891, conferia ao imigrado a condição jurídica e política de cidadão. "São cidadãos brasileiros: os estrangeiros que, achando-se no Brasil aos 15 de novembro de 1889, não declararem, dentro em seis meses depois de entrar em vigor a Constituição, o ânimo de conservar a nacionalidade de origem."[18] Em verdade, a naturalização

---

[17] Florestan Fernandes, *A Integração do Negro à Sociedade de Classes*, São Paulo, Faculdade de Filosofia, Ciências e Letras, Universidade de São Paulo, 1964, p. 82.

[18] *Constituição da República dos Estados Unidos do Brasil*, de 24.2.1891, art. 69, § 4º.

DO ESCRAVO AO CIDADÃO 41

geral apressou a criação do mercado de mão de obra, na medida em que permitiu que todos os trabalhadores (negros ou brancos, nacionais ou estrangeiros) se apresentassem na mesma condição de cidadãos. Estava em curso a formalização do mercado de trabalho, processo esse a ser complementado por uma legislação trabalhista especial.

Liberdade e trabalho

A contradição estrutural inerente à produção de mercadorias para o mercado capitalista mundial, com base na atividade do trabalhador escravizado, torna-se insuportável à sociedade brasileira durante o século XIX. Em especial, a partir de meados do século, revela-se a necessidade de superar-se essa situação. Muitos acontecimentos sociais e políticos, a partir de 1850, explicam-se pela tomada de consciência, agravamento e superação dessa contradição.

Entretanto, nos vários séculos anteriores manteve-se o convívio entre *mercadoria* e *escravo*. Durante o período colonial; o produto da atividade do trabalhador escravizado – Índio, negro ou mulato – foi comerciado no mercado internacional.

Portanto, cabe perguntar por que na época do Brasil Colônia a referida oposição não se desenvolveu. Ou então, por que essa contradição somente se tornou insuportável e foi superada durante a segunda metade do século XIX. À primeira questão não podemos responder agora. O seu esclarecimento depende de uma análise especial do modo pelo qual se organizava a estrutura econômico-social. Em parte, ela será elucidada indiretamente, ao respondermos à segunda questão, focalizada a seguir.

A partir de meados do século, a contradição entre mercadoria e escravo se torna insustentável, pelas seguintes razões. Em um plano mais geral, o escravo é um trabalhador cuja atividade se organiza segundo um padrão de racionalidade próprio do regime de produção mercantil. No regime escravocrata, nos termos em que ele se organizou no Brasil, o escravo aparece na condição de meio de produção. À maneira pela qual ele é incorporado na estrutura do empreendimento, ao lado da terra, da tecnologia, da matéria-prima, dão-lhe o caráter de um entre outros meios de produção. O escravo é comprado, alugado, emprestado, dado de presente ou vendido, como *coisa*; ou como *semovente*. "O escravo subordinado ao *poder* do senhor, e além disto equiparado às cousas por uma ficção da lei enquanto sujeito ao *domínio* de outrem, constituído assim objeto de propriedade, *não tem personalidade, estado. É pois privado de toda a capacidade civil.*"[19] Entretanto, enquanto capital aplicado, a sua vida produtiva está sujeita à fuga, à doença, à incapacidade temporária ou permanente, à morte. Isso significa que, enquanto meio de produção, o valor do escravo é suscetível de flutuações bruscas, inclusive reduzindo-se a zero. Em outros termos, num momento o escravo representa a aplicação de uma soma relativamente elevada de capital, tendo-se em vista que corresponde a uma inversão para vários anos. Ao passo que no instante seguinte pode corresponder a uma perda total. "Imensos cabedais saem anualmente deste Império para a África; e imensos cabedais se amortizam dentro deste vasto país, pela compra de escravos, que morrem, adoecem, e se inutilizam e demais pouco trabalham."[20]

Portanto, o capital investido em escravos está sujeito a riscos muito maiores que aqueles aos quais estão expostos a terra, as máquinas e ferramentas, o gado de tração etc. Em suma, o padrão de racionalidade possível e necessária na empresa produtora de café, por exemplo, está prejudicado pelas flutuações imprevistas, às quais está exposto o escravo.

Em um plano mais particular, na situação em que a sociedade brasileira se encontra a partir de meados do século XIX, o escravo se torna, cada vez mais, um *fator* sujeito a riscos imprevisíveis. À medida que se diversificava internamente o sistema econômico, quando o capital encontrava novas aplicações lucrativas, o escravo se tornava um elemento de eficácia relativa reduzida ou discutível. À medida que a economia de mercado se desenvolve internamente, com a gênese de um

---

[19] Agostinho Marques Perdigão Malheiro. *A Escravidão no Brasil* (Ensaio Histórico-Jurídico-Social). São Paulo, Cultura, 1944, 2 tomos, tomo I, p. 53; 1ª ed., 1886.

[20] *José Bonifácio de Andrade e Silva. "Representação à Assembleia Geral Constituinte e Legislativa do Império do Brasil sobre a Escravatura", transcrita por* Octavio Tarquinio de Souza. *José Bonifácio*, São Paulo, Martins, 1944, pp. 39-66; citação da p. 45.

DO ESCRAVO AO CIDADÃO 43

setor artesanal e fabril, além da expansão e diferenciação do setor de serviços, instauram-se mais ampla e profundamente os valores fundamentais da cultura capitalista, tais como: propriedade privada, como forma concreta de capital; lucro, como função dos fatores e da direção dos empreendimentos; salário, como remuneração da mão de obra efetivamente utilizada na produção; previsão dos negócios, complementaridade das atividades econômicas, integração produtiva e ótima dos fatores da produção; crises e flutuações específicas de cada setor ou ramo.

Além disso, os agentes da situação, em especial os proprietários de oficinas artesanais e de fábricas surgidas em decorrência dos estímulos diretos e indiretos da cafeicultura, compreendem que a produção guarda uma relação funcional com o consumo, que é um dos seus limites. Portanto, ao mesmo tempo que desejam a expansão dos seus negócios, mediante o protecionismo alfandegário, por exemplo, almejam a transformação do escravo em trabalhador livre. Compreendem que o trabalhador livre é consumidor potencial ou efetivo, como o funcionalismo civil e militar. Em consequência, os interesses reais dos setores não agrícolas estão na base das razões humanitárias que alimentam o abolicionismo. Esse é um dos motivos pelos quais as consciências acomodadas de ontem (seja o clérigo ou o militar, seja o profissional liberal ou o funcionário, o jornalista ou o político) manifestam inconformismo diante da situação presente do escravo. Muitas vezes os mesmos grupos sociais estão realizando movimentos de opinião pública sobre a reorganização do ensino, as vantagens do regime republicano, a conveniência de separar a Igreja do Estado etc.

Além do mais, a escravidão se toma moralmente condenada. Isto é, instaura-se, no plano da consciência social, a contradição entre os valores cristãos e a existência real do escravo. Esses e outros dilemas da sociedade, nessa época, surgem nas penetrantes reflexões de Joaquim Nabuco. "O que esse regímen representa, já o sabemos. Moralmente é a destruição de todos os princípios e fundamentos da moralidade religiosa ou positiva – a família, a propriedade, a solidariedade

44 RAÇAS E CLASSES SOCIAIS NO BRASIL | Octavio Ianni

social, a aspiração humanitária; politicamente, é o servilismo, a degradação do povo, a doença do funcionalismo, o enfraquecimento do amor da pátria, a divisão do interior em feudos, cada um com o seu regímen penal, o seu sistema de provas, a sua inviolabilidade perante a polícia e a justiça; econômica e socialmente, é o bem-estar transitório de uma classe única, essa decadente e sempre renovada; a eliminação do capital produzido, pela compra de escravos; a paralisação de cada energia individual para o trabalho na população nacional; o fechamento dos nossos portos a imigrantes que buscam a América do Sul; a importância social do dinheiro, seja como for adquirido; o desprezo por todos os que por escrúpulos se inutilizam ou atrasam numa luta de ambições materiais; a venda dos títulos de nobreza; a desmoralização da autoridade desde a mais alta até a mais baixa; a impossibilidade de surgirem individualidades dignas de dirigir o país para melhores destinos, porque o povo não sustenta os que o defendem, não é leal aos que se sacrificam por ele..."[21] Na aparência, a referida contradição é uma expressão ideológica da outra, configurada no antagonismo entre a mercadoria e o escravo. No entanto, ela não é apenas isso.

A condenação moral da escravidão decorre, em boa parte, da formação de uma cultura urbana no Brasil. Na época das primeiras manifestações da civilização urbana no país, estabeleceram-se as bases preliminares do debate democrático, da liberdade, da afirmação do homem como valor fundamental etc. "O que caracteriza o homem é o livre-arbítrio e o sentimento da responsabilidade que lhe corresponde." Em verdade, "o progresso social está na razão da expansão das forças individuais".[22] O refinamento da consciência da possibilidade e da necessidade de renovação dos valores e padrões culturais que organizam as relações sociais na cidade é um componente da civilização urbana. Em consequência, a escravização do trabalhador foi condenada em vários planos.

---

[21] Joaquim Nabuco, *O Abolicionismo*, São Paulo, Instituto Progresso Editorial, 1949, pp. 208-209.

[22] Tavares Bastos, *A Província*, 2ª ed., São Paulo, Nacional, 1937, pp. 1819; 1ª ed., 1870.

A cultura europeia, em que se funda a cultura urbana no Brasil de então, a despeito das distorções já apontadas pelos estudiosos do referido período, não pode prescindir da afirmação da liberdade e da igualdade dos cidadãos perante a lei. Nesse sentido, a derrubada da monarquia, no caso do Brasil, foi um passo adiante no processo de instauração da democracia.

Acresce, ainda, que as contradições entre a mercadoria e o escravo, entre a noção de igualdade dos homens perante Deus e a lei e a existência real do escravo dizem respeito a um componente essencial do sistema capitalista de produção. Trata-se do valor de troca. O valor de troca é um alvo fundamental da produção mercantil. É no processo de realização do produto do trabalho, enquanto valor de troca, que se dá a realização do lucro, que é o alvo do fazendeiro ou do empresário. Por isso, ampliar a produção de mercadorias, com base no trabalhador livre, é ampliar a margem de lucro possível. Ao compreender que o lucro não é apenas função da barganha no mercado, mas também dos custos, e que estes podem ser controlados e reduzidos pela organização mais ou menos racional da empresa ou da fazenda, evidencia-se ao empresário que já não é mais *negócio* comprar escravos. Torna-se óbvio que é preferível operar com o trabalhador livre, colono ou assalariado, cuja remuneração (ou margem de apropriação avaliada monetariamente) é função do produto da força do trabalho.

Por essas razões, torna-se possível e necessário redefinir social e moralmente o trabalho produtivo, as relações de produção e, em consequência, o próprio *status* jurídico do trabalhador. A dignificação das atividades braçais ocorre, durante a segunda metade do século XIX, em concomitância com o abolicionismo e a imigração, a modernização da cafeicultura e o primeiro surto de criação de unidades fabris. É o processo ideológico por meio do qual se rompe, ao mesmo tempo, a contradição entre a mercadoria e o escravo, entre os princípios da igualdade e da liberdade, por um lado, e a escravidão, por outro.

1967

3

RAÇA E MOBILIDADE SOCIAL[1]

A distribuição ecológica das populações negras de Florianópolis não deve ser encarada como tendo sido produzida pela situação de contato social racial da cidade. É verdade que há fatores que levam a uma interpretação oposta, isto é, que permitem considerar a presente dispersão dos grupos raciais pelo espaço urbano como ligada ao preconceito de cor. Mas esses fatores não são suficientemente consistentes para explicar sozinhos a situação atual das relações raciais. Na verdade, essa distribuição dos negros e brancos sofreu e sofre a influência direta das condições econômicas de cada camada social. Entretanto, não podemos perder de vista um aspecto importante da presente distribuição ecológica dos grupos. Ela atua como um fator ativo em alguns estágios do desenvolvimento do processo que estamos analisando. O que é, até certo momento, produto do processo de urbanização,

---

[1] Os dados usados neste capítulo, bem como nos dois seguintes, foram colhidos em Florianópolis, em 1955. Além das entrevistas realizadas com brancos, negros e mulatos da cidade, e das observações diretas feitas em várias situações e grupos sociais, pedimos aos jovens matriculados em cursos colegiais (o 2º ciclo de então), normais e técnicos de comércio que respondessem a um questionário. Ao todo, responderam 552 jovens de ambos os sexos, entre 14 e 23 anos de idade. É óbvio que eles pertenciam a famílias burguesas e de classe média. A pesquisa foi orientada pelo prof. Florestan Fernandes, e nela contamos com a colaboração de Renato Jardim Moreira e Fernando Henrique Cardoso. A primeira edição desses três capítulos foi feita no livro que publicamos em coautoria com este último: *Cor e Mobilidade Social em Florianópolis*, São Paulo, Nacional, 1960.

RAÇA E MOBILIDADE SOCIAL 47

passa a ser condição de um outro processo social. Nesse caso, o preconceito de cor. Por isso, alguns aspectos do preconceito serão melhor apreendidos quando estudarmos a inserção dos grupos raciais no espaço ecológico.

Como ocorre geralmente nas cidades brasileiras, em Florianópolis também se encontram grupos residenciais das camadas mais pobres localizados na periferia do núcleo urbano. É nessa periferia que se encontram as áreas de menor valor econômico. No caso de Florianópolis, a maioria dos bairros pobres encontra-se nas encostas das elevações, que são, por enquanto, os limites naturais do aglomerado urbano. É nesses bairros ou "morros",[2] localizados nas encostas das montanhas, que se encontra a grande maioria da população negra e mulata de Florianópolis. No Estreito[3] aglomerado que se localiza em uma área geograficamente menos acidentada, eles se encontram do mesmo modo nas áreas de menor valor econômico e mais afastadas do núcleo.

Vejamos, contudo, o que nos diz Wilmar Dias, num trabalho pioneiro sobre a geografia humana da cidade: "Os desmates progressivamente operados nos morros para fins de saneamento deixaram livre à ocupação pelas classes pobres considerável quantidade de terra e determinaram o nascimento, morro acima, de novos bairros residenciais".[4] "Construindo a bel-prazer na terra gratuita do Governo ou na terra baratíssima dos particulares, as classes desafortunadas foram se aglomerando ao longo dos caminhos coleantes, sem obediência a norma alguma, transformando, em pouco tempo, as encostas mais suaves dos

---

[2] Na linguagem corrente na comunidade, a expressão *morro* tem o sentido *de favela*, como no Rio de Janeiro, ou de *vila de malocas*, como em Porto Alegre.

[3] O Estreito é um aglomerado urbano que se encontra na costa do Continente, em frente a Florianópolis. Até o ano de 1943, pertencia a outro município. Nessa data, o Estreito passou a fazer parte do município de Florianópolis. Apesar do desenvolvimento histórico-social de ambos ser diverso e independente, e a despeito da separação geográfica (estão ligados por uma ponte), caminham para uma relativa integração econômico-social. Por isso, a nossa investigação compreende os dois núcleos. Para simplificar nossa exposição, contudo, convencionamos que Florianópolis compreende ambos.

[4] Wilmar Dias, "Florianópolis, Ensaio de Geografia Urbana", em *Boletim Geográfico*, Florianópolis, Departamento Estadual de Geografia e Cartografia, julho de 1947, nº 2, p. 40.

48 RAÇAS E CLASSES SOCIAIS NO BRASIL | *Octavio Ianni*

morros em uma série de favelas."[5] "*São essas favelas, na sua maior parte, ocupadas pelo elemento negro*[6] que, dadas as condições de extremo pauperismo em que vive, não mais pode manter-se na área peninsular supervalorizada da cidade. *É esse mesmo elemento* (o negro) *que assinala, pelas suas concentrações, o limite máximo da expansão da cidade.*[7] As mais recentes concentrações, os Morros de Nova Descoberta, Abissínia, Baco-Baco e Inferninho, localizam-se já em áreas muito afastadas do centro e todas além dos limites urbanos fixados em 1943. E dentro do perímetro atual, os Morros de Xapecó, Caixa d'Água, Nova Trento, Elias Paulo e Mocotó, onde a população negra predomina, localizam-se exatamente na área periférica, espraiando-se mesmo para além dela."[8]

Fica, assim, bem clara uma das consequências do desenvolvimento de Florianópolis: à medida que se desenvolve o núcleo urbano, à medida que se valorizam áreas comerciais ou residenciais, mais são afastadas do centro as populações negras, juntamente com o restante das camadas pobres.

Do que ficou exposto, podemos concluir que não são todos os brancos que se encontram na mesma proximidade física dos negros e mulatos. O contato que tivemos com a cidade permite-nos assegurar que o grau de contiguidade entre os grupos raciais diminui à medida que caminhamos dos morros para o núcleo urbano, o que equivale dizer: à medida que subimos na escala social.

Mas qual seria o padrão de contato racial no plano vicinal? As observações realizadas por nós *in loco* e os outros dados colhidos permitem-nos assegurar que as relações entre negros, mulatos e brancos, enquanto vizinhos, não são indiferenciadas no que diz respeito à cor. De um modo geral, os brancos distinguem – social e culturalmente – os vizinhos negros e mulatos dos próprios brancos. Inversamente, os negros e mulatos diferenciam-se dos brancos nos mesmos planos. É clara a dicotomia existente. Ela somente não se manifesta em

---

[5] Wilmar Dias, *op. cit.*, pp. 40-45.
[6] Grifado por nós.
[7] Wilmar Dias, *op. cit.*
[8] Wilmar Dias, *op. cit.*, p. 45.

certas camadas sociais porque estas não convivem no mesmo espaço geográfico. Conforme dissemos, à medida que subimos na escala social, reduz-se rapidamente o coeficiente de indivíduos "de cor". É essa circunstância que explica o fato de certos indivíduos não manifestarem discriminação diante de vizinhos. Contudo, a despeito disso, os que moram em áreas onde não se encontram negros e mulatos residindo apresentam atitudes que revelam maior intensidade de rejeição dos negros e mulatos enquanto vizinhos.

Pode-se lembrar que os dados permitem levantar a hipótese de que o fenômeno, que está sendo apresentado como preconceito de cor, poderia ser considerado também em termos de preconceito de classe. Conforme vimos, os brancos que têm vizinhos negros e mulatos pertencentes à mesma camada social que eles próprios apresentam menor resistência a sua vizinhança que aqueles de outras camadas, particularmente as mais elevadas. Talvez esses brancos de camadas elevadas reagissem do mesmo modo também em face dos brancos pobres. Não o negamos. Há evidências nesse sentido. Contudo, existe certo grau de rejeição também no interior de grupos residentes na mesma área residencial, o que é, de per si, significativo. Deixaremos, todavia, esse problema para ser melhor examinado adiante.

A situação de contato racial, considerada do ponto de vista da distribuição das populações negras e brancas pelos bairros de Florianópolis, leva-nos ainda a algumas observações a respeito das atitudes recíprocas dos membros da comunidade.

Vejamos, em primeiro lugar, como se manifestam os brancos. Destes podemos destacar três grupos. Um deles afirma que há brancos e negros no bairro e que as relações entre eles são harmoniosas. Fazem, inclusive, considerações sobre o intercasamento, considerando-o fato normal e habitual. Outro grupo de brancos nega a existência de negros e mulatos no local, alegando que esses elementos se encontram em outras áreas, geralmente distantes, às vezes no extremo oposto do bairro onde reside o informante. As áreas mencionadas são consideradas pelo grupo como de menor prestígio social que aquela onde vive. Finalmente, um terceiro grupo assegura

50 RAÇAS E CLASSES SOCIAIS NO BRASIL | *Octavio Ianni*

que o lugar está "cheio de negros e mulatos". Lamenta-se, afirmando que eles são vizinhos desagradáveis, habitualmente "amigados". Procuram evitar intimidade com vizinhos negros ou mulatos, não trocando visitas com eles.

Os dois últimos grupos são nitidamente preconceituosos, ainda que reagindo diversamente, conforme a experiência social de cada um. Note-se, contudo, que as pessoas pertencentes a cada um desses grupos não se encontram reunidas social e ecologicamente, mas dispersas pelos diversos bairros da cidade. Elas se caracterizam pela unidade de atitudes.

Também os negros e mulatos apresentam uma relativa uniformidade de atitudes. Dispersos pela cidade, conforme descrevemos em parágrafos anteriores, reagem de dois modos em face dos seus vizinhos brancos. Em primeiro lugar, encontram-se aqueles que demonstram a existência de relações harmoniosas entre brancos e negros em geral. Trata-se de um grupo não muito extenso, que afirma inclusive a existência de casais mistos, constituídos legalmente. Esse grupo se compõe principalmente de mulatos. Em segundo lugar, encontram-se aqueles que revelam ressentimento diante dos brancos seus vizinhos, dada a hostilidade com que são tratados, quando entram em jogo os padrões de convivência vicinal. Esses indivíduos não são visitados pelos brancos nem os visitam. Compõe-se esse grupo principalmente de negros e menor número de mulatos.

Atitudes e opiniões

A distinção dos sexos, de fundamental importância para o conhecimento de determinados fenômenos sociais, é de alguma relevância para a devida compreensão do preconceito de cor em Florianópolis. Não pretendemos, com isso, afirmar que o sexo, isoladamente, considerado biologicamente, tenha valor explicativo. É óbvio que ele se distingue em consequência da constelação de valores sociais e culturais que o cercam.

A primeira observação que podemos fazer em face da dicotomia dos sexos diz respeito às mulheres brancas. Elas tendem a apelar, mais frequentemente, aos padrões ideais de comportamento inter-racial, particularmente àqueles que possuem conotação ético-religiosa. Isso, contudo, não impede que revelem, por meio das próprias palavras, a contradição entre aqueles padrões e o seu comportamento efetivo. Vejamos o que declara uma jovem: "A questão das raças" – diz ela – "continua sendo um problema atual para o qual ainda não se achou solução. Minha opinião será sempre que os pretos e mulatos constituam uma sociedade separada da dos brancos, mas que haja fraternidade e amor entre eles". É evidente, nessas declarações, a contradição apontada. Outra jovem, contudo, revela menos abertamente a incoerência, quando afirma: "Perante Deus todos somos iguais e considero uma ignorância nossa termos o preto como algo diferente". Há aquelas, ainda, que manifestam abertamente sua rejeição do negro e do mulato: "Muitas vezes existem pretos superiores aos brancos, mas são raros. Temos o nosso poeta Cruz e Sousa que é superior a muitos brancos, mas eu preferia casar com um branco menos inteligente do que com um preto sábio".

O fato das mulheres brancas apelarem muitas vezes a padrões ético-religiosos, para definirem verbalmente suas posições em face dos negros e mulatos, não significa que os homens brancos, por sua vez, também não o façam. Parece-nos, contudo, que o homem apela menos para aqueles padrões. Lança mão de outros recursos para definir suas atitudes. Veja-se, por exemplo, o que declara um comerciante: "Por uma questão de princípio, não gostaria de ter um negro ou mulata na família, mas aceitaria se assim acontecesse". Outro branco apela para razões prosaicas, afirmando: "... não pude dizer tudo o que sinto dos pretos e mulatos, mas os pretos e mulatos são muito mascarados e fazem-se de muito importantes, coisa que eles não são e nunca chegarão a ser". Encontramos, entretanto, também aqueles que, como algumas mulheres brancas, apresentaram atitudes segregacionistas. "Minha observação principal é que os pretos deviam andar separados dos brancos e vice-versa", diz um jovem branco. Essa mesma posição é revelada por outros, inclusive alguns que lembram o exemplo dos Estados Unidos: "Seria de acordo que no Brasil fosse feito como na América do Norte. Não querendo voltar à escravidão, mas sim fazer a divisão,

52 RAÇAS E CLASSES SOCIAIS NO BRASIL | *Octavio Ianni*

separar. Porque uma separação daria mais oportunidade aos brancos e mais ainda aos pretos, para poderem eles mostrar suas possíveis qualidades".

Apesar da relativa semelhança das atitudes dos indivíduos brancos de ambos os sexos, verificamos, entretanto, que elas não são idênticas. Provavelmente, estamos em face de gradações, apenas, das mesmas atitudes.

Em suma, constatamos em Florianópolis uma atitude diferencial das pessoas do sexo masculino e feminino em face aos negros e mulatos. Essa situação provavelmente se deve à experiência social diferente do homem e da mulher na sociedade em foco. Apesar de que não podemos falar em heranças de uma sociedade patriarcal, conforme os modelos apresentados por Gilberto Freyre e Antonio Cândido,[9] a cidade estudada não foge a uma divisão sexual do trabalho, que opera desde o passado e conduz a experiências sociais diversas. É isso que, a nosso ver, explica parcialmente aquelas discrepâncias de atitudes. Novos aspectos dessas diferenças serão, entretanto, discutidos adiante, quando analisarmos a situação de contato no baile e no interior da família. Mas, antes de passarmos adiante, vejamos como se manifestam o homem e a mulher negros e mulatos.

Sabemos que as relações recíprocas dos brancos, negros e mulatos no presente se devem, além da interferência de outros fatores, aos padrões de relações raciais herdados do passado e ao grau de convivência existente na atualidade. Todavia, enquanto entre os brancos operam, principalmente, aqueles padrões herdados do passado, entre os negros e mulatos atua, em maior escala, o grau de convivência social. Isso não significa que não entrem em jogo muitos outros fatores. Apontamos somente os que nos parecem principais. Assim, o grau de convivência diverso do homem e da mulher "de cor" com os brancos explicaria o comportamento e atitudes diferenciais daqueles. Portanto, a premissa de nossa discussão

---

[9] Gilberto Freyre, *Casa Grande & Senzala*, (7ª ed., Rio de Janeiro, 1952, 2º vol.; Antonio Cândido, "The Brazilian Family", *in Brazil, Portrait of Half a Continent*, por T. Lynn Smith e Alexander Marchant (editores), Nova Iorque, 1951, pp. 291-312.

das atitudes do homem e da mulher brancos é válida para o homem e a mulher negros e mulatos. Ainda que não se expliquem pelos mesmos fatores, a experiência social diversa dos negros e mulatos conduz a atitudes diferentes.

As considerações apresentadas permitem-nos levar a análise um passo adiante. Devido aos caracteres da situação de contato vigente em Florianópolis, qualquer estudo das relações entre as raças deve levar em conta o fato de que o grupo negro e mulato, dado o seu número e dadas as condições em que se encontra, define os seus objetivos em termos de ajustamento integrativo ao grupo branco. É nesse sentido que devemos compreender as atitudes diversas de homens e mulheres negros e mulatos. Sob alguns aspectos, essas atitudes são homogêneas. Sob outros, contudo, elas sofrem a influência direta da condição biológica do indivíduo. Por isso, em algumas situações específicas o ajustamento do homem é diverso daquele da mulher. Uma mulata bem clara, que se apresenta como branca, revela um aspecto peculiar das relações raciais vigentes na comunidade, quando afirma: "Não casamos com um homem apenas por ser branco, e sim porque se o ama. E tanto poderíamos amar o branco, o preto ou um mulato. Ama-se o seu caráter, não a pele". O homem, contudo, apesar de considerar importante o problema do intercasamento, tende a concentrar suas preocupações em torno dos problemas econômicos, particularmente o profissional. Preocupa-se principalmente com as barreiras que enfrenta, ao pretender ingressar numa carreira ou mudar de profissão.

Há outros aspectos, ainda, que devem preocupar os pesquisadores das relações raciais. Um deles diz respeito à evolução do preconceito através da idade. Não somente porque ele não é um fenômeno cristalizado, mas também porque os indivíduos se ajustam às situações sociais de acordo com a densidade da própria experiência social acumulada. Essa experiência não atua por causa da sua densidade, mas em consequência de sua natureza. E é esta que varia com a idade. O acúmulo de experiência social transforma a natureza do seu conteúdo.

Mas como age o acervo de experiências sociais sobre as atitudes e o comportamento inter-raciais? Naturalmente, em função de um conjunto de fatores, particularmente em consequência do caráter das próprias relações com outros grupos e devido a padrões de comportamento inter-raciais herdados do passado. Assim, temos dois grupos principais de fatores a distinguir: um deles está ligado ao acúmulo de experiência social, principalmente aquela ligada às relações de raças; o outro depende dos padrões socioculturais, herdados do passado. Somente considerando as manifestações do preconceito por meio dessa perspectiva podemos compreender e explicar algumas diferenças de atitudes entre grupos de idade.

Os dados obtidos mostram que não são homogêneas as atitudes dos jovens quanto à convivência inter-racial na família, no baile e no cinema. Nesses três círculos de convivência social, justamente o grupo dos indivíduos mais jovens é o mais preconceituoso, tanto no que tange aos negros como no que se refere aos mulatos. E note-se que o grupo dos mais velhos é justamente o que apresenta menor intensidade de rejeição. A que se devem essas diferenças de atitudes?

Uma explicação superficial poderia considerar as discrepâncias das respostas dos três grupos como produto de uma dissimulação progressiva, conforme avança a idade. Assim, os indivíduos mais jovens seriam mais espontâneos e menos dissimuladores. Sabemos, contudo, que a família é o principal núcleo de socialização do indivíduo, sendo por ela transmitidos os padrões de convivência inter-racial. Poderíamos, pois, explicar as atitudes dos adolescentes de 15 a 18 anos de idade como fortemente influenciados pelos padrões vigentes no meio doméstico. Por outro lado, as atitudes menos preconceituosas dos outros grupos mais velhos podem ser devidas ao maior afastamento do indivíduo do núcleo familiar. À medida que o indivíduo se torna adulto, mais ele se integra em outros grupos sociais diversos do doméstico.

A análise desenvolvida até esse ponto abordou a situação de contato racial em Florianópolis sob o ângulo da morfologia social. Examinemos agora o problema sob outros aspectos.

RAÇA E MOBILIDADE SOCIAL 55

Uma das principais preocupações dos negros e mulatos, particularmente os chefes de família e aqueles que estão ingressando na classe média, diz respeito à luta pela elevação intelectual, como técnica segura de ascensão social e integração em grupos brancos. Para eles, "o elemento de cor" somente poderá ter a sua carreira facilitada "impondo-se pela cultura". Assim, o preconceito tenderá a "desaparecer com o esforço do preto em mostrar sua capacidade de desenvolvimento cultural nas mesmas proporções que o branco".

Mas não depende apenas dos negros e mulatos a eliminação das barreiras raciais, dizem eles próprios. Existe um fator que prejudica as atitudes dos brancos, acrescentam. É a sua ignorância. Enquanto as pessoas de cor devem instruir-se para estarem em condições de exercer os papéis que os brancos guardam para si, o branco, por sua vez, terá tanto mais reservas a fazer àquelas quanto mais ignorante for. "Os preconceitos de raças vão de baixo para cima, pois quanto mais atrasado o meio, maior é o preconceito", afirma um mulato da classe média, sintetizando a opinião de muitos outros.

Essa atitude dos negros e mulatos coloca-nos diante do seguinte problema: haveria relação entre o grau de instrução do branco e a intensidade do preconceito? Deixando de lado as discussões já realizadas sobre o assunto por sociólogos e psicólogos sociais,[10] vejamos qual é a situação do problema em Florianópolis.

Antes de mais nada, consideremos a escola, que aparece como um dos círculos de convivência social em que é dos menores o índice de rejeição do negro e do mulato.

A flutuação das respostas é grande, não permitindo uma conclusão definitiva por enquanto. Os dados ora refletem maior rejeição por parte das alunas que frequentam o curso colegial, ora daquelas que se encontram no curso normal.

No que se refere ao negro, os dados indicam maior rejeição por parte do grupo que se encontra fazendo o curso normal, apesar da inversão que se verifica quando é focalizada a família

---

[10] Por exemplo, Bruno Bettelheim e Morris Janowitz, *Dynamics of Prejudice*, Nova Iorque, 1950, cap. IV.

do estudante. A despeito dessa discrepância final, pode-se afirmar que as alunas do curso colegial apresentam menor intensidade de rejeição dos negros. Sim, apenas dos negros, já que os mulatos são considerados de forma diversa. Em face destes, elas não apresentam a mesma reação, pois nesse caso verifica-se uma flutuação de respostas que não nos permite assegurar que as mesmas alunas estejam reagindo do mesmo modo. Ficamos, portanto, impossibilitados de concluir sobre uma possível interferência do tipo de instrução no preconceito.

Pode-se objetar, entretanto, que a relativa coerência das respostas apresentadas pelas alunas seria devida à circunstância delas estarem frequentando a mesma escola, e, provavelmente, pertencerem à mesma camada social. A convivência no mesmo estabelecimento de ensino e a filiação a camadas sociais semelhantes seriam, portanto, responsáveis pela congruência das respostas de um e outro grupo.

Posição de classe e discriminação racial

Os mulatos que conseguiram galgar posição na sociedade local tendem a considerar o preconceito como sendo produto da ignorância. Para eles, quanto mais baixa a camada social a que pertence o branco, mais preconceituoso ele é. Essa opinião, entretanto, não reflete a realidade. É verdade que alguns indivíduos que sobem "sentem" menos intensamente a discriminação dos brancos. Mas isso provavelmente não decorre da diminuição das barreiras. Deve-se ao aumento da capacidade de ajustamento do mulato às situações sociais em que se encontram também brancos, o que lhe dá a impressão de que o preconceito diminuiu. Aliás, considerando-se o material empírico disponível, quanto mais elevada a classe a que pertence o branco, mais preconceituoso ele parece ser. Exatamente o oposto do que afirmam os mulatos e negros que sobem, o que somente pode ser explicado pelo refinamento da sua capacidade de ajustamento a situações novas.

As nossas observações realizadas *in loco*, as declarações dos negros e mulatos, as entrevistas com estes e os brancos, a distribuição percentual dos negros e mulatos segundo as profissões, e outros dados, levam-nos a admitir que as barreiras opostas à integração e ascensão do "elemento de cor" são universais na cidade, variando, contudo, a sua rigidez conforme as implicações sociais das situações. Apesar de que muitos brancos declarassem que aos negros e mulatos não se impunham restrições à sua admissão em muitos empregos, a totalidade destes afirma que a conquista de um emprego sempre põe em jogo a cor do candidato, seja negro ou mulato. "Quando o ingresso é um favor (isto é, não 'feito por concurso') então há o limite da cor". Isso para os mulatos claros que começam a ingressar na classe média, pois a racionalização das atividades burocráticas tem sido uma válvula, que facilita o ingresso do indivíduo de acordo com a capacidade profissional, passando para o segundo lugar os seus caracteres somáticos. O concurso, entretanto, somente aumenta as oportunidades do negro ou mulato quando a função que ele vai exercer é considerada "compatível". Caso contrário, isto é, quando o emprego diz respeito a uma atividade que exige o que os brancos chamam de "representação", então o negro ou mulato é eliminado a despeito do concurso.

Quando se trata de ocupações que não apresentam a alternativa do concurso, como no caso das atividades comerciais, tais como a de balconista, a resistência é muito grande. Não há negros ou mulatos trabalhando nos balcões das casas comerciais mais importantes de Florianópolis. "Estão sempre lá atrás, lá pela cozinha ou trabalhando no pesado." O balcão exige "apresentação", "o que uma pessoa de cor não pode ter", diz-nos um comerciante. E um negro declara: "Trabalho para preto é muito difícil. Principalmente em lojas, escritórios. Eles (os brancos) falam que não tem vaga. Serviço de preto é só ser operário mesmo".

Realmente, do ponto de vista das possibilidades de ascensão profissional "é difícil a vida para uma pessoa de cor" em Florianópolis. Eles se concentram nas atividades menos qualificadas, econômica e socialmente. A grande maioria da "população de cor" dedica-se a atividades braçais. "É difícil encontrar uma repartição, uma loja com pessoa de cor. Geralmente não se encontra." Encontram-se principalmente na estiva, nos transportes de carga, entre a marinhagem e outras atividades menos remuneradoras. No funcionalismo público começam a ingressar, principalmente por meio de padrinhos políticos, mas também por cargos menos qualificados.

O alemão,[11] contudo, trata os negros e os mulatos com maior cordialidade. Alguns chegam a confundir esse tratamento afável com maior intimidade que aquela dispensada pelos brancos de origem lusa. Entretanto, aquele que possui maior discernimento nota que o indivíduo de descendência alemã trata-o bem, cordialmente, enquanto colega de trabalho, empregado ou subordinado em alguma função. O negro ou o mulato diz que sente que é encarado com maior dignidade que pelos outros brancos, mas percebe também que as barreiras implícitas nesse tratamento são bem mais rígidas, ainda que dissimuladas. Saindo das relações no plano profissional, o alemão "não toma conhecimento do homem de cor". Trata-o com gentileza, mas à distância. O tratamento é especial, "no sentido de agradar quando precisam", afirma um mulato da classe média.

As negras e mulatas se concentram ainda nas atividades domésticas. Um levantamento das profissões dos sócios de um clube de negros e mulatos revela-nos apenas uma mulata classificada como balconista. Observamos, entretanto, oito costureiras e três professoras do ensino primário, além de algumas estudantes. Aí temos um indício seguro de alguns dos canais de ascensão, que procuram habitualmente.

A descrição esquemática da distribuição dos negros e mulatos na estrutura econômica da cidade leva-nos a mais uma observação sobre o problema investigado. Pode ser formulada do seguinte modo: o "elemento de cor", em Florianópolis, distribui-se de forma não proporcional aos brancos no conjunto das atividades disponíveis. Consequentemente, o grau de convivência entre brancos, negros e mulatos varia conforme subimos na estrutura socioeconômica. A quase totalidade dos negros e mulatos encontra-se ainda concentrada na camada

---

[11] Dadas as condições da pesquisa projetada para Florianópolis, não foi possível incluir na investigação uma coleta dos dados referentes aos chamados grupos coloniais (grupos de imigrantes que fundaram colônias nos Estados do Sul, ou seus descendentes), particularmente o alemão, que é mais numeroso nessa comunidade.

baixa da população. Uma pequena parcela começa a penetrar na classe média, particularmente os mulatos. E somente alguns, também mulatos, estão atingindo as profissões liberais.

Podemos, pois, assegurar que o grau de convivência entre os brancos e os negros e mulatos varia conforme a camada social. Ou melhor, que a intensidade dos contatos entre uns e outros diminui à medida que passamos da classe baixa para a elevada. Esse fato, contudo, afetaria as atitudes e o comportamento dos brancos? Haveria alguma relação entre o *status* socioeconômico do branco e o tipo do preconceito?

Contrariamente ao que afirmam os negros e mulatos, o preconceito é menos intenso na classe baixa da população. As observações que pudemos fazer nos diversos círculos de convivência social, as entrevistas realizadas com indivíduos pertencentes às três classes mencionadas e as manifestações reveladas pelos questionários são congruentes nesse ponto. Todavia, resta-nos uma observação a fazer. Apesar de não serem muito diferentes, os dados revelam maior intensidade de rejeição por parte das pessoas pertencentes à classe média do que aqueles pertencentes à alta. A nosso ver, isso se deve ao fato de que, enquanto os brancos e negros da classe baixa convivem em múltiplas situações sociais desde o passado, o que explicaria padrões de comportamento rotinizados, os brancos da classe média não desfrutam da mesma perspectiva de avaliação criada pela referida situação de contato. Conforme já foi apontado por nós em parágrafo anterior, as posições sociais e econômicas da classe média somente no presente estão sendo alcançadas pelo esforço ascensional da população "de cor". Além da interferência do preconceito, as diferenças de atitudes nas diversas classes sociais explicam-se pela sua conjugação com atitudes associadas ao preconceito de classe em formação. Em parte, aquelas discrepâncias de atitudes podem ser devidas a diferentes condições de existência social. Entretanto, o preconceito racial não se confunde com o de classe. Se se confundisse, não teríamos as atitudes e comportamentos discriminatórios entre indivíduos pertencentes à mesma classe. Dizemos isso porque em Florianópolis a grande maioria dos negros e mulatos se encontra na classe baixa, o que significa que se acham nas mesmas condições de existência social de outros brancos. Entretanto, como já mostramos, o preconceito é encontrado também aí.

As expectativas de comportamento do branco orientam-se no sentido de que o negro e o mulato devem colaborar para a harmonia das relações raciais. Essa harmonia, aliás, depende daqueles, e não do branco, afirmam estes. O branco admite, formalmente, a presença dos negros e mulatos em certos círculos de convivência. Alguns chegam a agir no sentido de que eles participem do grupo. Mas, por outro lado, esperam que eles próprios evitem isso, a fim de que situações desagradáveis não ocorram. É o que se verifica nos clubes recreativos dos brancos, particularmente nos seus bailes. Explica-se assim o elevado coeficiente de rejeição revelado pelos alunos do ensino secundário. Apenas em face da família a rejeição do negro e do mulato pelo branco é maior que na situação de baile. Note-se que essa é uma situação de convívio lúdico entre os sexos.

A situação é diversa no que se refere às sociedades recreativas dos negros e mulatos. Antes, contudo, de apresentarmos a situação de contato nesse setor, do ponto de vista do indivíduo de cor, vejamos alguns aspectos de sua situação no passado recente.

Antes mesmo do término da escravidão os negros e mulatos libertos tinham as suas "sociedades dançantes" e beneficentes. Com a abolição, elas se reorganizaram. Algumas foram extintas e outras foram criadas. Por meio dos depoimentos de negros velhos, pode-se reconstruir uma série ininterrupta de clubes de negros e mulatos, a partir do término do regime escravagista. Quando examinamos a composição racial desses clubes, evidencia-se a seguinte peculiaridade: houve clubes de negros e mulatos, mas também apenas de negros ou somente de mulatos. Não encontramos referência a clube misto de mulatos, negros e brancos que tivesse existido no passado. Menciona-se o caso de um, localizado num "morro", o "Aimoré Recreativo Esporte Clube", que tinha membros brancos, mulatos e negros. Mas não teve vida longa. Em poucos meses verificou-se uma cisão entre seus sócios. Ela decorre de um conjunto de fatores, entre os quais destacaremos alguns ligados aos bailes que se realizavam periodicamente. Um deles diz respeito à constante negativa de moças brancas de dançarem com negros ou mulatos. Esse fato se repetia em bailes sucessivos. Em consequência, os diretores (brancos) do clube resolveram estabelecer dias distintos para os bailes em que os negros e mulatos deveriam dançar. Essas medidas foram consideradas por eles como discriminatórias, o que os levou a se retirarem daquele clube e fundarem outro, exclusivo de negros e mulatos. Esses eventos, que se verificaram em 1933, estão ainda presentes na memória da população do morro, onde, ainda em 1955, encontramos dois clubes funcionando, um de brancos e outro de pessoas de cor, respectivamente "Concórdia" e "25 de Dezembro". São os sucessores do primitivo clube misto.

Esse clube de negros e mulatos, aliás, é um dos melhor organizados da cidade, entre aqueles de "elementos de cor". Mantém as mesmas normas rígidas estabelecidas na década de 1930, quando foi fundado. Não aceita brancos como sócios; apenas visitantes, que são autorizados a fazer gastos no bar, mas não a dançar. Somente a branca casada com negro ou mulato pode dançar livremente. Um branco, casado com mulher "de cor", não pode, já que lhe é vedado tornar-se sócio. Outra situação em que o branco pode dançar é aquela ligada a uma festividade especial, promovida por um ou outro sócio, quando é este o responsável pelo baile, tendo seus próprios convidados, brancos ou negros e mulatos.

No passado, entretanto, a discriminação nas sociedades recreativas era maior. Citam-se casos de clubes de negros que aceitavam mulatos, em represália àqueles que eram exclusivos de mulatos, como o "Grêmio da Mocidade", que funcionou em torno de 1910-1917. Houve até exclusivos de mulatos claros, como o "24 de Maio", que funcionou no princípio do século.

Como vemos, a discriminação racial penetrou até mesmo o grupo "de cor". Também eles foram envolvidos nesse processo social iniciado no passado. Contudo, nas sociedades recreativas existentes na atualidade já não se verificam distinções entre negros e mulatos. Geralmente participam igualmente de todas as atividades dos clubes, inclusive dos postos de diretoria.

No presente, entretanto, mantêm-se separadas as sociedades recreativas dos brancos e dos negros e mulatos. São raros os clubes que têm frequência mista, no quadro de sócios ou nos bailes. Geralmente, os bailes nos quais se encontram uns e outros são bailes pagos, o que possibilita o ingresso indiscriminado. Tais clubes, aliás, o são apenas nominal e legalmente. De fato, são empresas que comercializam a dança. Contudo, os bailes de sociedades recreativas organizadas somente são frequentados por seus sócios, brancos ou negros e mulatos. Não conhecemos uma sociedade em que houvesse sócios dos dois grupos nas mesmas proporções. Alguns clubes têm uns poucos sócios mulatos claros.

É ilustrativo o exame das expectativas de comportamento de um jovem branco da classe média ou alta em face de bailes de negros e mulatos e dos próprios brancos. Quando os bailes são pagos, entram em jogo padrões de comportamento diversos daqueles que atuam nos não pagos, isto é, naqueles do próprio grupo branco. Um baile pago é aquele em que ele vai para divertir-se, desfrutar situações favoráveis, particularmente aquelas ligadas à vida sexual. Geralmente um branco da classe média que vai a um baile de negros e mulatos pretende encontrar facilidades para encontros amorosos. Nesse caso, não se preocupa se a parceira é branca, negra ou mulata. Prefere, contudo, a mulata. Esse mesmo jovem branco, que frequenta um clube de negros e mulatos com esses objetivos, comporta-se de modo diverso, quando se encontra em bailes do próprio clube. Enquanto naquele caso as suas expectativas orientavam-se num sentido, quando frequenta o clube do seu grupo manifesta-se segundo outros valores. Nesse caso, considera que está frequentando uma "reunião social", na qual levaria sua noiva, a irmã, a esposa ou a mãe. Agora leva em conta outros *mores*.

A análise da situação de contato no baile leva-nos a uma reflexão que nos parece esclarecedora de alguns dos seus aspectos. De todas as situações analisadas, o baile apresenta-se como o foco de maior resistência à entrada do negro e do mulato. No caso de Florianópolis, o fenômeno ocorre tanto nas camadas elevadas da população como nas médias e baixas. Mas por quê?

Numa sociedade tradicionalista, o baile pode ser um prolongamento de círculos sociais exclusivos. Liga-se tangencialmente à família e ao prestígio social das classes sociais a que serve. Daí as razões de ordem social mais reguladas e dirigidas socialmente. As condições de aceitação em um clube, como sócio, estão ligadas principalmente ao *status* socioeconômico da pessoa. Por isso as barreiras são rígidas nesse círculo de convivência social.

Os dados disponíveis mostram que a mulher branca rejeita sistematicamente o negro ou mulato ao ser convidada para dançar. Vejamos por que se verifica isso. Uma explicação superficial diria que a mulher branca não tem simpatia por eles. É o que afirmam geralmente, tanto elas quanto eles. Mas estamos aqui na superfície do fenômeno. O que realmente ocorre é o seguinte: quando a branca é convidada por um negro para dançar, sente-se logo em evidência, tanto aos olhos das mulheres como dos homens brancos presentes. Nesse momento, entram em jogo atitudes e padrões que a desprestigiam no consenso do grupo, porque teria de dançar com indivíduo cujos atributos são considerados negativos. Enquanto um negro ou mulato se sentiria elevado, como membro do grupo negro, ao dançar com uma branca, esta, por seu lado, sentir-se-ia diminuída no consenso dos brancos.

Há ainda um outro aspecto do fenômeno que pode ser ressaltado. Trata-se de uma nuança da explicação dada acima. Para os brancos, quando uma branca dança com um negro torna-se, automaticamente, uma candidata à miscigenação. Transforma-se em objeto da cobiça de um "negro", o que a desvaloriza em face das expectativas do próprio grupo. Esse aspecto do problema, entretanto, será analisado adiante, dada a sua importância para a compreensão do preconceito no interior da família.

Mobilidade social e branqueamento social

Analisar o ideal de branqueamento é focalizar um dos padrões fundamentais envolvidos na constituição das famílias de negros e mulatos. "Branquear" é uma aspiração "universal". Negros, mulatos escuros e mulatos claros – todos querem branquear. Por isso, constata-se ali um fato significativo para o entendimento dessa questão: são raros os "casais de cor" cujos cônjuges apresentam a mesma tonalidade de cor da pele. Esta é sempre diversa porque homens e mulheres desejam clarear. O simples casamento com um indivíduo mais claro já satisfaz o mais escuro. Este se sente como se tivesse branqueado um pouco, apenas casando-se com o mais claro. Outra peculiaridade desse fenômeno é o branqueamento efetivo por meio da prole. Ter descendentes mais claros é motivo de orgulho. A pessoa passa a ser mais considerada no próprio grupo. Casá-los com outros ainda mais brancos, ou menos negros, é o maior objetivo dos pais. Parece-lhes que, assim, se realiza sua integração no grupo branco.

Por outro lado, os padrões de comportamento inter-racial do branco se orientam no sentido oposto. O seu ideal é a não "contaminação". Quando um branco se encontra diante da alternativa de casar-se ou não com um negro ou mulato, o que conta fundamentalmente é a cor. Esse é o critério decisivo no seu julgamento.

Aliás, no seio da família a situação de contato é definida em termos incisivos. O branco espera que o negro ou mulato não se torne íntimo de sua família. Mantém com ele relações amistosas (e o negro deve compreender que são apenas relações amistosas), que às vezes são de amizade, com alguma carga afetiva. Trata-se de um recurso destinado a elidir a existência de barreiras, e a não desprestigiar frontalmente os padrões igualitaristas da sociedade. É uma forma de realizar os sentimentos afetivos sem afetar profundamente as atitudes convencionais. Efetivamente, o branco mantém com aqueles relações de amizade, mas formalmente, com uma inclinação paternalista, o que tolhe as ações e a espontaneidade deles. Com esses padrões de etiqueta social, o branco elimina os negros e mulatos do seu círculo de convivência social mais íntimo: a família. É assim que ele consegue dissimular as barreiras rígidas, impostas àqueles.

RAÇA E MOBILIDADE SOCIAL 65

Existem duas ordens de fatores sociais que podem explicar as atitudes de "defesa" da família em face das possibilidades de contatos ou de miscigenação. São dois planos diversos da mesma instituição, que podem ser apanhados por meio dessa explicação. Por um lado, temos a família como uma instituição cujos padrões de comportamento foram elaborados no passado escravocrata, e que continua, no presente, exercendo o peneiramento dos negros e brancos que pretendam ascender por seu intermédio. Nesse sentido, o papel que ela exercia no passado, no que diz respeito às relações do branco com o negro e o mulato, continua vigente na atualidade, o que significa que ela continua relativamente impenetrável ao "indivíduo de cor". No passado escravocrata ela era um fator de preservação da ordem social e econômica, já que constituía um núcleo de atribuição de *status*. Mantinha-se, por isso, fechada às tentativas de penetração dos negros e mulatos, que pertenciam a outra casta.[12]

Por outro lado, uma ordem diversa de fatores deve ser levada em conta. Sabemos que, na sociedade brasileira, a mulher é considerada, em determinadas condições, um dos seus mais importantes elementos. Sob certos aspectos, ela é encarada como o mais importante, superestimada, tomando, mesmo, a significação de um símbolo. Um dos motivos por que é considerada de tal modo é o fato de ser reconhecida como a fonte de perpetuação do grupo. Estamos, por conseguinte, diante do outro fator que explicaria o elevado índice de rejeição do negro e do mulato na família. O grupo branco não aceita a ideia da mestiçagem com o negro por meio da mulher branca. Aceita-a quando a mulher é "de cor", mas extraconjugalmente. Aprovar aquela alternativa seria colocar um dos mais "puros" membros do grupo, um tabu, em contato com indivíduos não considerados do mesmo nível social e econômico, nem com os mesmos atributos morais.[13]

---

[12] Ver Roger Bastide e Florestan Fernandes, *Relações Raciais entre Negros e Brancos em São Paulo*, São Paulo, Anhembi, 1955, pp. 72-74, em que esse problema é analisado para o caso de São Paulo. Também Antonio Cândido, *op. cit.*, pp. 291-312.

[13] Ver a interpretação psicanalítica desse fenômeno em Roger Bastide, "Introdução ao Estudo de alguns Complexos Afro-Brasileiros", *Revista do Arquivo Municipal*,

Não seria difícil encontrarmos pontos de contato entre as duas explicações dadas acima. É certo que para o grupo branco, em face do negro e mulato, a mulher é um dos valores fundamentais da família. Quando ela é considerada em face do negro ou mulato, entram em jogo não somente as atitudes que visam preservá-la como um valor, mas também aquelas que se destinam a afastar o "indivíduo de cor" de uma instituição fundamental e altamente valorizada do grupo, instituição esta que ainda é uma das principais agências de atribuição de *status*.

O que ficou dito até agora permite-nos fazer uma distinção nítida entre o comportamento inter-racial no plano dos grupos primários, em que as relações simpáticas e afetivas predominam, e aquele dos grupos secundários, nos quais as relações são formais, de caráter categórico. Enquanto no primeiro caso o preconceito se manifesta aberta ou veladamente, mas por meio de um comportamento efetivo, no segundo caso o preconceito é dissimulado por um padrão de etiqueta, que elimina a necessidade de declará-lo ou de manifestá-lo. Do ponto de vista do branco, elide-se o problema. Mas o indivíduo de cor sente a dissimulação.

O leitor deve ter notado que durante todo o desenvolver desta exposição mencionamos sempre *negro e mulato*, procurando distinguir um do outro em múltiplas situações. Não o fizemos senão com um objetivo: apresentar mais um aspecto do fenômeno que está sedo discutido. O material empírico disponível nos levou a essa distinção.

Não é somente o branco que distingue o mulato do negro em muitas situações sociais. Os próprios "indivíduos de cor" distinguem-se no mesmo sentido. Vejamos como isso ocorre. Já mostramos que a estrutura econômica e social da comunidade no presente apresenta maiores possibilidades de mobilidade horizontal e vertical. Assim, são relativamente comuns as ocasiões em que o branco abre oportunidades de integração ou ascensão a eles. Entretanto, são mais comuns as exceções feitas aos mulatos claros. É o que se verifica nos escritórios, em grupos de amizade, em grupos de trabalho e até mesmo nos bailes. Não se comporta do mesmo modo em face do negro

São Paulo, maio-junho de 1943, vol. XC, pp. 33-44.

RAÇA E MOBILIDADE SOCIAL   67

o branco que trata o mulato dessa maneira. Por outro lado, atua no mesmo sentido de diferenciar uns e outros elementos de cor a "emulação" encontrada no interior do grupo. Essa competição é produto da polarização exercida pelos valores "brancos". Apenas o mito da branquidade seria suficiente para criar entre eles próprios alguma discriminação, o que redunda, consequentemente, em avaliações recíprocas positivas e negativas, como se verifica na ideologia racial do branco.

Todavia, o branco é o autor da distinção apontada. É ele que a usa, e segundo seus fins. Além de outros fatores que poderiam explicar a emergência dessa dicotomia, julgamos especialmente um deles importante para sua efetivação. Trata-se da necessidade que o grupo branco tem de manter alguns padrões de comportamento inter-racial que estão plenamente incorporados à sociedade brasileira. O principal deles é o mito da democracia racial. É em seu benefício que o peneiramento dos mais claros é menos rigoroso. Esse mito permite ao branco justificar a integração dos elementos considerados "apresentáveis" – justamente os mais claros.

Essa situação, contudo, não afeta alguns padrões de etiqueta encontrados no presente e herdados do passado. Os negros e mulatos ainda se comportam diversamente nas relações com os brancos de nível social elevado. Geralmente o negro é respeitoso e reservado, não revelando expansões. O mulato, entretanto, manifesta-se de outra maneira. Habitualmente é atencioso e afável. Esse padrão, todavia, não se altera grandemente quando surpreendemos os negros e mulatos em interação com brancos do mesmo nível social. Mantém-se a mesma reserva do negro e a afabilidade do mulato. Não se trata, pois, de um padrão de etiqueta ligado às camadas sociais. Isso não significa, contudo, que não o tenham sido no passado, quando as relações escravo-senhor apresentavam-se em termos assimétricos.

Alguns aspectos da situação de contato encontrada em Florianópolis permitem falar em indícios de segregação.[14] As barreiras opostas aos negros e mulatos em determinadas

---

[14] Entendemos *segregação* como uma das formas de manifestação do preconceito racial.

situações são instrumentos de segregação. Entretanto, raramente ela é aberta, ostensiva. Como toda manifestação preconceituosa, a segregação é velada na sociedade local. É o que se verificava numa escola religiosa, no passado, e que se manifesta ainda no presente, por meio de técnicas mais elaboradas. Há hotéis que não aceitam hóspedes negros, a não ser que se apresentem "condignamente". Um deles exibe um menor negro, uniformizado, nas suas dependências. A direção considera-o uma mascote. Diversos informantes mencionam o caso de um clube que não permitiu que esportistas negros, vindos de uma cidade do nordeste brasileiro, tomassem refeição em seu restaurante. Esse fato era sempre rememorado, quando as entrevistas tocavam no problema das barreiras que os clubes habitualmente opõem aos negros e mulatos.

A segregação espacial, descrita no princípio deste capítulo, pode ser explicada em termos das condições econômicas das populações negras da comunidade. Conforme dissemos, se a atual distribuição das populações negras pode ser considerada como decorrente da evolução de suas condições econômicas, ela não permanece adstrita a esse significado. É encarada, tanto por uns como por outros, como uma das manifestações de preconceito racial, o que, por si, transforma o significado social da presente distribuição da população local pelo espaço urbano.

A situação de contato racial apresentada neste capítulo leva-nos ainda a algumas reflexões. Apresentamos diversas situações típicas de interação entre negros, mulatos e brancos. Tomamos alguns grupos sociais fundamentais, tanto primários como secundários, e descrevemos alguns tipos de relações raciais que neles se verificam. Em face dessas relações, uma constatação de interesse se impõe. Diz respeito à oposição que marca as relações entre os negros e mulatos e os brancos. Se não em todas as situações apresentadas, em algumas delas o problema se coloca sempre em termos claros: de um lado, os negros e mulatos encontram barreiras ao tentar ingressar nos grupos dos brancos; por outro lado, estes também deparam com barreiras ao procurar penetrar nos grupos dos negros e mulatos.

É o que se verifica em muitas situações sociais: em hotéis, nos clubes, em alguns locais de trabalho e na família. Por isso, podemos assegurar que em determinados setores da sociedade local as relações raciais refletem uma verdadeira dicotomia. A dualidade manifesta na cor da pele tornou-se o símbolo de padrões morais diversos, capacidade intelectual diferente etc., conforme veremos a seguir. Ela se transforma, pois, em uma dicotomia social. É o que se manifesta claramente nas ideologias, tanto do branco como dos negros e mulatos. Na do branco, essa dualidade se apresenta plenamente. Na ideologia racial do negro e mulato, quando não é também revelada, essa dicotomia se apresenta subjacente.

1959

4

A IDEOLOGIA DO BRANCO

O questionário aplicado aos alunos das escolas secundárias de Florianópolis somente foi elaborado depois de uma sondagem inicial realizada *in loco*. Para melhor compreensão da importância dos dados que vamos analisar a seguir, lembramos que aquela sondagem nos forneceu também verbalizações de estereótipos, as quais serviram de pista para a investigação deles entre os estudantes. Depois de considerações estratégicas a respeito da forma mais adequada a esse levantamento, resolvemos incluir no referido questionário duas perguntas abertas, redigidas nos seguintes termos: "Dê as principais qualidades do preto, do mulato e do branco" e "Dê os principais defeitos do preto, do mulato e do branco". Para as respostas referentes a cada grupo racial, deixamos em branco seis linhas (três para cada questão), a fim de que o informante enumerasse um, dois ou três atributos favoráveis e desfavoráveis. Incluímos o branco para assegurar maior objetividade e espontaneidade nas respostas. Não nos restringindo aos negros e mulatos, presumivelmente evitaríamos uma fonte de perturbações. Além disso, estávamos fornecendo um elemento comparativo, o que poderia facilitar a indicação de avaliações que tomassem como referência as situações concretas de ajustamento inter-racial.

Posteriormente, fizemos um cotejamento dos estereótipos obtidos pela sondagem inicial e pelo questionário.

A IDEOLOGIA DO BRANCO **71**

Constatamos que estávamos seguindo o caminho certo. Obtivemos resultados significativos, que nos permitiram usar as verbalizações expressas nos questionários como indicações seguras dos estereótipos correntes na cidade.

O relacionamento das expressões colhidas por meio do questionário permitiu-nos encontrar algumas das mais comuns verbalizações de estereótipos sobre negros e mulatos correntes na comunidade. Reunimos também os atributos conferidos aos brancos. Eles serão utilizados na análise que vamos fazer neste capítulo, aumentando assim o seu rigor, tanto no que se refere aos tipos como no que diz respeito ao significado social dos estereótipos. Apesar de não ser nosso objetivo discutir, neste trabalho, as autoavaliações que os brancos fazem de si próprios, elas nos servirão para melhor compreender as funções e significados dos estereótipos, elaborados e utilizados pelos brancos. Terão, sem dúvida, um caráter heurístico. Vejamos um exemplo.

Não é raro aparecerem atributos conferidos somente aos brancos. Alguns informantes dizem que o branco é "asseado", "limpo", "higiênico". Mas não afirmam o mesmo do negro ou do mulato. Ao contrário, afirmam o oposto. Dizem que o negro é "sujo", "malcheiroso", "anti-higiênico". Evidentemente, aqueles objetivos conferidos ao branco, quando este é encarado juntamente com o mulato e o negro, operam no sentido de reforçar a função do estereótipo.

Aliás, os estereótipos obtidos pelas declarações dos estudantes que responderam ao questionário não revelam opiniões relacionadas com experiências particulares de cada um. Muitas vezes são opiniões incorporadas mediante socialização, mesmo nas experiências sociais concretas de cada um. O estereótipo do negro como "trabalhador" ou "farrista" não decorre, evidentemente, da experiência dos jovens dos dois sexos. Mas são "universais" na cidade. Os estudantes os incorporaram porque lhes foram transmitidos, mas não porque tenham participado da sua elaboração. Aliás, podemos estender à situação social estudada por nós a constatação de Hartley e Hartley: "As atitudes com respeito aos negros não são mais

72 RAÇAS E CLASSES SOCIAIS NO BRASIL | Octavio Ianni

determinadas principalmente pelo contato com eles, mas pelo contato com as atitudes dominantes sobre os mesmos".[1]

Isso não significa, contudo, que a experiência social da pessoa não conta ou deve ser considerada de menor importância. O confronto entre as verbalizações de estereótipos negativos e positivos a respeito do mulato revela que eles são mencionados menor número de vezes, em ambos os grupos. Isso pode ser devido a diversos fatores. Podemos afirmar, no entanto, que um fator importante a considerar seria a baixa *visibilidade social* do mulato, no mundo social do branco, e as consequências que daí advêm. Nesse caso, essa visibilidade seria responsável pelas flutuações das respostas fornecidas pelos informantes. Essas considerações são válidas tanto no que diz respeito aos estudantes como no que se refere ao conjunto da sociedade.

Não são poucos os questionários preenchidos que terminam com a observação seguinte: deixo de responder aos itens finais porque os brancos, mulatos e negros "têm os mesmos defeitos e qualidades". Ou então: deixo de responder a esses itens porque os brancos, negros e mulatos "são todos filhos de Deus". Ou ainda: "não convivo com elementos de cor, motivo por que não posso fazer juízos sobre eles". Entretanto, a grande maioria desses informantes são contrários ao casamento de amigos, irmãos ou irmãs com negros ou mulatos. No caso do próprio informante, a rejeição do casamento é universal.

Constata-se, pois, um conflito entre as declarações apresentadas num mesmo questionário. Trata-se de uma duplicidade de atitudes. De um lado, o informante apresenta opinião desfavorável ao negro ou mulato, rejeitando-os para o casamento. Por outro, a mesma pessoa diz que não é contra eles, pois "todos são iguais", "filhos de Deus" etc. As afirmações de que todos os membros da comunidade "são filhos de Deus", ou de que o entrevistado não convive com negros e mulatos, não devem ser entendidas como atitudes

---

[1] E. L. Hartley e A. E. Hartley, *Fundamentals of Social Psychology*, 1952, citado por Otto Klineberg, *in Social Psychology* (revised edition), Nova Iorque, 1954, p. 525.

A IDEOLOGIA DO BRANCO 73

favoráveis ou neutras. São focos de polarizações diferentes, que denotam, aliás, inconsistências culturais.

Devemos encarar as manifestações dos informantes, comuns, aliás, como função da situação em que se coloca o branco em face do negro e do mulato. Assim, aquela contradição aparente dilui-se. Ela pode ser encarada como uma das formas assumidas pela dissimulação habitual que um setor da população realiza diante do problema do preconceito. O que ocorre, na verdade, é o seguinte: num momento, o entrevistado é colocado diante de uma questão clara: "Você gostaria de casar-se com preto, mulato ou branco?", que exige resposta monossilábica: sim ou não. No final do questionário, entretanto, damos a ele oportunidade de redigir observações ou comentários estritamente pessoais, sem qualquer interferência perturbadora ou sugestão de perguntas. É nesse momento que se manifesta a opinião aparentemente contraditória. Isto é, o informante deixa de lado seu comportamento efetivo, ou os *folkways* relativos ao comportamento inter-racial, para manifestar somente os padrões ideais de comportamento, fazendo um esforço no sentido de apresentar-se conforme os *mores* da comunidade. Enfim, a pessoa não define seu comportamento em termos de normas e valores socialmente aceitáveis; apenas aplica duplo sistema de referência na avaliação de um mesmo grupo de pessoas.

Entretanto, essa contradição inicial é logo suplantada pelas evidências do material empírico disponível. Verifica-se desde o princípio que os dados orientam-se no sentido da supervalorização do branco em confronto com o negro e o mulato. É este um caráter permanente do fenômeno social investigado. Estamos, desse modo, em face de um outro aspecto da ideologia racial do branco. Sempre que possível, o branco superestima-se, subestimando explícita ou implicitamente o negro e o mulato. Verificaremos isso adiante, ao longo da análise das verbalizações dos estereótipos.

Antes mesmo de pedir quais são as qualidades e defeitos principais dos negros e mulatos, o questionário oferece ao informante branco a oportunidade de manifestar autoavaliações estéticas, ao mesmo tempo que apanha o preconceito estético relativo, aos negros e mulatos. Vejamos como se manifestam eles.

O questionário inclui uma pergunta sobre os caracteres físicos dos negros, mulatos e brancos. Pedem-se os caracteres desses indivíduos quanto ao formato do nariz, aos tipos de lábios e cabelos, bem como quanto à cor da pele. Pois bem, nas respostas a essas questões os colegiais revelaram uma extrema valorização dos caracteres somáticos dos brancos, em detrimento daqueles dos negros e mulatos. Por exemplo, há os que julgam a pele do branco "cor de leite", ou "branca roseada" e até "vermelha", enquanto a do mulato é classificada como "fula", "marrom" ou "café", e a do preto chamam "escura", "café", "negra". Outros afirmam que os brancos têm "lábios bem moldados" ou "delicados", enquanto os negros os têm "grotescos" ou "grosseiros". Há aqueles que alegam que o cabelo do branco é "ligeiramente ondulado", enquanto o do negro ou do mulato é "encarapinhado". Também o nariz não escapa ao mesmo sistema de classificação assimétrica. O do branco é considerado "fino", "afilado", "natural", e até "normal", em contraposição ao do negro, que é sempre "chato" e ao do mulato, que geralmente é "achatado".

Como se nota pelos dados fornecidos acima, é bastante elaborada a distinção plástica que os brancos fazem entre os caracteres físicos dos negros, mulatos e brancos. Quisemos, por isso, verificar que atributos físicos atraem maior atenção dos brancos, já que se trata de algo importante para a compreensão das relações raciais. A fim de reunirmos um conjunto significativo de manifestações sobre o assunto, julgamos necessário fazer perguntas referentes aos caracteres físicos que distinguiriam o branco, o mulato e o negro, um do outro.

A primeira pergunta pedia ao informante que registrasse os caracteres físicos que, a seu ver, distinguem "o branco do mulato". Obtivemos 1.027 respostas. Desse total, 43% das declarações mostram que a "cor da pele" é o mais importante elemento distintivo do mulato em face do branco. Em segundo lugar vem o cabelo, com 38% das respostas. O nariz e os lábios vêm depois, com 12% e 7%, respectivamente.

A segunda pergunta pedia que registrassem os caracteres físicos que distinguem "o mulato do preto". Obtivemos 954 respostas, similares àquelas. A "cor da pele" distingue, para 49% deles, o mulato do preto. Outros 31% afirmam que é o cabelo que os distingue. Em seguida vêm o nariz e os lábios, com 11% e 9%, respectivamente. Notamos, nesse caso, que o cabelo aparece com menor coeficiente.

Do que ficou exposto, verifica-se que elementos fenotípicos são utilizados pelo branco para a definição de um grupo em face do outro e de si próprio. A predominância da "cor da pele" como elemento que distingue uns e outros revela a utilização de um fator plástico na interação entre os indivíduos. Trata-se de um elemento suscetível de múltiplas nuanças. Todavia, é o mais visível para o branco. Em situações dramáticas, quando o branco entra em conflito com um negro ou mulato, seja por que motivo for, a cor assume uma importância simbólica para aquele. É nesses momentos que o branco usa a expressão *negro*, com conotação pejorativa, dirigida a negros ou mulatos, indistintamente. A ofensa será tanto maior quanto mais claro se considera o indivíduo, que vê assim sua "origem" posta em evidência.

A linha de cor

Ainda no setor da ideologia racial do branco encontramos uma disposição generalizada na população da cidade: um esforço contínuo para manter marcante a linha de cor. Já mostramos anteriormente como o branco tende a definir o elemento da outra raça, inicialmente, pela coloração da pele. Vejamos agora outros elementos que contribuem para revelar a importância atribuída à cor como meio de caracterização do negro ou do mulato.

Os ditados correntes na comunidade afirmam que todos os indivíduos não brancos devem ser considerados negros. O consenso considera-os assim. São comuns ditos populares tais como: "Escapou de branco, negro é", "Mulato: preto disfarçado", "Pai de cor, filho fica" etc. É, portanto, peculiar a situação do mulato nesse contexto.

Sobre a posição intermediária incerta do mulato, encontramos depoimentos esclarecedores, que caracterizam perfeitamente o esforço desenvolvido pelo branco no sentido de localizar e definir o mulato na trama das relações sociais. Nesse ponto, aliás, os próprios negros encontram-se conjugados com os brancos. Conforme veremos no capítulo seguinte, os negros também colaboram com os brancos no sentido de fazer face ao esforço ascensional e de branqueamento do mulato. Uma negra residente num dos "morros" da cidade afirma que "mulato claro não quer ser preto". E acrescenta: "O diabo é o mulato; quando põe colarinho, gravata e calça bota, não há quem segure", quer logo passar por branco e até "entrar no Lyra".[2] Eles "são um perigo, sempre passam por debaixo do pano", conclui a mulher. Manifestações como essas são comuns entre os negros. Trata-se de um componente de sua ideologia racial, que atua segundo os interesses ou as expectativas do branco. Aliás, nas afirmações que acabamos de transcrever, encontramos dois aspectos relevantes: de um lado, a tendência característica de identificar e definir o mulato. De outro, verificamos que o negro, procurando ver sempre no mulato, que ascende socialmente ou que "branqueia", um trânsfuga, colabora com os objetivos manifestos ou subjacentes da ideologia racial do branco, dificultando a ascensão do mestiço.

Em consequência, o esforço comum dos brancos e negros, no sentido de barrar o mulato, adquire aspectos inesperados. Há aqueles que julgam o mulato um produto híbrido, que sintetiza os defeitos das duas raças acasaladas, não sendo portador de nenhuma das qualidades delas. Para eles o mulato "é um problema das leis da hereditariedade. Os genes maus do branco e do negro é que se transmitem. É uma questão de biologia e ninguém escapa às leis naturais", assegura-nos um diretor de estabelecimento de ensino. Há ainda aqueles que lastimam o fato de que os mulatos são "mestiços", "meio termo", que não podem ser classificados como brancos nem como negros, mas que muitas vezes pretendem "fazer-se de

---

2   Clube de brancos da classe alta.

A IDEOLOGIA DO BRANCO **77**

brancos", imitando-os. Evidencia-se, nessas declarações, uma predisposição permanente e polimorfa que atua no sentido de limitar as possibilidades de ascensão social do mulato.

Um branco, generalizando deficiências biogenéticas atribuídas geralmente aos "indivíduos de cor", afirma que os negros são sempre menos produtivos economicamente, talvez devido a fatores biológicos ligados à "raça".

Na empresa que fornece energia elétrica para a cidade, um chefe de seção afirma que o negro tem menor resistência que o branco ao choque elétrico. Ele sucumbiria a uma carga menor.

Ainda no mesmo plano do esforço pela demarcação rigorosa da linha de cor, podemos examinar o que se convencionou chamar a valorização sexual da mulher "de cor" na sociedade brasileira. São inúmeras as declarações dos brancos do sexo masculino sobre qualidades sexuais da mulata e da negra. A grande maioria dos brancos adultos afirma que teve ou tem relações sexuais com elas, principalmente os solteiros das classes média e proletária. Às vezes, alegam predicados mágicos do aparelho sexual feminino, tais como a propriedade de curar certas doenças venéreas nos homens. Ou então, a "maior sexualidade" da negra ou mulata. Trata-se, evidentemente, de uma manifestação peculiar do preconceito. O exame dos comportamentos e atitudes relativos à questão revela-nos que, subjacente à valorização sexual da mulher negra ou mulata, encontra-se uma forma de discriminação. Trata-se de uma subavaliação da mesma como ser humano, pois, segundo os padrões socioculturais da cidade, a mulher negra ou mulata é inferior. O depoimento de um médico, aliás, põe a descoberto esse aspecto do problema. Ele preconiza a extinção do meretrício da cidade, alegando que as negras e mulatas, particularmente as empregadas domésticas, poderiam preencher o mesmo papel, sem os riscos habituais. Assim, o problema das relações sexuais para os solteiros se resolveria por uma das formas possíveis e aprovadas de dissimulação em face dos *mores* da sociedade.

Vemos aí, claramente, duas funções principais exercidas pela valorização sexual da mulher "de cor". De um lado, encontra-se o problema das relações sexuais dos solteiros do sexo masculino, que a sociedade deve resolver de algum modo; e resolve, de fato, valorizando a mulata. De outro lado, temos o preconceito contra os negros e mulatos, que nesse caso aparece levado a extremos, já que redunda numa subavaliação da mulher negra ou mulata em face dos padrões morais cristãos, vigentes na cidade.

Antes de prosseguir, vamos reter algumas constatações, que refletem o sentido geral da ideologia racial do branco. Os atributos colhidos por meio do questionário confirmam o que foi verificado pela sondagem inicial efetuada em Florianópolis. A tendência dos brancos de avaliar negativamente, no conjunto, os negros e os mulatos é confirmada aqui. Ao mesmo tempo, aproveitam a oportunidade para manifestar autocomiseração enorme. Os negros e os mulatos são apresentados desfavoravelmente em 80% dos atributos, enquanto somente 20% são dados aos brancos. Note-se, contudo, que os negros são colocados no extremo da escala dos valores sociais da comunidade. O mulato encontra aí uma posição intermediária. Simetricamente, aos brancos sozinhos são atribuídos, em maioria, os atributos favoráveis. Evidencia-se, desse modo, a supervalorização de si próprios em confronto com a extrema avaliação negativa dos negros e mulatos.

Outro aspecto relevante a ser registrado é a posição do negro e do mulato em face dos atributos favoráveis. Nesse caso, os negros obtêm maior coeficiente. Enquanto, no que se refere aos atributos desfavoráveis, eles são colocados em primeiro lugar, como os mais atingidos, no que diz respeito aos favoráveis são os mulatos que entram com menor coeficiente. Os estudantes colocaram os últimos em segundo posto, quanto aos defeitos que lhes atribuem, deixando os negros como os mais atingidos. Mas levaram aqueles para o último lugar no que concerne aos atributos favoráveis, dando-lhes um mínimo de qualificativos positivos. A uma análise superficial, essa situação pode parecer contraditória. Na verdade, não o é. É possível adiantar, nesse ponto, que a ideologia racial do branco ainda não se redefiniu totalmente em face do mulato. Como vimos, ele se encontra em ascensão, o que

A IDEOLOGIA DO BRANCO 79

seria responsável pelas flutuações apontadas, pois entra em jogo, aí, a lealdade dele ao grupo dos negros e dos brancos.

Ideologia racial e dominação social

A análise da verbalização de estereótipos indica-nos alguns aspectos importantes da situação de contato racial. Ainda que lidando com material empírico relacionado com a ideologia racial do branco, verificamos que as verbalizações obtidas refletem alguns aspectos reais da situação. Pode-se, evidentemente, afirmar que os estereótipos não operam plenamente nos contextos sociais. Mas essa é uma questão que não precisa ser discutida aqui. O que nos interessa, por enquanto, é que a ideologia racial do branco orienta, presumivelmente, as suas ações sociais. Nesse sentido, o estudo dos estereótipos apresenta-se como um elemento seguro de penetração em níveis da realidade social. A simples universalidade dos mesmos na comunidade já é indício de que são instrumentos da interação entre os indivíduos de grupos raciais diversos.[3]

Uma contribuição importante trazida pelo conhecimento das verbalizações dos estereótipos diz respeito ao seguinte fato: o branco sempre coloca o negro e o mulato no extremo mais baixo de qualquer escala de valores sociais. Os estereótipos apresentam sistematicamente o seguinte quadro: de um lado, uma extrema desvalorização do negro e do mulato; de outro, uma supervalorização do branco. Aliás, a avaliação do branco, efetuada em face daqueles, aumenta o contraste, colocando este sempre em posição desfavorável, o que reflete a dualidade de que falávamos em parágrafo anterior.

Tomemos ao acaso exemplos de verbalizações de estereótipos obtidos por meio do questionário.

Para o branco, os negros e mulatos geralmente são "anti-higiênicos". Enquanto eles são considerados "sujos" e "mal-cheirosos" em 73% e 27% das verbalizações, respectivamente,

---

[3] Conforme Hans Gerth e C. Wright Mills, "os símbolos fornecem à pessoa um quadro de referência para a sua experiência, que não é apenas *social* em termos gerais, mas que pode relacionar-se de forma definida ao funcionamento de instituições específicas". (*Caráter e Estrutura Social*, trad. de Zwinglio Dias, Rio de Janeiro, Civilização Brasileira, 1973, p. 294.

80 RAÇAS E CLASSES SOCIAIS NO BRASIL | Octavio Ianni

somente o branco é dado como "limpo" e "asseado" pelos que se manifestaram sobre esses atributos. Temos, assim, um exemplo marcante do caráter geral da ideologia racial do branco: os grupos raciais são colocados em polos extremos.

Vejamos outro caso, em que esse aspecto do fenômeno se apresenta com as mesmas peculiaridades. Enquanto 66% das verbalizações apresentam o próprio branco como o indivíduo mais "inteligente" e "estudioso" da cidade, apenas 17% negros e 17% mulatos são dados com os mesmos atributos. É desse modo que o branco considera a si próprio e ao "indivíduo de cor", no que diz respeito aos atributos relativos às faculdades intelectuais. Aliás, com referência a esse estereótipo, a opinião do branco não fica nesse ponto. Outros dados permitem-nos avaliar como são consideradas profundas as diferenças que separam intelectualmente uns e outros. Um total de 59% das verbalizações dão o negro como "boçal" e "ignorante", enquanto outros 33% apresentam o mulato do mesmo modo. Vemos, dessa maneira, que o branco, quando encara certos valores socioculturais que a sociedade local atribui habitual-mente aos indivíduos, não reconhece os "indivíduos de cor" com as mesmas possibilidades.

Às vezes, alguns atributos revelam uma imagem nega-tiva do branco. Esse é o caso quando eles são dados como "orgulhosos" e "vaidosos" pela maioria dos informantes. Mas será mesmo um estereótipo negativo que se manifesta nesses atributos? A nosso ver, não. E isso será tanto mais evidente se consideramos que os negros e mulatos são dados como "submissos" e "humildes", com 68% e 30% das respostas, respectivamente. Esses atributos são, evidentemente, contra-partida dos que são dados aos brancos. O seu cotejamento permite colocá-los no seu contexto exato.

Se tomarmos um outro par de verbalizações, aquelas referentes aos comportamento religioso, vemos que os negros e mulatos, novamente, são colocados em situação inferior. Para os brancos, somente aqueles são "macumbeiros". Entre-tanto, "religiosos" são principalmente os próprios brancos, que aparecem com 52% das respostas. Evidencia-se, assim,

A IDEOLOGIA DO BRANCO 81

a forma pela qual os brancos distribuem os atributos morais pelos membros da sociedade.

A despeito de encontrarem-se em posição relativamente privilegiada, no conjunto dos estereótipos correntes na cidade, em face dos negros, os mulatos em alguns casos são colocados em inferioridade. Quando os informantes visam a classificar as pessoas, segundo o comportamento revelado nas relações econômicas ou nas atividades profissionais, cerca de 37% deles afirmam que o mulato é "falso" e "desonesto".

Outro estereótipo repetido com frequência apresenta os negros e mulatos como "malandros" e "farristas", isto é, indivíduos dados à vida boêmia e desorganizada. Nesse caso, aliás, também é reduzida a diferença entre as frequências das verbalizações atribuídas aos negros e mulatos. Pode-se dizer que, sob certos aspectos, eles são considerados da mesma forma. Assim é que 39% dos qualificativos referentes àquele estereótipo são atribuídos ao negro, ao passo que 35% o são ao mulato.

Verifica-se, entretanto, uma alteração dessa situação quando se trata do estereótipo revelado pelas verbalizações "sambista" e "batuqueiro". Aqui o negro é colocado em evidência, com 63% das respostas. Para o branco, o sambista não é um indivíduo com virtudes musicais ou coreográficas, mas uma pessoa dada a práticas artísticas menos importantes. Aliás, tal estereótipo conserva uma conotação em parte já redefinida na cidade. Pois qualificar um negro ou mulato de sambista ou batuqueiro é identificá-lo com descendente de escravo.[4]

A ideologia racial do branco apresenta múltiplas faces e visa a facilitar o seu ajustamento às situações sociais surgidas, habitualmente, nas suas relações com os negros e mulatos. Por isso, ela apresenta essas pessoas como sendo as próprias responsáveis pelas posições inferiores ou desvalorizadas que ocupam na cidade. Assim, a presente distribuição de *status*, segundo os grupos raciais, não se deve à predominância econômica e social do branco, mas à livre concorrência de todos.

---

[4] Antes de ser incorporado pelas classes alta e média, o samba brasileiro era considerado dança de origem social "inferior", identificado socialmente com o negro e, como tal, evitado.

Em consequência, deve-se procurar nos próprios negros e mulatos a causa do seu insucesso na "luta pela vida". Seu intenso "complexo de inferioridade", em particular, seria responsável pela atual situação.

O caráter das avaliações dos negros e mulatos pelos brancos mantém-se o mesmo, seja qual for o estereótipo ou conjunto de estereótipos que estejamos estudando. Não há discrepâncias que afetem o sentido único da ideologia racial do branco de Florianópolis. As oscilações que os dados revelam não chegam a interferir na orientação definida, que a mesma oferece. Não há momentos neutros nesse setor da realidade social. Tudo se encontra organizado de modo a oferecer ao branco um máximo de segurança e domínio em suas ações.

Dentro desse quadro geral, somente um elemento perturba o equilíbrio geral das relações raciais: *o mulato*. Quando os brancos ou os negros se referem ao mulato, verificam-se amplas oscilações nas respostas. Não há uniformidade de julgamento a respeito do mestiço. Sob alguns aspectos, ele é qualificado favoravelmente, tanto por brancos como por negros. Sob outros, ele se encontra sob a ação dos grupos negro e branco ao mesmo tempo. Isso é sintoma evidente de que estamos diante de situações não totalmente reguladas pelos padrões tradicionais. Os padrões que regulam as relações entre o negro e o branco, de um lado, e o mulato, de outro, ainda não se recompuseram totalmente, depois de ultrapassada a situação de contato vigente do passado. Isso decorre de duas ordens de fatores. Em primeiro lugar, os padrões socioculturais, que apresentavam o mulato, mesmo o livre, como uma pessoa ligada ao regime escravocrata, estão ultrapassados. Em segundo lugar, porque os mestiços têm tomado a vanguarda das "populações de cor", procurando ingressar em novos setores da estrutura social. Assim se esclarece a relativa desorientação da ideologia racial do branco em face do mulato.

Conforme afirmamos no início deste capítulo, os dados obtidos pela observação direta ou por entrevistas permitem a classificação dos estereótipos em dois grupos principais: favoráveis e desfavoráveis. Poderíamos evidentemente tecer

A IDEOLOGIA DO BRANCO 83

considerações sobre um ou outro e apresentá-lo ora sob um, ora sob outro rótulo. Não o faremos, contudo. A investigação realizada torna irrelevante uma discussão desse tipo, conforme veremos a seguir.

Um dos estereótipos mais difundidos na cidade apresenta o "elemento de cor" como "trabalhador". As nossas investigações permitiram verificar que esse atributo diz respeito às atividades psicomotoras. Quando o branco afirma que o negro é trabalhador, pretende incluí-lo entre aqueles que se dedicam eficientemente ao trabalho braçal. Note-se: eficiência no trabalho braçal. Ainda que se alegue que o negro não é considerado como dedicado às atividades intelectuais, mas apenas "trabalhador", ainda assim podemos encarar o estereótipo como positivo. Senão, vejamos.

A análise sociológica dos estereótipos revela que esses elementos da ideologia racial do branco atingem diversos setores dos padrões socioculturais da comunidade. Observamos que eles se concentram em torno de núcleos distintos de valores da cidade. Essa constatação levou-nos a organizar grupos de estereótipos, a fim de verificarmos como eram focalizados o negro, o mulato e o branco, quando se tomavam alguns valores fundamentais da sociedade. Os principais focos selecionados foram aqueles que dizem respeito aos valores morais, aos intelectuais e àqueles concernentes às atividades psicomotoras dos membros da sociedade. Construímos, assim, uma nova perspectiva para análise sociológica da ideologia racial. Confirma-se, entretanto, a nossa verificação já apontada em parágrafos anteriores: o sentido geral da ideologia racial do branco visa a colocar sempre o negro e o mulato em posição desfavorável na hierarquia das relações sociais.

Os brancos aparecem em 50% das respostas; avaliam-se favoravelmente a si próprios, tanto em face do negro como do mulato. É verdade que a análise dos atributos relativos às atividades psicomotoras dão ao negro supremacia sobre o branco, quando aqueles aparecem com 47% das respostas. Mas essa é uma avaliação positiva, que deve ser entendida em seus devidos termos. Ela reflete a valorização corrente na cidade, apresentando o negro como a pessoa que se ajusta melhor ao

84 RAÇAS E CLASSES SOCIAIS NO BRASIL | *Octavio Ianni*

trabalho físico, braçal e ao futebol. Essa definição, contudo, é a contrapartida da subavaliação que o branco dispensa ao negro e ao mulato quanto aos atributos intelectuais, em que eles próprios aparecem em 66% das respostas.

Aliás, a nova ordenação das verbalizações dos estereótipos permite-nos esclarecer um aspecto concreto da situação de contato racial existente na cidade. Verificamos que, no que diz respeito a estereótipos favoráveis, os negros e mulatos somente aparecem em posição privilegiada no grupo referente aos atributos relativos às atividades psicomotoras, que o consenso dá como atributos de menor significação social, quando comparados com os morais e intelectuais.

Quanto aos mulatos, são mencionados no conjunto dos estereótipos favoráveis em 20% das respostas, ao passo que o negro e o branco aparecem com 30% e 50% respectivamente. Temos, pois, novamente o mesmo fenômeno assinalado precedentemente.

Essa configuração altera-se, contudo, quando passamos à análise dos estereótipos desfavoráveis, agrupados segundo o critério já mencionado. Aqui, a relação é constante em todos os focos de valores socioculturais. Temos sempre a seguinte escala de avaliações: em situação privilegiada, com um total de apenas 15% das respostas, vem o branco. Em seguida, temos o mulato, com 30%, e, finalmente, o negro, com 55% dos atributos negativos atribuídos aos três grupos.

Dadas as condições de existência inter-racial, descritas no capítulo precedente, podemos afirmar que os padrões de ajustamento do branco àquelas condições revelam a sua posição na estrutura social e o modo pelo qual ela permite participar dos valores da sociedade. Essa situação se reflete na ideologia racial dos grupos em contato. Por isso, a ideologia do branco apresenta diversas polarizações em face do "elemento de cor". Elas não são exclusivas mas, ao contrário, contêm elementos comuns, conforme veremos. Vejamos as quatro principais:

a) Aquela que se caracteriza pela tendência à dissimulação da existência do preconceito contra o negro e o mulato.

Compreende indivíduos situados nas classes sociais mais elevadas da sociedade, os quais mantêm nenhuma ou poucas relações com os negros e mulatos no presente. São intelectuais, membros das profissões liberais e descendentes de famílias tradicionais. Essa tendência se liga ao paternalismo vigente na sociedade herdado do passado escravocrata.

b) Outra, que se distingue por uma tendência a enfrentar o problema do preconceito abertamente, discutindo-o sem hostilidade e constatando os fatos consumados, sobre os quais nada se pode fazer. Compreende indivíduos de todas as classes sociais. É a maior corrente de opiniões. A facilidade e liberdade com que os brancos debatem a questão do preconceito contra os negros e mulatos, estejam ou não presentes, é um aspecto significativo da etiqueta das relações raciais em Florianópolis. Poderíamos explicar esse comportamento do seguinte modo: de um lado, devido à ocorrência de um tipo de ajustamento inter-racial definido em moldes tradicionais, o que se deve à evolução lenta da estrutura socioeconômica. De outro, e associado a esse aspecto, podemos acrescentar os caracteres próprios de uma comunidade ainda altamente integrada, o que explicaria a prevalência do contato pleno das personalidades, além da sobrevivência de outros padrões de estilo comunitário.

c) Uma terceira orientação apresenta o problema das relações entre negros, mulatos e brancos em estado de tensão. Compreende pessoas da classe média e reflete as situações, nas relações inter-raciais, que não podem ser reguladas pelos padrões tradicionais. Tal grupo está cada vez mais frequentemente em contato com negros e mulatos e verifica-se que eles tendem a não se comportar da mesma forma que no passado. A antiga ideologia racial não previa a abertura de novos canais de ascensão social. Esse grupo de brancos considera-se o mais diretamente atingido pelas novas condições de ajustamento inter-racial, as quais estão permitindo a ascensão do "indivíduo de cor". Daí o maior rigor na rejeição, por ele evidenciada.

d) Em quarto lugar, por fim, a ideologia racial do branco atua no sentido de promover ou facilitar o ajustamento e o predomínio dos brancos nas situações sociais em que se apresentam também negros e mulatos. Isso significa que essa ideologia às vezes é um elemento importante, tanto nas relações de dominação política como no jogo de compradores e vendedores de força de trabalho no mercado.

1959

5

A IDEOLOGIA DO NEGRO E DO MULATO

É visível o reflexo das condições de acomodação inter-racial nas concepções que os negros e mulatos fazem dos brancos e de si próprios. A situação descrita no capítulo anterior mostra-nos que o "elemento de cor" se encontra em situação peculiar em face do branco. Essa situação especial é responsável pela autoconcepção de *status* e papéis sociais dos negros e mulatos. Mais do que os outros habitantes da cidade, eles têm consciência aguda do seu corpo e da sua personalidade. Dada a posição deles na trama das relações sociais, são fortemente influenciados e marcados pelo trata-mento recebido e pela concepção que os brancos formam a seu respeito. Assim, o comportamento destes, quando em interação com os negros e mulatos, leva-os a uma definição mental da própria situação no mundo sociocultural. Em parte é essa definição que vamos analisar a seguir.[1]

Como não pudemos apanhar toda ideologia do "elemento de cor" da cidade, apresentaremos apenas os elementos que puderam ser investigados durante a nossa permanência ali.

---

[1] Ver uma discussão teórica desse problema em Hans Gerth e C. Wright Mills, *op. cit.*, p. 24, em que tais autores afirmam o seguinte: "O que pensamos a respeito de nós mesmos é influenciado, de forma decisiva, pelo que os outros pensam de nós. As atitudes de aprovação ou repúdio alheio nos guiam no aprendizado das funções, que nos são atribuídas ou que assumimos. Interiorizando as atitu-des dos outros para conosco e nossa conduta, não somente adquirimos novas funções, mas, ao mesmo tempo, também uma imagem de nós mesmos".

88 RAÇAS E CLASSES SOCIAIS NO BRASIL | *Octavio Ianni*

O aspecto mais visível da ideologia racial do negro e do mulato refere-se ao *branqueamento*. Branquear é o ideal permanente. Muitos querem "clarear", "melhorar a raça", "enxertar" etc. A mulata não quer nunca ser confundida com a negra. Quando vai casar-se, declara no cartório: "de cor mista"; e estará provavelmente casando-se com um branco ou uma pessoa mais clara que ela. O negro, quando pobre, aceita casar-se com negra, mas "quando é doutor, quer uma branca para esposa". "Se eu fosse mais clarinho e tivesse instrução estaria no Lyra", afirma um mulato. Quando é boa sua posição social, "nem brasileira quer mais", quer loira ou estrangeira. Aliás, o mulato geralmente admite ser chamado "mulato" ou "moreno", mas nunca quer ser confundido com um "preto" e muito menos com um "negro". O negro, por sua vez, admite ser chamado "preto", "de cor", mas jamais "negro". Um mulato que ascendeu na escala social conta-nos que, em certa fase difícil da sua luta pela ascensão social, julgava preferível ser chamado de "filho da puta" em vez de "negro".

O ideal de branqueamento, levando a tais limites as aspirações dos negros e mulatos, provoca, evidentemente, alguns desequilíbrios no seio do grupo. As possibilidades de branqueamento não são do domínio dos "indivíduos de cor". São reguladas pelas condições de acomodação inter-racial. Mas como os brancos exercem maior influência como camada dominante, os negros e mulatos são ressentidos. Por isso sempre afirmam que nas veias do branco corre o "sangue da raça negra", insinuando que a miscigenação é extensa e vem do passado. Pode ser uma tentativa de "racionalizar" a situação. As dificuldades para o branqueamento rápido levam a essa denúncia da origem mista do branco.

Estamos, pois, diante de um produto peculiar da situação de contato investigada: os negros e mulatos avaliam negativamente a própria cor, no que correspondem às avaliações do branco. O preconceito "estético" foi, portanto, incorporado por eles.

A nosso ver, o ideal de branqueamento, manifesto por todo grupo, não é apenas produto do preconceito estético, mas, principalmente, resultado de uma profunda atuação, na consciência deles, das condições efetivas de contato. Assim, o ideal de branquidade não diz respeito apenas aos caracteres somáticos do indivíduo, mas, em primeiro lugar, às condições sociais a que negros e mulatos aspiram. O que o negro deseja é o "branqueamento social". Assim, às atitudes desfavoráveis do branco, o negro e o mulato se ajustam por meio do símbolo comum aos dois grupos: a cor. Essa é uma das consequências subjetivas do preconceito de cor, visto em termos da reação das personalidades afetadas, direta ou indiretamente, por suas manifestações.

Tal aspecto da ideologia do negro e do mulato assume, aliás, formas diversas. Uma delas já foi apresentada. Outra maneira de manifestar-se é revelada pelos negros e mulatos da classe média contra os da classe baixa. Um mulato que se encontra em posição social elevada informa que "o preto não gosta de servir ao preto como ele". Por isso, continua, "tenho preferido criadas de cor branca". Essa atitude se mantém também com respeito a certos círculos de convivência, como os clubes de negros, que o informante citado não frequenta. "Os clubes de pretos são frequentados por elementos não selecionados e de escassa cultura."

Na mesma ordem de problemas encontra-se a questão do preconceito do mulato contra o negro, que é outra consequência subjetiva do preconceito de cor visto em termos das personalidades atingidas direta ou indiretamente. Isso, aliás, já se nota nas citações anteriormente feitas. O mulato mantém, geralmente, atitudes reservadas com relação ao negro, principalmente quando se encontra ascendendo na escala social. Essa reserva se revela não apenas quanto à frequência em bailes ou reuniões com outros "indivíduos de cor", mas também em contatos sociais informais.

Outra gradação do fenômeno, que vimos analisando, diz respeito ao *puritanismo* de alguns negros e mulatos, principalmente destes, quando se encontram em ascensão. Mas, o que é esse puritanismo? Trata-se de um modo de ser e comportar-se asceticamente, com relação a algumas das solicitações habituais da vida social. Não é exclusivo dos negros.

A sociedade, habitualmente, conta com tais indivíduos; são pessoas que personificam alguns ideais considerados elevados pela consciência coletiva. No caso do "indivíduo de cor", entretanto, o puritanismo é uma técnica de ascensão social. "Não há nenhuma pessoa aqui em Florianópolis que possa dar uma má informação de mim", diz um mulato nessas condições. Outro afirma que o "elemento de cor" somente pode subir "pelo procedimento". O mulato puritano, pois, é aquele que procura identificar-se com alguns ideais considerados elevados pela comunidade: não bebe, não joga, combate a vida boêmia, é rigorosamente cumpridor dos seus deveres, mantém a família "organizada" etc. Note-se que esses padrões de comportamento justificam também o afastamento do convívio com pessoas de camadas mais baixas, brancos, negros ou mulatos.

Técnicas de ascensão social

A situação de contato racial em Florianópolis, conforme foi apresentada no capítulo intitulado "Raça e Mobilidade Social", revela-nos que as ações dos "indivíduos de cor", com referência aos brancos, orientam-se em dois sentidos: integração e ascensão sociais. Esses dois processos exigem esforços especiais, conforme o grupo ou instituição visados. Para isso, eles desenvolvem técnicas especiais, destinadas a facilitar a sua aceitação nas novas situações. Essas técnicas visam a promover o ajustamento a níveis sociais em que deverão ser aceitos com a aquiescência do branco. Elas traduzem formas de comportamento elaboradas pelo "grupo de cor", particularmente os mulatos, com aqueles objetivos. Às vezes, essas técnicas assumem caracteres próprios ligados aos interesses particulares do negro ou mulato, ou seja, à integração ou ascensão sociais. Outras vezes, mantendo fundamentalmente tais objetivos, destinam-se principalmente a atuar sobre o comportamento do branco, ou sobre alguns aspectos da sua ideologia. Essas duas alternativas, entretanto, encontram-se operando em todas as técnicas de ascensão habitualmente manipuladas, diferindo apenas em gradação.

A IDEOLOGIA DO NEGRO E DO MULATO 91

Outro aspecto relevante dessas técnicas de ascensão social diz respeito às suas ligações com os padrões socioculturais predominantes na sociedade local. Geralmente, elas se estruturam em função desses padrões, o que significa que serão consideradas legítimas pela consciência coletiva. Estarão, desse modo, conformes a objetivos finais da "pessoa de cor".

Um mulato que se encontra na classe média e desenvolvendo esforços no sentido de adquirir uma profissão liberal afirma que, no Brasil, "os preconceitos de raças vão de baixo para cima, pois quanto mais atrasado o meio, maior é o preconceito". Do mesmo modo pensam outros. Para eles, o preconceito de cor é função do grau de instrução. Quanto mais preconceituoso o branco, mais ignorante; e vice-versa. "O preconceito racial é mais acentuado nos meios onde predomina a ignorância", afirma outro mulato. Por outro lado, a aquisição de instrução é considerada a maneira mais eficiente, e sancionada pelos ideais vigentes na sociedade, de ascender socialmente. Muitos já se convenceram disso. Por diversas vezes ouvimos velhos negros e mulatos manifestarem o desejo de que seus filhos frequentassem escolas a fim de subirem. Para eles, os negros poderiam ajudar na transformação da presente situação, "deixando de lado muitos preconceitos e mostrando que são uma raça igual física e intelectualmente, aprimorando a sua cultura e desenvolvendo mais as artes". Não são raros, por conseguinte, os mulatos que julgam que a presente situação de contato somente poderá ser alterada com os esforços da própria "pessoa de cor". Como se trata de pessoas que se consideram bem-sucedidas (algumas estão satisfeitas com as conquistas já realizadas), compreendem e definem a situação do grupo negro principalmente em termos da própria experiência. Tais pessoas, portanto, julgam que a situação presente deveria ser melhorada, "mas isso depende tão só e exclusivamente dos próprios pretos. Cada um deve vencer pelo seu valor próprio, por meio de cursos, concursos e carreiras".

Para alguns mulatos, a profissão decorre do grau de instrução, sendo também uma vida legítima e eficiente de ascensão na escala econômica e social. Quanto maior o grau de instrução requerido por uma profissão, mais elevado valor social e econômico terá ela. Por isso, já se nota o esforço de alguns mulatos no sentido de atingir as profissões liberais. Conforme dissemos anteriormente, são raros os mulatos claros que atingiram essas ocupações. Mas existe já, no consenso do "grupo de cor", a convicção de que alguns tipos de ocupações facilitam a ascensão social e econômica ou permitem a entrada em grupos mais fechados de brancos de camadas mais elevadas.

Apresentar-se trajado conforme os padrões do vestuário de uma determinada classe social é essencial à aceitação pelos brancos dessa classe. Um mulato claro bem vestido e que saiba comportar-se "pode entrar até no Lyra", afirmam os mulatos da classe média. Por isso é que alguns admitem que a "convivência com brancos" também facilita a realização de alguns objetivos relativos à ascensão social. Há mulatos que afirmam, categoricamente, que gostariam de conviver de preferência "com brancos".

Ligar-se a partidos ou facções políticas é um modo de agir que facilita a convivência com brancos de camadas sociais mais elevadas, o que redunda em oportunidades de ascensão profissional. "Eu fui o orador mais importante da Convenção da UDN", afirma um dos mulatos ligados a esse partido político. Isso não significa, contudo, que se pense em organizações políticas de indivíduos de cor. Eles próprios repelem essa ideia. "O eleitorado negro deve escolher os candidatos pelos seus méritos, e não pela cor. Sou contra a formação de frentes ou mesmo quistos raciais". Essas são, aliás, as linhas gerais do pensamento do "grupo de cor", principalmente daquela parte composta de mulatos que ingressaram ou estão ingressando na classe média. Para eles a atividade política, enquanto "indivíduos de cor", não visa aos mesmos fins que os outros grupos. Trata-se de uma técnica de infiltração. "Tenho altas relações com todas as pessoas de influência, principalmente nos meios culturais e políticos", afirma um mulato que está ingressando numa profissão liberal e que utiliza conscientemente o apadrinhamento político.

A IDEOLOGIA DO NEGRO E DO MULATO 93

Há pessoas que manifestam algumas atitudes que podem ser consideradas indícios de uma mentalidade de poupança no "grupo de cor". Existem aqueles que conquistam posições na estrutura econômica, sem ter progredido social ou intelectualmente. Talvez se trate de indivíduos cujos comportamentos seriam explicáveis em termos da relativa mobilidade vertical que começa a ser possível na sociedade local. Entretanto, tal mobilidade significa, para os próprios sujeitos, a ascensão de um negro ou mulato, antes de tudo. Eles veem a própria ascensão econômica como uma vitória de um membro do seu grupo racial. É essa a repercussão do fato na ideologia do próprio grupo.

Mas não se interrompe aí a série de técnicas manipuladas pelo negro ou mulato. "Um dos fatores impressionantes no alevantamento do homem de cor é o esporte", afirma um mulato. Por meio do esporte, o "indivíduo de cor" pode mostrar que possui iguais, se não melhores, condições físicas. Mas o esporte mais aberto a eles é o futebol. É por essa modalidade que eles conseguem atingir novas posições. Os clubes náuticos, onde se pratica o remo, não contam com negros ou mulatos escuros em seus quadros sociais e esportivos. Eles dizem que os brancos consideram o remo um esporte elegante e de brancos.

Encontra-se na cidade um grupo de indivíduos da população negra e mestiça que apresenta uma consciência particular da situação de contato. Têm consciência aguda e altamente ressentida das manifestações do preconceito, o que os leva a defender algumas medidas segregacionistas. A maioria deles pertence às gerações mais velhas, o que nos sugere que essa posição peculiar em face da questão se liga também a experiências dramáticas do passado. Esses elementos se encontram ainda na classe baixa da sociedade local. A análise da situação desse grupo, em face de outros da população negra e mestiça, revela-nos mais um aspecto importante do fenômeno investigado: em maioria, são negros velhos. Subjacente à consciência peculiar que possuem do problema do preconceito, encontra-se o baixo nível econômico e social, a cor (os mais velhos são fenotipicamente negros) e o maior acervo de experiências de um passado diverso, quando a situação de contato não oferecia às "pessoas de cor" senão algumas possibilidades de integração na ordem econômica e social.

Autoavaliações e contraideologia

Para o branco, chamar o "indivíduo de cor" de "negro" é ofendê-lo. E para este, ser chamado desse modo é ser de fato profundamente injuriado. O ultraje será tanto maior quanto mais claro for o indivíduo e mais alto tiver ascendido na escala social. Um mulato, que se considera bem-sucedido socialmente, mas que enfrentou barreiras difíceis, pois seu pai pertencia à classe baixa, afirma que se lembra nitidamente quando foi insultado por um branco; era jovem. "Não mexe aí, seu negro", dissera-lhe. Assegura que nunca se sentiu tão profundamente ofendido. "Foi uma ofensa pavorosa", acrescenta.

Do mesmo modo, outros elementos da ideologia racial do branco têm sua contrapartida na ideologia racial do negro e do mulato.

Quando o branco quer referir-se a um trabalho malfeito, a uma tarefa executada imperfeitamente, diz que se trata de "serviço de negro" e pede: "faça serviço de branco". Por outro lado, quando o próprio negro quer referir-se a uma tarefa bem executada, afirma que se trata de um "serviço de branco". Realmente, a análise global dos estereótipos mencionados pelos mulatos revela que eles manifestam verbalizações que colocam o branco em situação privilegiada. Ainda que não seja com grande diferença, os brancos são avaliados favoravelmente, em confronto com os negros e os próprios mulatos. Vemos, assim, que a ideologia racial do branco penetra a consciência do "grupo de cor", particularmente o mulato, cujos estereótipos colhemos. Vejamos alguns exemplos.

O exame dos estereótipos revelados por vinte colegiais mostra-nos que 36% dos atributos negativos e positivos foram dados aos negros. Se considerarmos os atributos quanto à sua conotação valorativa, veremos que 30% dos favoráveis foram dados aos negros, 33% aos mulatos e 37% aos brancos. Por outro lado, se tomarmos aqueles desfavoráveis, veremos que o branco é considerado como portador de menor número deles; 44% são dados aos negros, 30% aos mulatos e 26% aos brancos. Os negros e mulatos tendem a considerar o branco como portador de maior número de atributos favoráveis, o que vem confirmar o que já dissemos em parágrafo anterior: a situação de contato racial na cidade estudada revela nítida dicotomia social, refletindo-se esta na ideologia dos dois grupos.

Mesmo o "indivíduo de cor" considera a si próprio "trabalhador braçal" mais frequentemente ao branco. "Inteligente", contudo, é principalmente o branco, a quem são dadas 41% das respostas, ao passo que 21% são conferidas aos negros e as restantes aos mulatos. A desproporção é ainda mais elevada quando se trata do atributo "religioso". Nesse caso, 66% das respostas são dadas aos brancos, enquanto as restantes dividem-se, igualmente, pelos negros e mulatos.

Se quisermos examinar os atributos desfavoráveis, contudo, veremos que os vinte estudantes "de cor" apresentam as mesmas atitudes que os brancos. A tendência geral é para considerar o negro como o portador de maior quantidade de atributos negativos, ao passo que o branco é colocado em posição privilegiada; 50%, por exemplo, afirmam que o negro é "malandro". Do mesmo modo, ele é considerado "falso" por 67% dos informantes.

Nas verbalizações do negro e do mulato, a posição do mulato aparece de forma diversa daquela apresentada pelas manifestações dos brancos. Veja-se, por exemplo, a porcentagem de indivíduos que dão o mulato como "falso" e "desonesto". Enquanto 37% dos brancos o definem desse modo, somente 11% dos mulatos afirmam a mesma coisa. Aliás, a maioria dos mulatos atribui esse caráter ao negro. Outro estereótipo que se coloca quase que do mesmo modo é o de "malandro". Enquanto 35% dos brancos dão o mulato como tal, somente 19% dos mulatos afirmam a mesma coisa de si próprios. Todavia, estes também mantêm o negro na mesma posição atribuída pelo branco: consideram o negro aquele que mais se dedica à malandragem. Por outro lado, o mulato se valoriza como "trabalhador": enquanto o branco considera o negro mais trabalhador que os outros, com 45% das respostas, o mulato considera a si próprio o mais trabalhador de todos, com 38% das respostas. Essa atitude se mantém ainda no caso do atributo "inteligente". Enquanto o branco dá igual número de respostas ao negro e ao mulato (17% cada um), o próprio mulato se atribui 38% das respostas.

A predominância do mulato nos questionários respondidos pelos não brancos revela-se significativamente em certas manifestações. Assim como o branco se valoriza em face dos outros grupos raciais, do mesmo modo o mulato se valoriza em confronto com o negro. As autoavaliações seguem as tonalidades da cor da pele.

A ordenação dos estereótipos em função de alguns núcleos de valores socioculturais, conforme fizemos no capítulo precedente, permite-nos verificar, com maior clareza, alguns aspectos dos estereótipos apresentados pelos vinte questionários dos mulatos. Essa classificação continua a nos revelar o que já assinalamos anteriormente: a ideologia racial do branco é quase totalmente assimilada por eles. Enquanto os negros são colocados em primeiro lugar, quanto aos atributos favoráveis relativos às atividades psicomotoras, no que diz respeito aos dotes morais e intelectuais eles são postos em último. Em ambos os casos o mulato aparece em posição intermediária.

O mesmo sentido da ideologia racial do branco é apresentado no caso dos estereótipos desfavoráveis. No que se refere aos atributos relativos às atividades psicomotoras, os negros são postos em primeiro lugar, como os mais desfavorecidos. Do mesmo modo no que diz respeito aos atributos morais. Em ambos os casos, novamente, os mulatos aparecem em situação intermediária, o que revela que eles próprios colocam o branco em situação privilegiada quanto à situação de qualidades e defeitos estereotipados.

Entre os colegiais submetidos ao questionário (572), encontramos vinte mulatos escuros e claros. Os dez mais claros se declararam brancos; utilizaram-se de um dos meios usados habitualmente pelos mulatos mais claros: apresentaram-se como brancos, simplesmente. Às vezes, acham-se intensamente identificados com o grupo branco. Essa identificação,

A IDEOLOGIA DO NEGRO E DO MULATO 97

contudo, não é absoluta; é traída por uma consciência mais aguda do problema.

Um deles, aluno de um colégio religioso, faz afirmações que revelam um conhecimento especial da história da raça negra no Brasil. Conhecimento semelhante, aliás, somente é encontrado entre as "pessoas de cor", além dos estudiosos da história social do país. "No meu modo de pensar" – diz ele – "dever-se-ia aumentar intensamente as relações com os nossos irmãos de cor, que tantos homens de valor nos legaram (Cruz e Sousa, Nestor Valentim, José do Patrocínio, Luís Gama, o Mulato Machado de Assis) e muitos outros como Henrique Dias e grandes heróis do passado na Guerra do Paraguai. Devo falar ainda nos escravos, principais impulsionadores do nosso progresso; e as velhas mucamas, que tão bem souberam infundir no espírito das crianças brancas a elas confiadas o espírito de bondade, de amor cristão". Evidentemente esse jovem participa de representações coletivas ligadas ao "grupo de cor". As suas declarações refletem os valores que esse grupo opõe, também no presente, aos valores e comportamentos dos brancos.

Os elementos mais fortemente inclinados a identificar-se com os brancos apresentam, consequentemente, tendência consciente, orientada claramente, no sentido de eliminar a "questão racial" do mundo das relações raciais. É verdade que isso também reflete uma consciência mais aguda do problema, acima da média habitual. É o que se verifica por meio das declarações de um aluno de uma escola de comércio, filho de funcionário público. Declara ele que "a questão racial no Brasil, graças aos esforços dos nossos dirigentes, aos poucos está se extinguindo". Contudo, ainda "é necessário que se processem medidas necessárias à perfeita harmonia entre os que vivem em nosso país, quanto à questão em foco. Creio que as possibilidades de êxito são as melhores possíveis. Naturalmente encetando campanhas educacionais, promovendo certames, conclamando-os a unirem-se sem distinção de raças". Esse depoimento reflete, com clareza, um dos caracteres constantes da ideologia racial do "indivíduo de cor": um esforço permanente no sentido de eliminar as discriminações e simular uma quase perfeita harmonia racial. É ainda o que se verifica pelas afirmações de uma aluna de escola de comércio, filha de comerciário, que também se declarou branca. "Não casamos com um homem" – diz ela – "apenas por ser branco, e sim porque se o ama. E tanto poderíamos amar o branco, o preto ou um mulato. Ama-se as suas qualidades, o seu caráter, não a pele". Contudo, "infelizmente o preconceito racial relega os mulatos e pretos a um segundo plano, forçando-os a um meio ambiente inferior ao do branco".

Portanto, em face das condições de convivência interracial descritas, e diante do caráter da ideologia racial do branco, os negros e mulatos pouco a pouco elaboraram uma *contra-ideologia*. Esta se organiza segundo três polarizações diferentes, que operam conforme a posição do indivíduo na estrutura social. Elas não são, contudo, exclusivas nem antagônicas. Conforme veremos, contêm elementos comuns. Esquematicamente, apresentam-se do seguinte modo:

a) Uma destinada à integração do negro e do mulato ao grupo granco, integração esta que pretende ser tanto social (adoção de padrões de comportamento, atitudes etc.) quanto biológica (o branqueamento). Nesse caso, elementos da ideologia racial do branco são incorporados pelo negro e mulato, os quais se refletem na luta pelo "melhoramento" da raça – o mito da branquidade. Evidentemente, técnicas diversas são utilizadas para a consecução dos fins daqueles que se decidem pela integração. Uns querem integrar-se sem ser percebidos, enquanto outros pretendem tal objetivo ostensivamente, com anuência do branco.

b) Outra componente da ideologia racial do negro e mulato liga-se à luta pela ascensão social e econômica. São multiformes essas tentativas. As técnicas mais utilizadas implicam atividades políticas e esportivas ao lado dos brancos, intercasamento, aquisição de novas profissões, mentalidade de poupança, comportamento puritano, convivência com brancos de categoria social mais elevada, dissimulação da "raça" e, principalmente, aquisição de instrução.

c) Finalmente, outra orientação da ideologia do negro e mulato diz respeito aos ideais de segregação, defendidos por pequeno número de indivíduos, particularmente os negros da "velha guarda", que se encontram nas camadas mais baixas da população. Além de terem tido experiências dramáticas no passado, encontram-se ainda envolvidos no processo da integração social. Note-se que esses ideais de segregação são sintomas de uma situação do contato em que se encontram alguns focos permanentes de tensão.

Em resumo, a análise da ideologia racial dos negros e mulatos mostra-nos que ela possui um caráter fundamental, comum às diversas polarizações: destina-se a facilitar o ajustamento dos negros e mulatos às novas situações sociais emergentes, nas quais se defrontam com os brancos, seja em face dos círculos de convivência social, seja quando consideramos os níveis da estrutura social. Ela visa, principalmente, a atenuar os efeitos subjetivos negativos dos padrões de comportamento inter-racial vigentes numa sociedade dominada pelo branco. Consequentemente, pode ser definida como uma *ideologia de compromisso*, devido aos seus conteúdos defensivos predominantes no momento. Mesmo em face das tensões decorrentes das condições de ajustamento inter-racial, esse caráter se manifesta, pois ela permite aos negros e mulatos comportarem-se de modo a ajustar-se aos padrões socioculturais predominantes, inclusive àqueles herdados do passado. Dadas as condições de existência inter-racial a que ela se destina, a ideologia do negro e do mulato é uma ideologia de compromisso. Destina-se a orientar o comportamento do "indivíduo de cor", no sentido da sua integração e ascensão sociais. Compreende, por isso, um conjunto de concessões que são oferecidas em troca das conquistas sociais que representam a possibilidade de infiltrar-se ou ascender a grupos dominados por brancos. Essa ideologia se compõe de elementos destinados, particularmente, a permitir concessões, comportando o ajustamento tenso às situações de convivência em que domina o branco. Nesse sentido, o *ideal de branqueamento* é um dos melhores exemplos para a compreensão desse caráter da ideologia do negro e do mulato. Subsiste sempre, na consciência deles, a realidade da submissão. Ao mesmo tempo, e necessariamente, uma modalidade de inconformismo.

1959

6

NEGRITUDE E CIDADANIA

No recenseamento realizado pelo Instituto Brasileiro de Geografia e Estatística (IBGE), em 1970, não se incluiu uma pergunta sobre a cor das pessoas. Em 1960, a pergunta havia sido incluída, mas os dados não foram tabulados. Em 1950 e 1940, incluiu-se a pergunta sobre a cor e os dados foram tabulados. Portanto, as informações sistemáticas sobre o negro e o mulato no Brasil datam de 1950. Em 1900 e 1920, não se incluiu a pergunta sobre a cor das pessoas. Em 1889 e 1891, o governo republicano mandou recolher e queimar a documentação sobre a escravatura. No recenseamento de 1980, voltou-se a perguntar sobre a cor da população.

Esses vaivéns são provavelmente a mais nítida expressão da ideologia racial do branco brasileiro das classes dominantes; e dos intelectuais e técnicos que servem nas instituições de pesquisa governamentais e privadas. Vistos assim, em conjunto, esses vaivéns exprimem as seguintes faces da ideologia racial do branco.

Em primeiro lugar, suprimir os dados é um modo de suprimir os fatos. A precariedade das estatísticas permite negar ou minimizar os fatos. Além do mais, como diz o técnico ou pesquisador branco ou a serviço do branco – num arroubo de objetividade científica – a noção de cor é muito subjetiva. O que não se pode medir é secundário ou não existe como fato social. Por isso, suprimiu-se a pergunta sobre a cor das pessoas no recenseamento de 1970. Dessa forma, o branco, o amarelo, o mulato, o negro, o Índio, o cafuzo (mestiço de negro e Índio) e o mameluco (mestiço de Índio e branco) podem considerar-se iguais. Isso quem diz é o branco, que em geral está na posição política, econômica ou acadêmica para instituir verdades de ocasião.

Em segundo lugar, o negro e o mulato são uma presença cotidiana, que não se pode negar. Os cânones metodológicos do técnico ou pesquisador permitem negar a objetividade e a verificabilidade da cor. Mas o cotidiano desse mesmo técnico, ou pesquisador, mostra a ele que a cor das pessoas é uma realidade às vezes decisiva. Inclusive porque às vezes esse técnico, ou pesquisador, é mulato ou negro. Daí porque, de quando em quando, como em 1940, 1950 e 1980, os responsáveis pelos recenseamentos resignam-se à realidade. Aliás, parece que os responsáveis por tais recenseamentos resignaram-se à realidade que lhes era mostrada por especialistas estrangeiros, como, provavelmente, o italiano Giorgio Mortara.

Em terceiro lugar, quem decide sobre as estatísticas a serem produzidas são os brancos (ou seus subalternos) interessados em localizar, dramatizar ou resolver problemas. Os problemas raciais não são problemas de fácil solução, sejam eles graves ou menores. Além do mais, a resolução dos problemas de preconceito, discriminação e segregação social (econômica e política) do negro e mulato não cai no horizonte da contabilidade de custos e lucros em que normalmente se coloca o branco das classes dominantes.

Em quarto lugar, ao branco é conveniente que o negro e o mulato não saibam quantos são, onde se acham, como vivem e de que forma participam da renda, da cultura e das decisões.

Note-se que digo que essas são faces da ideologia racial do branco. Não quero dizer que há uma deliberação clara e global por parte deles, ou de seus técnicos e pesquisadores, com o fim de encobrir a realidade. Quero apenas sugerir que essas são as implicações reais dos fatos mencionados. Os vaivéns das estatísticas relativas à cor das pessoas denotam as flutuações e ambiguidades do branco em face do negro e mulato.

NEGRITUDE E CIDADANIA 103

"Não há preconceito, o negro sabe o seu lugar"

Não se pense que a ambiguidade essencial da ideologia racial do branco foi se produzindo ao longo da história republicana, democrática ou ditatorial. Pode-se dizer que ela foi se aperfeiçoando, como sugerem os vaivéns dos recenseamentos que incluem e não incluem dados sobre a cor dos brasileiros. Mas desde o primeiro instante, após a Abolição da Escravatura, a ambiguidade se dispõe como técnica ideológica principal. Em decreto de 14 de dezembro de 1890, assinado por Rui Barbosa, que na ocasião era Ministro da Fazenda, e na Circular nº 29, de 13 de maio de 1891, o governo manda que se queime a documentação relativa à escravatura no Brasil. Tratava-se de apagar da memória histórica das gentes a funesta instituição. Era um modo de tornar ainda mais nobre o gesto da abolição e estabelecer a fraternidade, solidariedade e comunhão dos brasileiros. Tentava-se conferir cidadania aos ex-escravos, negros e mulatos. Para isso, pois, havia que se queimar papéis, livros e documentos relativos ao elemento servil, matrícula de escravos, ingênuos, filhos livres de mulher escrava e sexagenários.[1] A consciência liberal dos donos do poder encontrava uma solução simples, sublime como o gesto da abolição: queimam-se os documentos para abolir os fatos.

Esse é o espírito que faz com que os governantes do passado e do presente, ou seus técnicos e pesquisadores, cancelem os dados estatísticos, em 1900, 1920, 1960 e 1970. Para conservar imagens e situações, principalmente quando elas não correspondem às tendências mais profundas do processo histórico, é preferível compor ou inventar imagens e situações.

Sob certo aspecto, essa ambiguidade está presente nas escassas referências que a legislação brasileira faz ao problema racial. A única lei brasileira ditada exclusivamente contrária à discriminação racial é a Lei Afonso Arinos, de 1951. Ela define como contravenção penal qualquer discriminação racial das pessoas no comércio, ensino, hotéis, restaurantes e outras situações. A Lei de Imprensa, de 1967, estabelece

---

[1] Arthur Ramos, *O Negro na Civilização Brasileira*, Rio de Janeiro, Casa do Estudante do Brasil, 1956, pp. 22-24.

que "não será tolerada a propaganda de guerra, de processo de subversão da ordem política e social ou de preconceito de raça ou classe". A Lei de Segurança Nacional, de 1969, define como crime contra a segurança nacional incitar "ao ódio ou à discriminação racial". E a Constituição da República Federativa do Brasil, de 17 de dezembro de 1969, estabelece que todos são iguais perante a lei, sem qualquer distinção; e que "será punido pela lei o preconceito de raça". Em março de 1975, o general Geisel, então no governo do país, recusa convite da Associação dos Homens de Cor, para participar das solenidades programadas para o dia 13 de maio (dia da Abolição da Escravatura) em São Paulo. Teria alegado que a exaltação da mãe-preta é uma discriminação racial, "sem o menor sentido no Brasil".[2] Ainda em março de 1975, a propósito do "dia internacional para a eliminação da discriminação racial", o general Geisel dirige mensagem à nação brasileira. Reproduz vários elementos do mito da democracia racial brasileira. Diz a mensagem: "Somos uma nação que é o produto da mais ampla experiência de integração racial que conhece o mundo moderno. (...) Nada poderia ser mais alheio à alma brasileira que o fenômeno da discriminação racial. (...) A Constituição Federal e outros diplomas legais ratificam a vocação de fraternidade de nosso povo. (...) Fomos o primeiro país a assinar a convenção internacional para a eliminação de todas as formas de discriminação racial".[3] Essa imagem já estava presente no ato de destruir os documentos sobre a escravatura. O princípio de ambiguidade pode começar pela negação do que é a realidade, como fez Rui Barbosa simbolicamente.

Assim, a ideologia racial do branco diz que não há preconceito, que todos são iguais perante a lei. Mas a própria lei se encarrega de afirmar que o preconceito e a discriminação de raças são crimes ou contravenções. No Brasil, é proibido ter preconceito.

---

[2]   *O Estado de S. Paulo*, 8.3.1975, p. 9.
[3]   *O Estado de S. Paulo*, 22.3.1975, p. 10.

Ao mesmo tempo, o *Pequeno Dicionário Brasileiro da Língua Portuguesa* registra várias manifestações do preconceito racial vigente no Brasil contra o negro e o mulato. *Negra* é também equivalente de *escrava*. *Negro*, além de escravo, significa também *homem que trabalha muito*. A palavra *negrada* significa *grupo de indivíduos dados a pândegas ou desordens*. A expressão *meu negro* é um tratamento familiar, carinhoso, que pode ser equivalente a *meu bem*, mas também pode conter uma dose de ironia: *venha cá, meu negro; aguenta, meu negro.*

Esses dados podem ganhar outros significados se lembrarmos que o negro brasileiro geralmente diz: "No Brasil não há preconceito racial; aqui o negro conhece o seu lugar". Ou então: "No Brasil, quem escapa de branco negro é". Poderia me referir aos inúmeros e variados estereótipos existentes na sociedade brasileira sobre o negro e o mulato. Mas não é necessário esmiuçar esses dados aqui. O que importa, neste passo do ensaio, é chamar a atenção do leitor para o princípio da ambiguidade como um dado fundamental das relações entre o branco, o negro e o mulato. No Brasil, o mito da democracia racial está, em boa parte, apoiado na ambiguidade com que o branco lida com o negro e o mulato. Diante dessa situação, o negro e o mulato precisam produzir todo um complexo e muito sensível entendimento da própria situação, em face de si mesmos e do branco. O negro e o mulato precisam organizar os fatos reais e imaginários de sua situação social, a fim de compreenderem como e por que os fatos são escassos, repartidos ou inexistentes: o preconceito e a discriminação são mesclados com a atitude e o comportamento benevolentes, mas superiores; a sua existência cotidiana implica uma espécie de ruptura repetida, contínua e esquizofrênica do seu eu; quais são as técnicas sociais, ideológicas e reais que por antecipação garantem a supremacia psicológica do branco; como se dá a metamorfose do negro e do mulato em branco, em nível ideológico; qual é a relação da condição operária em sentido lato, com a condição do negro e do mulato; por que o operário branco rechaça o negro e o mulato na cooperação, na competição e na divisão social do trabalho; por que a umbanda é uma religião de negros; por que o mulato do escritório, do

106 RAÇAS E CLASSES SOCIAIS NO BRASIL | *Octavio Ianni*

balcão de uma loja ou de uma mesa de repartição pública trata o mulato e o negro operários como se fora um branco.

O negro "fora do lugar"

Desde o primeiro instante, no entanto, o negro e o mulato reagem ao preconceito, à discriminação e à segregação raciais. Mesmo antes da abolição, eles já haviam começado a organizar a vida com base na supremacia político-econômica e no preconceito do branco. A partir da abolição, essa reação se refaz, alarga-se e aprofunda-se.

As reações do negro e do mulato não são sempre politizadas. No começo, elas são individualizadas ou adstritas a famílias e grupos de vizinhança. Desenvolvem padrões de solidariedade e cooperação entre si, para fazer face ao desemprego, ao pauperismo e à resistência do branco, inclusive do branco pobre. Formam associações e clubes, para ajuda mútua, recreação e atividades culturais. Depois, à medida que acumulam e socializam a sua experiência coletiva, e diante de situações urbanas e industriais concretas, passam a reivindicar e lutar pelo direito de serem tratados melhor, de acesso à educação, ao emprego, à carreira profissional. Em suas associações, clubes e jornais, lutam por sua real integração na comunidade nacional. Querem completar a emancipação formal, jurídica, estabelecida pela lei da abolição, como uma emancipação mais efetiva, social, que lhes possibilite maior acesso ao trabalho, à educação e à circulação social.

Em março de 1929, em São Paulo, o jornal *O Clarim d'Alvorada* propõe a realização do *1º Congresso da Mocidade Negra do Brasil*. Propunha uma discussão "em torno da nossa angustiosa situação de negros brasileiros".[4] Outras manifestações ocorreram em São Paulo e em outras partes do Brasil. Em 1931, em São Paulo, funda-se a *Frente Negra Brasileira* (FNB): "União política e social da gente negra nacional, para afirmação dos direitos históricos da mesma, em virtude da sua atividade material e moral no passado e para reivindicação de

---

4   Arthur Ramos, *op. cit.*, pp. 186-187.

NEGRITUDE E CIDADANIA 107

seus direitos sociais e políticos, atuais, na Comunhão Brasileira".[5] Os negros e os mulatos que fundaram a FNB queriam transformá-la numa força social, isto é, política, visando: "à elevação moral, intelectual, artística, técnica, profissional e física; assistência, proteção e defesa social, jurídica, econômica e do trabalho da gente negra".[6] Ao extinguir todos os partidos políticos do país, a ditadura do Estado Novo, instalada em 1937, acabou também com a FNB.

Nos anos posteriores à ditadura, 1945-1964, estão presentes em sindicatos e partidos políticos que reúnem uma ampla maioria de brancos. É verdade que uma parte das crianças tem acesso à escola primária, quase que exclusivamente a escola pública. Mas são brancos os que ingressam nas escolas de nível médio, mesmo as de tipo profissionalizante e públicas. Na competição social com os brancos, estes melhor situados econômica e politicamente no sistema social, os negros e os mulatos têm escassas possibilidades de mobilidade social. Em 1950, no Estado de São Paulo, o recenseamento registra 11% de mulatos e negros. Entretanto, no total dos diplomados pela escola elementar eles são apenas 6,1%. Na escola média, são somente 1,1% do total de diplomados. E no curso superior os negros e os mulatos perfazem apenas 0,6% do total de diplomados.[7]

A despeito das condições econômicas, políticas e culturais adversas, os negros e os mulatos continuam a fazer experiências em associações, clubes, jornais, grupos de teatro, meios artísticos e outros. Inclusive apoiam e votam em candidatos negros e mulatos a cargos eletivos, como vereador, deputados estaduais e federais.

Em 1950, realiza-se o *I Congresso do Negro Brasileiro*. Em sua declaração final, criticam a situação econômica social e cultural desvantajosa em que se acham, em comparação com o branco. Protestam contra a discriminação racial, o exclusivismo racial do branco e a ideologia da superioridade

---

5   Arthur Ramos, *op. cit.*, p. 188.
6   Arthur Ramos, *op. cit.*, p. 189.
7   *Recenseamento Geral do Brasil*, Rio de Janeiro, Instituto Brasileiro de Geografia e Estatística (IBGE), 1950.

108 RAÇAS E CLASSES SOCIAIS NO BRASIL | *Octavio Ianni*

física, moral ou intelectual de uns sobre outros. Para lutar por melhores condições de vida e de competição com o branco, pedem que sejam realmente garantidos a todas as liberdades públicas asseguradas pela Constituição brasileira de 1946.[8]

Essas são algumas indicações sobre a reação do negro e do mulato às condições adversas em que se encontravam e continuam a encontrar-se, em face do branco. A despeito da ambiguidade essencial da ideologia racial do branco, ambiguidade essa que põe e repõe o negro e o mulato numa situação objetiva e subjetivamente subalterna, eles reagem. Assimilam e reelaboram as suas experiências sociais, passadas e presentes; bem como começam a assimilar e realizar as experiências culturais e políticas trazidas de outros países, principalmente dos movimentos negros dos Estados Unidos. A própria libertação dos povos negros da África exerce sobre eles uma influência nova.

Desde o princípio, não aceitam viver no lugar que o branco lhes reserva. Eles têm reagido de diversas maneiras. Inclusive têm se acomodado às condições e imposições ditadas pelos interesses do branco das classes dominantes e médias. Mas não se sentem à vontade. Frequentemente "saem do lugar" que o branco lhes reserva.

Raça e posição ocupacional

Até o momento, em 1975, o ano de 1950 é o último com o qual contamos com dados censitários sobre a cor da população brasileira. No recenseamento de 1960, a pergunta sobre a cor das pessoas foi feita, mas os dados não foram processados. E em 1970, nem se fez a pergunta, dada a "subjetividade" da questão e a "vocação de fraternidade do nosso povo", como dizem os ideólogos dos brancos brasileiros. Vejamos, pois, quais são os dados do recenseamento de 1950. Apesar de envelhecidos, eles podem dar-nos uma imagem da composição racial da população brasileira e da cidade de São Paulo. Em seguida, aproveitaremos alguns dados do censo

---

[8] Abdias do Nascimento, O *Negro Revoltado*, Rio de Janeiro, GRD, 1968, pp. 293-294.

de 1940, para completar um quadro de referência mínimo sobre a distribuição social de negros, mulatos e brancos na cidade de São Paulo.

Em 1950, no Brasil havia um total de 61,8% de brancos. Os mulatos chegavam a 26,6%; os negros eram 11%, os amarelos 0,6% e os indígenas 0,2%. Nesse mesmo ano, a população branca do Estado de São Paulo chegava a 85,8%. Os mulatos e negros somavam 11,2%; e os amarelos eram 3% do total. Nesse ano, os Estados do Rio Grande do Sul e Santa Catarina contavam com poucos negros e mulatos, em menor porcentagem do que no Estado de São Paulo. O Estado do Paraná tem pouco mais negros e mulatos que cada um desses três Estados. Nos outros Estados e Territórios do Brasil, as populações negra, mulata e branca distribuem-se de uma forma mais equilibrada. Dentre todos, são os Territórios de Amapá e Rondônia e os Estados do Pará e Bahia que contam com maiores contingentes de negros e mulatos. No Amapá, os brancos são 27,2% da população. E na Bahia eles somam 29,6% do total.[9]

Convém observar que a população branca está subdividida em brasileiros natos, naturalizados e estrangeiros. Devido às diversas ondas imigratórias, os brancos compõem-se de brasileiros, espanhóis, portugueses, italianos, alemães, sírio-libaneses, eslavos e outros. Em 1950, havia 1.214.184 estrangeiros no Brasil, para um total populacional de 51.944.397. O maior contingente era italiano; em seguida vinham os espanhóis, japoneses e alemães. O Estado de São Paulo é o que reúne maior porcentagem de estrangeiros.[10]

Esses dados começam a ganhar alguma vida quando os relacionamos com as condições socioeconômicas, políticas e culturais nas quais as pessoas vivem. Continuando a aproveitar o recenseamento de 1950, vejamos como se distribuem as pessoas economicamente ativas. Dentre os brancos, 5,1% encontravam-se na condição de empregadores,[11] ao passo

---

[9] F. M. Salzano, e N. Freire Maia, *Populações Brasileiras*, São Paulo, Nacional, 1967, p. 37.

[10] F. M. Salzano e N. Freire Maia, *op. cit.*, pp. 34-35.

[11] Esses dados, bem como os seguintes, foram retirados de Florestan Fernandes, *O Negro no Mundo do Brancos*, São Paulo, Difusão Europeia do Livro, 1972, pp. 56-61.

110 RAÇAS E CLASSES SOCIAIS NO BRASIL | *Octavio Ianni*

que 28,3% trabalhavam por conta própria e os restantes eram empregados. Os negros, por seu lado, eram principalmente empregados (60,9%) e conta própria (24,5%), sendo que menos de 1% eram empregadores. A situação é um pouco diversa com relação aos mulatos. São relativamente poucos os empregadores (1,8%), mas proporcionalmente mais numerosos como trabalhadores por conta própria.

Essa estrutura ocupacional é significativamente diversa no Estado de São Paulo. Em 1950, nesse Estado, os negros e mulatos estavam proporcionalmente mais concentrados entre os empregados. Os brancos empregadores eram proporcionalmente mais numerosos. Mas os japoneses eram os que apresentavam uma distribuição mais "equilibrada" quanto a empregadores, empregados e conta própria. Note-se que dentre dos japoneses mais de 10% eram empregadores.

Na cidade de São Paulo, em 1950, havia 87,78% brancos. Os negros somavam 7,71% e os mulatos 2,51%. Os amarelos, isto é, japoneses, alcançavam 1,89%. Se compararmos esses dados de 1950 com os do recenseamento de 1940, constatamos que a população negra e mulata era menor; inclusive a amarela era inferior.[12]

Podemos supor que o crescimento da população negra e mulata na cidade de São Paulo, entre 1940 e 1950, deveu-se à migração de negros e mulatos de outras áreas do país para essa cidade. Note-se que os negros e mulatos passam de 8,19% do total, em 1940, para 10,22% do total em 1950. Também a população japonesa cresce nessa década; nesse caso, mais provavelmente por imigração e crescimento vegetativo.

Se tomarmos os brancos em separado, verificamos que em 1950 eles se dividem em 85% nascidos no Brasil e 15% no exterior. Dentre estes, 1,3% eram naturalizados.[13] Mas é claro que dentre os 85% nascidos no Brasil, uma parcela significativa se compõe de filhos, netos etc. de imigrantes italianos,

---

[12] Os dados foram retirados do livro de Florestan Fernandes, *A Integrado do Negro na Sociedade de Classes*, São Paulo, Dominus, 2 vols., 1965, vol. 2, pp. 101 e 102.

[13] J. R. de Araújo Filho, "A População Paulistana", em Associação de Geógrafos Brasileiros, *A Cidade de São Paulo*, São Paulo, Nacional, 4 vols., 1958, vol. II, cap. IV, esp. pp. 186,203.

NEGRITUDE E CIDADANIA 111

alemães, espanhóis, japoneses e outros. Vista dessa maneira, a população da cidade de São Paulo se revela bastante diversificada, étnica e racialmente. É claro que essa diversidade envolve idiomas, dialetos e mesclas linguísticas; como também envolve multiplicidade de religiões e seitas; padrões de organização familiar, de vizinhança, parentesco, compadrio, alimentação, valorização da educação formal, avaliação das carreiras e profissões etc. Nesse complexo étnico, racial e cultural, o que sobressai, no entanto, é o amplo predomínio político-econômico e cultural do branco.

Vejamos agora a posição dos negros e mulatos na estrutura ocupacional de São Paulo. Não temos dados para 1950, mas sim para 1940. É claro que estes são ainda menos expressivos do que poderia ser a situação em 1975. Em todo o caso, podem ajudar-nos a construir uma imagem da posição relativa dos negros e mulatos na estrutura da sociedade.

Sabemos que em 1940 os negros são apenas 4,79% do total da população do município de São Paulo; e os mulatos são 3,4%. Os brancos são 90,72% e os amarelos 1,06% do total. Note-se que os negros estão em sua maioria na condição de empregados (85,6%), ao passo que apenas 0,3% são empregadores, e autônomos são 11,6%. Os mulatos distribuem-se de forma ligeiramente diversa, com 0,6% empregadores e 12,3% autônomos. Dentre os brancos, por outro lado, são 3,6% os empregadores, 17,6% os autônomos e 77,6% os empregados.

Convém observar melhor a distribuição dos amarelos. É bem maior, entre eles, a porcentagem dos que são empregadores (7,1%) e autônomos (32,5%). É claro que a distribuição ocupacional dos amarelos deve ser tomada em consideração em qualquer análise que focalize diferenças culturais, principalmente linguísticas e religiosas. As nítidas diferenças culturais entre o imigrante japonês e o ambiente brasileiro não impedem uma assimilação ocupacional bastante positiva.

Chamo a atenção do leitor para esse problema, porque na ideologia racial do branco – relativamente ao negro em geral – com frequência surgem argumentos relativos à "cultura". Há referências às heranças da escravatura, tradições africanas, religiões afro-brasileiras e mesmo outras, para justificar ou

112 RAÇAS E CLASSES SOCIAIS NO BRASIL | *Octavio Ianni*

"explicar" a situação econômico-social inferior a que negros e mulatos em geral se encontram. Na prática, a posição subalterna em que se encontram os negros e mulatos está bastante relacionada com o preconceito e a discriminação por parte do branco. A constituição diz que todos são iguais perante a lei. No cotidiano, fábrica, escola, clube, intercasamento e outras situações, há uma seleção socioeconômica, étnica e racial das pessoas.

Quero fazer aqui uma observação final. Não há dados censitários sobre a composição étnica e racial da população de São Paulo (cidade ou área metropolitana) para 1960 e 1970. Sabemos, no entanto, que a população da cidade e área metropolitana de São Paulo tem crescido bastante. Cresceu a uma taxa maior do que o seu crescimento vegetativo. Entre 1960 e 1970, a população da cidade de São Paulo aumentou de 3.164.804 habitantes para 5.241.232, o que dá uma taxa de crescimento anual de 5,1% ao ano.[14] Essa taxa ultrapassa em cerca de 2% a do crescimento vegetativo. De fato, tem sido notável o crescimento da cidade e área de São Paulo, por efeito das migrações internas. Muitas pessoas e famílias vêm de outras partes do Brasil, principalmente da Bahia, Minas Gerais e dos Estados do Nordeste, para trabalhar em São Paulo. A indústria em geral, em especial a de construção e o setor de serviços, incorporaram e continuam a incorporar esses trabalhadores. Não há dados quantitativos disponíveis. Mas todas as indicações são de que o crescimento por imigração havido na cidade e área metropolitana de São Paulo inclui boa porcentagem de negros e mulatos, além de japoneses. Há inclusive alguns estereótipos, correntes na cidade de São Paulo, que indicam uma reação preconceituosa contra os imigrantes. Eles são referidos genericamente como "baianos", como uma versão de mulato ou negro. O grande surto de industrialização e urbanização havido na área, desde 1940, tornou mais complexa a sua composição populacional. E aumentou a proporção de negros e mulatos, principalmente no nível do proletariado.

---

[14] Milton da Mata, Eduardo W. R. de Carvalho e Maria Thereza L. L. Castro e Silva, *Migrações Internas no Brasil*, Rio de Janeiro, IPEA-INPES, 1973, p. 34.

NEGRITUDE E CIDADANIA 113

Uma indicação do aumento percentual de negros e mulatos em São Paulo aparece nos dados relativos à distribuição de crianças nascidas vivas, no Município de São Paulo, em 1961. Nesse ano, nasceram 13,7% de crianças negras e mulatas. A não ser que admitamos uma taxa maior de fecundidade, em comparação com os brancos, podemos supor que a população negra e mulata aumentou em São Paulo, entre 1950 e 1961. Neste ano, eles representavam 10,22% do total.[15]

A condição operária

Na cidade de São Paulo e na sua área metropolitana, os negros e os mulatos encontram-se principalmente no proletariado. Apenas uma pequena parcela deles acha-se na classe média. Praticamente não há negros e mulatos na alta burguesia. Em termos proporcionais, a maioria se compõe de trabalhadores assalariados da indústria, comércio, transportes, serviços urbanos etc. São parte do proletariado urbano da grande São Paulo. Aliás, eles se acham nas posições inferiores da própria classe operária. Muitos são operários sem qualificação profissional ou semiqualificados. Muitos desempregados e semi-empregados também. Nas obras urbanas (metrô, viadutos, avenidas, escavações, edifícios de apartamentos etc.), são bastante visíveis. Também estão nas fábricas, nos serviços de transportes, nos serviços domésticos, nos trabalhos pesados, de escasso valor econômico e social. Aparecem na polícia civil e *militar*, no futebol e nos serviços auxiliares do rádio e da televisão. Guardam automóveis e vendem coisas de ocasião nas ruas, praças e cruzamentos de automóveis. Também entre as prostitutas, de ocasião ou profissionais, há uma proporção maior de negras e mulatas. Homens e mulheres, adultos, velhos e menores, são muitos os negros e mulatos que se acham nas situações mais subalternas da sociedade metropolitana.

Mas são brancos os donos, os proprietários, os gerentes, os que vivem de renda, os que mandam na economia e na

---

[15] Florestan Fernandes, *A Integração do Negro na Sociedade de Classes, op. cit.*, vol. 2, p. 101, quadro 3.

política. Nos meios culturais (jornalistas, escritores, professores e estudantes), a grande maioria também é branca. São brancos os que possuem automóveis, os que compram na rua Augusta, nos *shopping centers* ou no exterior. São modelos brancos os que predominam nos anúncios e nas mensagens publicitárias. O consumismo está organizado segundo modelos e ideais dos brancos, nacionais e importados.

Nesse quadro econômico, político e cultural é que se situa a grande maioria proletária dos negros e mulatos. Eles são a "outra raça", a "outra gente". São um pouco os "Índios" conquistados do planalto industrial, onde não há nem Índios nem caboclos colonizados ou colonizáveis.

A rigor, essa situação não é nova. Ela repete condições anteriores. Desde a Abolição da Escravatura, os negros e mulatos estão sendo proletarizados. Sempre se encontraram em condições adversas, se compararmos as oportunidades e adversidades enfrentadas por negros, mulatos e brancos. Desde o princípio, os imigrantes e os seus descendentes tiveram melhores oportunidades. A própria imigração foi minimamente protegida, ao passo que o ex-escravo foi praticamente lumpesinado. Além disso, logo se formou um sistema de apoio e proteção entre imigrantes italianos, espanhóis, alemães e outros. É claro que esse sistema de apoio e proteção não alcançou senão uma parte dos imigrantes e seus descendentes. Mesmo assim possibilitou ou favoreceu a assimilação e a integração ocupacional dos imigrados de primeira, segunda e outras gerações; ao passo que os negros e mulatos ficaram à margem, em plano inferior. Foi somente com os novos surtos de industrialização e urbanização, a partir das décadas de 1920 e 1930, que os negros e mulatos começaram a encontrar novas oportunidades de ingresso no mercado de trabalho. Depois de 1940, com a expansão da indústria dos transportes, comércio e serviços, os negros e mulatos passaram a ser mais amplamente incorporados nos setores assalariados da cidade e da área metropolitana.[16]

---

[16] Roger Bastide e Florestan Fernandes, *Brancos e Negros em São Paulo*, 2ª ed., São Paulo, Nacional, 1959. Florestan Fernandes, *A Integração do Negro na Sociedade de Classes, op. cit.*

NEGRITUDE E CIDADANIA   115

A migração interna, que é responsável por uma parte substancial do crescimento da população urbana em São Paulo, também contribuiu para aumentar a presença deles entre os trabalhadores assalariados. Conforme estudo realizado por Antonio Jordão Netto, tem sido relativamente alta a presença de mulatos e negros entre os migrantes que chegam à cidade de São Paulo. Isso porque a maioria das pessoas e famílias migrantes provém de estados ou cidades nas quais os negros e mulatos representam um contingente importante do total populacional. Aliás, até 1956, os mulatos são maioria, em comparação com os brancos e negros. A partir de 1957, os brancos passam a ser o maior contingente. Nem por isso, no entanto, os negros e mulatos deixam de chegar a São Paulo, em contingentes ponderáveis.[17] Em 1970, ainda é alta a presença deles entre os migrantes. Note-se que os negros e mulatos perfazem 49,06% do total pesquisado pelo sociólogo Jordão Netto. E que, apesar de serem quase 50% do total, representam 69,93% de analfabetos.

Parece inegável que as sucessivas ondas migratórias possibilitaram o crescimento da proporção de negros e mulatos na população de São Paulo e sua área metropolitana. Já vimos que em 1950 eles somavam 10,22% da população recenseada no município de São Paulo. Em 1967, segundo pesquisa por amostragem, a população da região da grande São Paulo apresentava cerca de 40% de negros e mulatos, ao passo que o Estado de São Paulo tinha 11%.[18]

É de supor-se que a participação de negros e mulatos na composição populacional da cidade de São Paulo e sua área metropolitana rebate-se no sistema socioeconômico e político. Mas não se rebate senão em condições adversas para eles. Proporcionalmente são mais desempregados, analfabetos, marginalizados, pauperizados e assim por diante. É o que revelam os estudos sobre esses temas. Em pesquisa sobre a marginalidade social do menor, na área de São Paulo, os

---

[17] *Antonio Jordão Netto, Aspectos Econômicos e Sociais das Migrações Internas para o Estado de São Paulo, São Paulo, mimeo, 1973, pp. 111-112.*

[18] *Levantamento Sócio-Econômico das Populações Marginais – Região de São Paulo, São Paulo, Fundação Plano de Amparo Social, 1969.*

negros e mulatos aparecem numa proporção elevada, se comparados com os brancos. Somam 42,35% do total de menores internados em estabelecimentos públicos e privados pesquisados em 1971.[19] Se lembrarmos que há 40% de negros e mulatos na região da grande São Paulo, constatamos que os seus filhos aparecem em proporção ligeiramente mais alta entre os menores marginalizados.

As condições de vida dos negros e mulatos na cidade de São Paulo foi estudada por vários sociólogos, principalmente Roger Bastide e Florestan Fernandes. Eles examinaram as condições econômicas, políticas e culturais diante das quais os negros e mulatos têm se encontrado na história da sua proletarização. Vimos essa problemática no contexto dos processos de industrialização, urbanização, divisão social de trabalho e expansão capitalista. Numa síntese, as análises desses autores revelam duas tendências principais nas relações raciais em São Paulo. Em primeiro lugar, a expansão e diferenciação da sociedade urbano-industrial de fato gera novas e múltiplas possibilidades de integração socioeconômica dos negros e mulatos. Abre-se e diversifica-se o mercado de trabalho, com o desenvolvimento da divisão social do trabalho. Nessas condições, os negros e mulatos encontram novas possibilidades de ocupação e profissionalização. Em segundo lugar, a disputa pelas vagas e lugares de trabalho, na indústria, comércio, transporte etc. sempre coloca os negros e mulatos em segundo plano. São deixados para fora do emprego ou colocados em posições econômica e socialmente inferiores. Entre um negro, um mulato e um branco, o empregador branco tende a selecionar o branco: na fábrica, na loja, no escritório e em outras situações de trabalho. Essa discriminação tende a acentuar-se nas ocasiões em que a oferta de braços excede a demanda; o que tem sido regra mais ou menos constante. Daí porque os negros e mulatos estão em geral nas ocupações pior remuneradas e socialmente de menor prestígio.

---

[19] *A Criança, o Adolescente e a Cidade*, Semana de Estudos do Problema de Menores, São Paulo, Centro Brasileiro de Análise e Planejamento, 1973, p. 279.

É claro que nessas condições preserva-se e desenvolve-se toda uma cultura das diferenças étnicas e raciais. Esse é o contexto em que todo negro e mulato é chamado, em São Paulo, de "baiano", isto é, "negro", "mulato", "de fora", "intruso", "recém-chegado" ou "pouco qualificado profissionalmente".

É um engano pensar que as condições adversas em que vivem os negros e mulatos são ditadas pela competição no mercado; e muito menos pela competição livre no mercado. Sim, não há dúvida de que a competição é um dado da situação. Mas ela só opera a partir das condições de monopólio em que se colocam os brancos, em geral, e cada categoria de branco, em particular. É verdade que desde a abolição os negros e mulatos se achavam em condições desvantajosas para competir com o branco, nacional ou imigrante. Mas também é verdade que desde a abolição os brancos monopolizam o poder político e econômico, o acesso à educação, à cultura. Os governos, ministérios, secretarias, repartições, diretorias de empresas, gerências e assim por diante – tudo é território de branco. Às vezes as posições repartem-se entre nacionais e imigrantes (de 1ª, 2ª ou outra geração). Mas raramente elas se dividem entre negros, mulatos e brancos.

O negro na classe média

Um diplomata negro serve preferencialmente na África. Um médico negro atende preferencialmente a negros e mulatos; ou brancos pobres. Uma professora negra dificilmente é contratada por um estabelecimento privado de ensino que atende à classe média ou à burguesia.

Ocorre que são ainda poucos os que alcançaram ou estão alcançando a classe média. Aliás, são principalmente mulatos os que conseguem atravessar as barreiras do preconceito e discriminação. É verdade que os que ingressam na classe média preparam-se ou são preparados para isso. Mas também é verdadeiro que aos mulatos os brancos opõem resistências menores que aos negros. Aliás, os brancos desenvolveram um sistema de estereótipos especial para distinguir negros e mulatos. Conforme o contexto social uns são mais discriminados que os outros.

118 RAÇAS E CLASSES SOCIAIS NO BRASIL | *Octavio Ianni*

Há negros e mulatos nas profissões liberais, entre os professores do ensino elementar e médio, em escritórios, lojas e posições intermediárias na indústria, comércio e forças armadas. É nas atividades esportivas, principalmente futebol, no rádio e na televisão que o negro e o mulato parecem mais visíveis. Realmente, pouco a pouco ingressam em diversas áreas conhecidas como características da classe média.[20] Inclusive já há alguns negros e mulatos na vida política da cidade, na Câmara dos Vereadores e na Assembleia Estadual. Há um deputado federal de São Paulo que é mulato. Relembro ao leitor que estou escrevendo em 1975.

Entretanto, numericamente ainda são poucos os que ingressaram e estão ingressando na classe média. Por um lado, partem de condições econômicas e sociais geralmente difíceis. Isto é, chegam à classe média vindo do proletariado; não são pessoas que possuem vínculos na classe média. Poucas vezes o mulato que chega à classe média dispõe de alguma experiência interior, de convívio com a classe média. Ele próprio precisa realizar e elaborar socialmente essa experiência. Por outro lado, os brancos da classe média desenvolvem técnicas sociais altamente sofisticadas para barrar ou dificultar a ascensão social do mulato e do negro. Essa barragem tem dois aspectos notáveis. Um é a competição entre profissionais de classe média: no escritório, loja, escola, profissão liberal etc. Outro, a dificuldade para obter clientela branca, quando se trata de médico, engenheiro, advogado e outras profissões que podem ser desempenhadas por um profissional autônomo. Por esses motivos é que o acesso do negro e mulato à classe média é mais difícil que para o branco.

À primeira vista, tem-se a impressão de que o preconceito e a discriminação operam igualmente na classe operária e na classe média. De fato, os negros e mulatos encontram resistências nas situações de trabalho, no intercasamento, nos clubes

---

[20] Edgard T. Sant'ana, *Relações entre os Pretos e Brancos em São Paulo*, São Paulo, 1951; João Baptista Borges Pereira, *Cor, Profissão e Mobilidade* (o negro e o rádio de São Paulo), São Paulo, Pioneira, 1967; Roger Bastide e Florestan Fernandes, *Brancos e Negros em São Paulo*, op. cit., Florestan Fernandes, *A Integração do Negro na Sociedade de Classes*, op. cit.

de esporte e recreação, na escola e em outras situações. Mas quando examinamos melhor as situações, verificamos que há diferenças significativas na forma pela qual são tratados pelos brancos, segundo a classe social. Vejamos como se apresentam essas diferenças.

Entre os operários, o preconceito e a discriminação do branco, em face do negro e mulato, apresentam-se *menos acentuados* e *mais abertos* que entre as pessoas da classe média. Em geral, o operário branco não é nem taxativo nem intransigente, na forma pela qual distingue e afasta o operário negro ou mulato. A não ser em situações nas quais os seus interesses pessoais mais imediatos estão em jogo. Nesse caso, o operário branco reage discriminatoriamente; mas de modo aberto, com pouco ou nenhum eufemismo.

Entre as pessoas de classe média, o preconceito e a discriminação do branco, em face do negro e mulato, apresentam-se *mais acentuados* e *mais dissimulados* que entre os operários. Em geral, as pessoas de classe média têm reservas quanto ao convívio com o negro e o mulato no trabalho, na escola, nos serviços religiosos, nos clubes de recreação e na família. Ocorre que essa reserva ou discriminação, conforme o caso, em geral é elaborada, dissimulada ou construída de forma a manterem-se as aparências. No seio da classe média, o preconceito e a discriminação são plenos de eufemismos, que confundem o observador desprevenido; e destinam-se a confundir o negro e o mulato. Nisso, aliás, a pessoa de classe média reproduz boa parte da ideologia social do branco da burguesia. Reproduz a mesma ideologia que aparece nas constituições, leis e pronunciamentos governamentais: o Brasil é uma democracia racial, segundo o ponto de vista do branco.

Negritude e cidadania

De acordo com a Constituição e as leis do país, o negro e o mulato são cidadãos iguais aos brancos, pobres ou ricos, sem diferenças de sexo, religião ou ideias políticas. Mas essa é uma definição abstrata, que não corresponde à realidade. Deixemos de lado as outras "igualdades" estabelecidas pela

Constituição e leis. Vejamos, sob o ângulo ideológico, por que o negro, o mulato e o branco não são iguais na prática social.

Em primeiro lugar, o princípio de igualdade universal, conforme está estabelecido na Constituição e leis, já é uma expressão da ideologia racial do branco. Ao estabelecer a igualdade de todos e proibir quaisquer barreiras e ódios de raça, o branco que legisla e governa toma o dito pelo não dito. Se a lei diz que não há preconceito, que esta é uma democracia racial, fica, portanto, proibido falar em preconceito. Há preconceito de não ter preconceito. Discutir preconceito racial é suscitá-lo. Para cumprir o princípio da ideologia racial do branco – de que o Brasil é uma democracia racial – é necessário esquecer ou minimizar a realidade. Por isso é que os recenseamentos (feitos pelos brancos) conferem pouca atenção a dados sobre a cor das pessoas. Destruir ou não produzir dados é uma exigência da ideologia racial de predomínio do branco sobre o negro e o mulato.

Em segundo lugar, o Brasil é uma nação na qual convivem brancos, negros e mulatos, Índios, alemães, italianos, espanhóis, poloneses, russos, japoneses, chineses e outros imigrantes de primeira, segunda e outras gerações. Esse é mais um dado da ideologia racial do legislador e do governo. Num país multirracial, no qual convivem raças e etnias diversas, é conveniente afirmar a igualdade de todos. Na ideia de democracia está a preocupação com o convívio harmônico de raças e etnias. Trata-se de uma ideologia que estabelece os ideais dos legisladores e governantes sobre a maneira de apagar-se ou diluir-se a divisão real entre as pessoas de raças e etnias diversas.

Em terceiro lugar, num país como o Brasil, o princípio da cidadania não é ainda um dado da realidade social, mas apenas dos textos jurídico-políticos. Na prática, há várias categorias de cidadãos, se pensarmos em condições e possibilidades reais que as pessoas têm para exprimir as suas ideias e as suas reivindicações. Há as diferenças de cidadania evidentes na condição do alfabetizado e do analfabeto, as diferenças entre o fazendeiro, o sitiante, o colono, o camarada e o boia-fria; entre o industrial e o operário; e assim por diante. Ao lado dessas diferenças, marcadas pela condição socioeconômica da pessoa, há as diferenças de base racial. É aqui que se situam os negros, os mulatos e os Índios. É aqui que se evidencia que essas pessoas são cidadãos de categoria diversa do branco. Isto é, um operário negro é um cidadão diferente do branco. Ele tem menor acesso às instituições que garantem a cidadania. O capataz o discrimina em favor do branco; o policial o trata como "mais rebelde" que o branco; e assim por diante. Na prática, o princípio da cidadania somente opera pela classificação das pessoas – negros, mulatos, Índios, brancos – em cidadãos de categorias diversas.

Em quarto e último lugar, a ideia que o branco faz do negro e do mulato influencia decisivamente a ideia que estes fazem de si mesmos. Devido às condições adversas em que vivem – em termos econômicos, políticos e culturais –, são forçados a organizar a sua inteligência da própria situação em conformidade com a ideologia do branco. Por isso é que o negro e mulato tiveram que esforçar-se bastante para começar a organizar as suas ideias e as suas atividades de forma independente do branco. Tem sido um dos aspectos mais notáveis – e dramático – a luta do negro e mulato para desvencilharem-se das ambiguidades encerradas na ideia da democracia racial, da igualdade de todos etc. Para reconhecer e proclamar a desigualdade de condições em que se acham, em face do branco, têm precisado realizar um trabalho especial, de desmascaramento da forma pela qual o branco os pensa. Para conquistar uma nova cidadania, o negro e o mulato estão começando a reconhecer e a denunciar a cidadania subalterna que lhes é "outorgada" pelo branco.

1975

SEGUNDA PARTE

UMA SOCIEDADE MULTIRRACIAL

7

A IMIGRAÇÃO ITALIANA[1]

Agradeço a gentileza do convite para participar das discussões deste Fórum e espero, antes de trazer informações ou interpretações novas, ter oportunidade de discutir com os senhores e senhoras alguns dos problemas relacionados com a política da migração, ou seja, as condições e implicações políticas e sociais desse curioso fenômeno que é a migração de grandes massas de população de um país para outro, de um continente para outro.

A migração em geral e a migração italiana em particular têm sido examinadas como fenômeno econômico, demográfico, político, cultural. Têm sido examinadas, também, como um fenômeno quase artístico. Têm sido tratadas como uma façanha, como uma aventura, como algo que corresponde a uma epopeia. Inclusive, o fenômeno tem sido tratado cientificamente e tem sido tratado, é claro, muito mais ideologicamente. É importante tomarmos consciência desde o primeiro instante de que o fenômeno migratório, nos termos em que tem sido abordado, tende a ser enfocado mais em termos de ideologia, ou de comemorações, ou de exaltação de feitos de pessoas e personalidades, do que em termos de análise

---

[1] Texto da exposição oral apresentada no I Fórum de Estudos Ítalo-Brasileiros, realizado nos dias 1º a 15 de julho de 1975. Publicado inicialmente em *Anais do I e II Fórum de Estudos Ítalo-Brasileiros*. Caxias do Sul, Universidade de Caxias do Sul, 1979, pp. 11-28.

de problemas substantivos, de problemas reais, humanos, culturais, sociais etc.

Há muitos estudos feitos, no Brasil e na Itália, sobre o problema migratório, mas os trabalhos laudatórios talvez dominem sobre os trabalhos de tipo científico. Eu não acho que os trabalhos laudatórios sejam inúteis. Eles são muito úteis porque refletem uma parte do processo migratório. Em São Paulo se costuma pensar que os italianos tiveram sucesso, que imigração italiana, industrialização e Matarazzo são a mesma coisa. Isto é, há uma identificação ideológica entre três coisas que são substancialmente distintas. Para um Matarazzo houve milhares de pessoas que não deixaram nome na História, que sofreram a imigração e que não se beneficiam com a imigração.

Quero fazer um ligeiro apanhado de cunho histórico, mas que vai em torno do problema.

Não é demais lembrar que o fenômeno migratório havido do século XIX ao século XX está ligado diretamente à expansão do capitalismo europeu e às transformações das estruturas políticas, econômicas, sociais vigentes na Europa e no Brasil, herdadas de um período anterior que era, na Europa, feudalismo e, no Brasil, escravatura. É um fenômeno que está no bojo de grandes transformações históricas ocasionadas pelo capitalismo comandado pela Inglaterra. E não é demais lembrar que o fenômeno migratório, desde meados do século passado, é parte de um movimento da força de trabalho num mercado de força de trabalho mundial que nesse momento se criou. Foi no século XIX que se criou o mercado internacional de força de trabalho, dando origem à emigração de alemães, italianos, poloneses, húngaros, russos etc. para outros países, principalmente Brasil, Argentina, Estados Unidos e, mais recentemente, Venezuela, Austrália etc. Foram milhões de pessoas que se transferiram de país para país, de continente para continente.

No caso específico do Brasil, a migração italiana está relacionada diretamente com alguns problemas básicos. Em primeiro lugar, devido à extinção do tráfico de escravos e devido à expansão da cafeicultura, basicamente, o governo

A IMIGRAÇÃO ITALIANA   127

brasileiro e o governo de São Paulo, no caso da cafeicultura, tiveram interesse em substituir o braço escravo pelo imigrante. Concretamente, a migração italiana, como a alemã e outras havidas no século XIX, começam com a necessidade de substituir o braço escravo, substituir um escravo negro por um escravo branco. De fato, os primeiros imigrantes, nas fazendas de café, foram tratados como escravos brancos. Existe, aliás, uma famosa memória de Davatz, um imigrante de origem suíça, se não me engano, que relata as situações concretas de vida dos trabalhadores, em que o fazendeiro branco, habituado a tratar com o escravo, estava tratando o trabalhador branco quase que da mesma forma que tratava o escravo.

No caso do Sul, a preocupação era colonizar, isto é, povoar, criar núcleos destinados a produzir, por um lado, a ocupação do território e, do outro, produzir gêneros para o mercado interno, o mercado urbano que começava a se constituir. É claro que havia também a preocupação de dinamizar o conjunto da economia como um efeito reflexo, por assim dizer, isto é, criar novas atividades, trazer o que seria a capacidade artesanal, trazer economias de imigrantes, trazer imigrantes que sabiam fazer coisas e que tinham conhecimento de técnicas que poderiam ser úteis para o desenvolvimento econômico do país.

Mas é muito importante termos consciência de uma coisa que não é do agrado de muita gente discutir: é que os imigrantes europeus, vindos para o Brasil no século XIX, foram escolhidos a dedo para branquear o país. Os governantes e fazendeiros queriam branquear este país que estava muito mulato e muito negro. Isso era explícito nos debates dos políticos e funcionários que se preocupavam com o assunto. Havia uma preocupação de eliminar ou reduzir a presença visível do negro e do mulato, e por isso é que não se continuou a trazer negros da África como trabalhadores livres. Foi por isso que não se trouxe (e inicialmente se cogitou isso) chineses, que estavam disponíveis, que poderiam ter sido trazidos. Não foram trazidos porque eram amarelos. Houve um nítido racismo da parte daqueles que faziam a política imigratória.

Daí porque se deu preferência grandemente à imigração de europeus: alemães, italianos, poloneses, muitos portugueses, espanhóis e assim por diante.

Numa estatística sobre esse vasto movimento de população, num estudo feito por Fernando Carneiro, fica evidente que o Brasil recebeu, do século passado a 1974, praticamente, 5 milhões de imigrantes. Desses 5 milhões, 1 milhão e 500 mil são italianos. Os italianos correspondem ao maior contingente. Depois vêm os árabes, japoneses, espanhóis, alemães.

É necessário também compreender que esse fenômeno migratório veio no bojo de transformações estruturais importantes na história do Brasil, isto é, transformações econômicas, Abolição da Escravatura, urbanização, criação do que seria o setor terciário, inícios da industrialização. De modo que a migração é um fenômeno entre outros, no quadro de transformações históricas importantes, que dão origem ao que nós conhecemos como o Brasil moderno: o Brasil da industrialização, o Brasil dos grandes centros urbanos.

E penso que é um equívoco pensar que foram os imigrantes que deram origem à industrialização de São Paulo ou que foram os colonos do Sul que deram origem à prosperidade do Rio Grande do Sul ou de certas áreas e assim por diante. Isso fica um pouco esquemático.

Os italianos são parte de um processo mais amplo e entraram na história como força de trabalho, como empresários, como artesãos, como pessoas que conheciam técnicas, como pessoas que se frustraram, como pessoas que sofreram mais ou menos dramaticamente a situação.

Numa primeira visão de conjunto (depois eu vou detalhar alguns problemas), pode-se dizer que essa grande movimentação de massas humanas está relacionada com:

1º – A expansão do capitalismo, ou seja, a internacionalização das relações de produção. O capitalismo é provavelmente o modo de produção mais universalístico que a História conhece antes do socialismo. É um sistema de produção que transforma tudo e todos. E nesse processo é que vem a grande movimentação de força de trabalho da Europa para os países da América.

A IMIGRAÇÃO ITALIANA 129

2º – No caso específico do Brasil, havia uma economia e uma sociedade em transformação que precisava abrir fronteiras, criar novas áreas de atividade ou dinamizar atividades preexistentes, das quais se destaca inicialmente a cafeicultura e, em seguida, a industrialização, além, é claro, das economias locais e regionais instauradas nas colônias do Sul.

3º – Como elemento fundamental, a migração europeia para o Brasil está diretamente ligada não simplesmente, como se diz, à Abolição da Escravatura, mas à transformação da força de trabalho de uma coisa, de um objeto (no caso do escravo, que era uma propriedade como a máquina do proprietário), em mercadoria, em algo que passa a ser comprado e vendido no mercado.

Visto o problema nessa perspectiva mais ampla, vamos agora detalhar alguns aspectos.

Em primeiro lugar, causas e consequências da emigração da Itália. Não vou me estender sobre isso, mas apenas recordar que a migração italiana para outros países – Brasil, Argentina e EUA, especialmente – resulta do fato de que, no processo de unificação da Itália, havido nas décadas de 1850 a 1870, houve uma reestruturação do mercado interno, das forças produtivas, que deslocou o eixo econômico de algumas áreas, inclusive do reino de Nápoles e das Duas Sicílias, para o Norte da Itália. Quem ganhou com a unificação da Itália foi a burguesia do Norte, aliada a setores franceses, que conseguiu incutir na economia e na política italiana um polo de desenvolvimento que daria origem a Milão e a outros centros industriais do Norte da Itália. Daí porque a Itália do Sul ficou relativamente estagnada desde essa época, e daí também porque se liberaram trabalhadores de vários bolsões, de vários núcleos, inclusive no Norte da Itália, na área de Veneza. Havia, de um lado, um processo econômico que induzia à industrialização e, de outro lado, a preservação de estruturas latifundiárias. Nesse contexto, o excesso de população foi rapidamente transformado em algo negociável. Os emigrantes são, num certo nível, uma mercadoria.

Além disso, os governos italianos, sucessivamente, tiveram interesse em estimular a migração, por ser esta uma técnica muito barata de reduzir tensões sociais nas áreas de conflito, nas áreas de situações difíceis, em que o problema da terra é um problema crucial, e o latifundismo uma coisa séria. Nessas situações, os governos estimulam a migração como uma maneira de reduzir as tensões. Aliás, é um fenômeno conhecido que os emigrantes não são as pessoas mais infelizes. São pessoas que não estão satisfeitas, mas que têm um certo horizonte cultural, um certo descortínio, certas ligações com o exterior e um mínimo de audácia. Há um elemento de subjetividade importante no processo migratório, e ocorre com frequência que migram líderes ou organizadores políticos potenciais das áreas migratórias. Isso é muito expressivo como um aspecto do processo de redução das tensões sociais.

Do ponto de vista da Itália, as consequências da migração foram óbvias, positivas. Por exemplo: reduziram-se as tensões sociais em áreas problema, o país começa a receber quantidades razoavelmente substantivas de divisas, isto é, remessas de doações de emigrantes. Tenho aqui um dado para uns anos muito recentes. Por exemplo, do Brasil, em 1948, remeteram-se para a Itália 8 milhões de dólares. Em 1956, 16 milhões de dólares. A Itália recebeu em conjunto de imigrantes entrados nos Estados Unidos, no Brasil, na Venezuela, na Argentina e em outras partes, em 1948, 132 milhões de dólares; em 1959, 22 milhões de dólares. Grande negócio, associado ao turismo etc... O emigrante é realmente uma mercadoria, isto é, ele produz divisas para o país que o exporta. O imigrante é força de trabalho.

Ao mesmo tempo, houve a difusão de uma cultura oficial, principalmente oficial, da Itália no mundo. Quem se preocupar com o assunto notará que é muito mais fácil ouvir ou lembrar os nomes de De Amicis, de Manzoni ou Dante, do que de Giordano Bruno, Galileo, Vico, Gramsci e outros. E por quê? Dante, Manzoni e De Amicis são aceitáveis numa política cultural oficial. É um fenômeno de que devemos ter consciência para inclusive reagir criticamente. Vamos ler Dante, vamos aceitar Dante como um produto da cultura universal, não somente italiana; mas vamos também incorporar Galileo, Giordano Bruno, Gramsci e outros, porque

A IMIGRAÇÃO ITALIANA 131

todos eles em conjunto fazem parte de uma cultura italiana e europeia. E, no entanto, com frequência os governos tendem a difundir certos valores culturais em detrimento ou esquecimento de outros.

Não é demais lembrar que dentre as consequências do fenômeno migratório houve também estagnações e até retrocessos em pequenas vilas e comunidades italianas. Há casos de pequenos *paesi* que ficaram parados porque muitos emigraram: muitos homens, muitos chefes de família. São lugares que realmente perderam com a emigração, em termos humanos, econômicos, de autenticidade de vida. Houve casos de *paesi* que tiveram tantos migrantes, que, num certo momento, a maioria da população estava fora, migrada para alguns países. Tenho notícia de que, num certo momento, havia mais habitantes de Santa Maria de Castellabbate na Vila Mariana, na cidade de São Paulo, do que na própria Santa Maria de Castellabbate, lugar de onde veio Matarazzo.

Também em termos de consequência, ou melhor, de significação para o país de emigração, no caso a Itália, é importante lembrar que alguns governos italianos procuraram usar os emigrados politicamente. Não só fazer uma difusão cultural, manter uma relação sentimental com a pátria-mãe, mas também manipular politicamente. O caso mais notável, é óbvio, é Mussolini. Logo que subiu ao poder, Mussolini transformou o Comissariado da Emigração em Subsecretaria de Estado. Muito habilmente, entendeu que os italianos que estavam nos quatro cantos do mundo eram um elemento de barganha com os governos dos países onde eles estavam, além de servirem para a difusão dos ideais fascistas, para a organização de grupos fascistas etc.

Detalhando um pouco mais; quais foram os tipos de imigrantes que entraram no Brasil? Houve vários tipos. E é importante termos noção desses vários tipos para compreendermos os aspectos sociais e políticos do processo imigratório.

Houve a entrada de colonos para as colônias do Sul, principalmente, mas houve colônias também no Estado de São Paulo. Esses colonos vieram para povoar, constituir novas áreas, produzir gêneros, colaborar no processo de ocupação

132 RAÇAS E CLASSES SOCIAIS NO BRASIL | *Octavio Ianni*

do território, e funcionaram também como elementos de constituição do que seria o mercado local, o mercado regional e assim por diante. Deram eles origem a um fenômeno muito importante: a constituição, talvez, da primeira grande camada de pequena burguesia rural, extremamente conservadora, vista em conjunto. São pequenos proprietários, identificados com a propriedade, a terra, o trabalho, a produção, e que, por isso, desenvolveram uma visão relativamente conservadora em termos políticos e culturais. Se os senhores e senhoras tomarem as estatísticas eleitorais, notarão que as votações dos partidos mais conservadores, com frequência, são grandes nos lugares de imigrantes italianos, alemães, poloneses e outros do Sul do país. Isso obviamente é resultante do caráter pequeno-burguês das classes que se constituíram nessas áreas.

Um outro tipo de imigrante foi o operário agrícola, isto é, aquele que foi substituir o braço escravo nas fazendas de café, principalmente no Estado de São Paulo, e que já veio como operário, sob várias formas, mas, na essência, era um trabalhador braçal na condição operária, que vendia a sua força de trabalho para viver. Esse proletariado agrícola, no começo, enfrentou situações muito difíceis, devido ao fato de que era tratado como um escravo branco. Depois, pouco a pouco, foi se defendendo, foi se organizando, algumas famílias inclusive foram fazendo poupança e acabaram se emancipando por vários meios: uns emigrando para as cidades, outros comprando pequenos lotes de terra, transformando-se eles mesmos em pequenos proprietários, ou em grandes proprietários, e assim por diante.

Mas houve ainda outros tipos de imigrantes: os operários urbanos, que se concentraram pouco a pouco em algumas cidades, das quais São Paulo é talvez a mais importante. Eram artesãos autônomos, como alfaiates, sapateiros, barbeiros, marceneiros, bem como técnicos profissionais ou intelectuais politicamente exilados que viveram no Brasil e participaram do debate político-cultural. Um deles foi Piccarolo, um outro foi, se não me engano, Frolla. Há vários nomes importantes de intelectuais que acabaram se identificando com os problemas do país.

A IMIGRAÇÃO ITALIANA   133

Um outro tipo são as migrações mais recentes que envolvem, de um lado, a constituição de alguns núcleos coloniais havidos depois da Segunda Guerra Mundial e, de outro lado, uma grande migração de técnicos profissionais, de gerentes, isto é, de elementos do que seria a corporação multinacional de base italiana, que passa a atuar no Brasil numa escala crescente. Veja-se a criação de uma fábrica da Fiat em Minas Gerais nos últimos anos. É parte desse processo migratório, que agora envolve não somente força de trabalho, mas também técnicos, gerentes, empresários, tecnologia e assim por diante. É um outro momento do processo de internacionalização das relações econômicas e sociais.

Examinemos agora o processo migratório ao nível do imigrante, da sua subjetividade.

O imigrante veio para fazer a América. Todos conhecemos casos de italianos que vieram para ganhar dinheiro e voltar para a Itália. Ganharam dinheiro, voltaram para a Itália, perderam o dinheiro, voltaram para o Brasil. É muito frequente isso. Houve casos de imigrantes que vieram sós para, depois, ganhando dinheiro, mandar buscar a família. Conheço alguns casos de imigrantes nessas condições: pais de família que nunca voltaram, nunca mais mandaram buscar a família, casaram com uma brasileira, com uma mulata, com uma negra, que se abrasileiraram no sentido pleno da expressão, inclusive perderam os elementos culturais, tornaram-se caboclos, por assim dizer. Mas a ideia central era a de enriquecer. Era ganhar algum dinheiro para comprar uma propriedade, para montar uma oficina e, se possível, ganhar alguns cobres e voltar.

Na prática, os que voltam não são muitos, entre os que ganham dinheiro. É mais frequente que voltem aqueles que não tiveram sucesso, que se frustraram, que entraram em crise, que sofreram o conflito cultural, o choque cultural. Aliás, esse é um aspecto dramático da situação do imigrante e que não tem sido explorado. Em trabalhos de Antropologia e de Sociologia se tem tocado no assunto, no fato de que uma parcela dos imigrantes entra em crise e volta derrotada ao seu país, ou, então, entra em crise, resiste, e depois vai para um sanatório de doenças mentais. Tive oportunidade de ver uma estatística sobre a Argentina; é notável a presença de imigrantes de primeira geração entre os pacientes de sanatórios de doenças mentais. E no Brasil parece que também houve o mesmo fenômeno, num certo momento. Esse processo é o resultado do conflito, do choque cultural, além dos problemas pessoais, de família etc.; é um choque de valores.

Mas há outro aspecto muito interessante no mundo do imigrante. O imigrante veio de contexto em que ele precisava trabalhar para viver, principalmente o imigrante do século XIX. Veio para trabalhar, ou nas colônias, ou nas fazendas de café e, nesse ambiente, ele precisava viver do seu trabalho. Mas precisava viver do seu trabalho num país em que trabalhar com as mãos era degradante. Na ideologia da sociedade escravocrata, quem trabalha com as mãos é escravo. Cria-se então uma situação extremamente complicada do ponto de vista psicossocial e cultural. As pessoas que passaram a trabalhar com as mãos ao lado dos escravos, ou em substituição aos escravos, eram tratadas de maneira discriminatória, sofreram discriminação por trabalharem com as mãos. Mas foram os imigrantes italianos, alemães, portugueses, espanhóis e outros que, trabalhando concretamente na fazenda de café ou nas colônias, em atividades agrícolas, artesanais, ou na indústria, por assim dizer, deram uma nova definição do trabalho, isto é, conferiram ao trabalho uma outra conceituação social. Pode-se quase dizer que eles dignificaram o trabalho braçal, o trabalho criativo, o trabalho do operário, do lavrador, do artesão, daquele que, trabalhando com as mãos, não era mais um escravo, mas sim um cidadão como outro qualquer e que, fazendo alguma coisa com as mãos, estava produzindo alguma riqueza para si mesmo, ou para um grupo, ou para a coletividade.

Esse aspecto do processo migratório tem sido também abordado ligeiramente nos trabalhos dos sociólogos e antropólogos, mas é um aspecto extremamente importante que ocorre no contexto da Abolição da Escravatura, no contexto de uma cultura de sociedade escrava, na qual imigrantes

A IMIGRAÇÃO ITALIANA 135

inicialmente são tratados de uma forma discriminatória por serem trabalhadores braçais, mas que, pouco a pouco, por trabalharem de modo produtivo, acabam, com seu trabalho braçal, produzindo alguma coisa. Inclusive houve os imigrantes que tiveram sucesso, que compraram o seu lote de terra, que formaram a sua oficina, a sua fabriqueta, e nesse contexto começou a ficar evidente que o trabalho braçal poderia ser em alguns casos uma forma de ascensão social. Nesse contexto é que o trabalho passa a ser concebido como uma atividade dignificante.

Tive a oportunidade de folhear a sucessão dos editoriais dos jornais de Curitiba, de 1888 para diante, sobre o 13 de maio. Aí aparece de uma maneira muito nítida essa ideologia brasileira de que todos somos irmãos, que o Brasil é uma democracia racial, toda essa retórica muito difundida. Mas dentro dessa retórica aparece um fenômeno que eu acho crucial: é o problema da dignificação do trabalho. Todo editorial tendia, de um lado, a afirmar a democracia racial, de que todos somos irmãos e, de outro lado, a tratar da dignidade do trabalho braçal. Quer dizer, os 13 de maio eram comemorados, inicialmente, como um artifício político e ideológico, por meio do qual se estava limpando, depurando o trabalho braçal (que era na escravatura identificado como um trabalho inferior) como um trabalho agora dignificante e, por assim dizer, uma condição de cidadania.

Vou fazer uma pequena síntese final de aspectos político-econômicos da imigração, vendo essa problemática principalmente em termos de sociedade brasileira. Na perspectiva do imigrante, a imigração é, de fato, num certo nível, uma aventura. A pessoa que emigra é uma pessoa que realiza uma façanha. Ela é personagem de si mesma e de uma história. Às vezes ela tem uma compreensão da significação dessa façanha; às vezes não tem, mas no relacionamento social, nas experiências que se sucedem e acumulam, acaba adquirindo essa consciência. Quem conversar com um imigrante que de fato imigrou, que lutou, que enfrentou situações, nota que ele constrói o mito de si mesmo: "Eu fiz isto"; "quando eu vim não era assim"; "a viagem do mar era de dois meses, de um mês, de três semanas, e eu enfrentei uma tempestade"; quer dizer, aquele processo de mitificação que tem sua beleza, que tem sua humanidade. Uma parte desse processo de façanha aparece, por exemplo, no filme de Aldo Fabrizzi (que passou há pouco no Brasil), um filme chamado *Imigrante*, baseado mais na história da imigração italiana para a Argentina, uma migração sazonal em que os imigrantes eram chamados de andorinhas ou rondinelas. No filme de Chaplin, chamado *Imigrante*, também aparece esse aspecto. O que é a dramaticidade do ato de imigrar. Imaginem um imigrante italiano chegando de navio, diante de Nova Iorque, uma cidade fantástica para o imigrante que vem do Sul da Itália ou de uma área rural.

Como se ajustar a esse universo fisicamente organizado de modo diferente, na arquitetura, no urbanismo, e culturalmente protestante, inglês etc.? É nesse contexto que se criam os choques culturais, que se criam os problemas, as crises que dão origem, em alguns casos, a verdadeiras neuroses que provocam seja o retorno, seja o internamento em sanatórios. Inclusive o processo de marginalização social, que é um aspecto dessa situação de crise.

Um sociólogo de São Paulo, José de Souza Martins, fez dois estudos sobre os imigrantes, que resultaram extremamente interessantes por várias razões, além da qualidade do trabalho. Ele estudou, de um lado, uma colônia de imigrantes italianos em São Caetano, na periferia de São Paulo, que não teve sucesso. É um estudo interessante porque é uma colônia que não é Caxias do Sul, não é Bento Gonçalves. É uma colônia que se perdeu, que se dissolveu, que se acaboclizou. Ele estudou também a biografia de Matarazzo. Fez, assim, um estudo de dois casos mais ou menos extremos e é interessante ver como disso resulta um panorama muito diferente do que normalmente se tem numa visão aproximada.

De outro lado, ainda, em termos da significação da imigração para o italiano, há o problema da confusão linguística e cultural. Todos sabemos e conhecemos casos de imigrantes, inclusive de segunda geração, que estudam o italiano e o português e misturam o italiano, o dialeto e o português. Esse *imbroglio* linguístico é, em boa parte, a expressão da situação

A IMIGRAÇÃO ITALIANA 137

humana, cultural, social, que é o processo de assimilação numa sociedade que, aparentemente, é cristã, ocidental etc., mas na verdade tem muitas coisas que são muito específicas: esse processo de assimilação dá origem a problemas linguísticos e culturais extremamente interessantes. Dramáticos para as pessoas, mas extremamente importantes para o estudo científico. Houve um escritor paulista, que assinava Jo Bananiere (que, aliás, era brasileiro), que explorou bastante bem o aspecto do *imbroglio* linguístico havido em São Paulo, na década de 1920 a 1930.

Em termos de perspectiva do país, voltando um pouco ao que havia dito antes, eu diria que não se deve pensar – e essa é a minha posição – que a imigração italiana é a causa da prosperidade desta ou daquela área ou a causa da industrialização, por exemplo, havida em São Paulo. É claro que a imigração é um elemento dinâmico, mas é preciso ver esse elemento dinâmico no conjunto da sociedade, senão acabamos caindo numa mitificação do processo migratório. Acabamos caindo naquilo que parece muito evidente em São Paulo e que eu mencionava inicialmente, que é uma tendência de identificar imigrante italiano, industrialização e Matarazzo, como se as três coisas fossem o resultado do mesmo processo. Não é isso. A industrialização havida em São Paulo é o resultado da economia cafeeira, de certas políticas adotadas pelos governos, do mercado interno que se foi desenvolvendo. E nesse contexto, o imigrante é um personagem entre outros, migrantes ou não migrantes. A rigor, uma visão histórica um pouco mais ampla permite relativizar a significação da participação do imigrante de primeira e de outras gerações no processo do desenvolvimento.

Mas nem tudo foi muito tranquilo do ponto de vista do governo brasileiro. Primeiro, o Estado brasileiro, as Províncias no Império e os Estados na República tiveram atitudes positivas em favor da imigração, mas também procuraram controlar esse processo migratório, segundo seus interesses, aumentando os movimentos dos imigrantes segundo as exigências da economia. A Constituição de 1891, por assim dizer, naturaliza automaticamente todos os imigrantes. Havia um artigo na Constituição que estabelecia que quem não se manifestasse em tantos meses seria automaticamente considerado brasileiro. Essa naturalização em nível jurídico não implicou que o imigrante fosse imediatamente aceito como um igual. Ele precisou enfrentar muita situação de tensão, de conflito, para chegar a uma redefinição em face da sociedade nacional.

Depois de 1914 a 1918, devido à guerra, houve o fechamento de associações de imigrantes, a supressão de organizações tanto políticas como culturais, que depois foram reabertas. Ao menos aquelas organizações mais inocentes ou neutras. Eu digo isso porque houve também movimentos sindicais, movimentos anarco-sindicalistas de italianos, espanhóis e outros, de base industrial, que foram muito combatidos pelo governo da época.

Em 1942-1945, devido à entrada do Brasil na guerra e à forma como o Brasil entrou, houve uma política conhecida como de nacionalização forçada e que foi extremamente repressiva. Eu acho que aqui no Sul as colônias sentiram bastante a agressividade política de nacionalização forçada. Foi conduzida por funcionários e em nome de uma política que havia sido adotada de um modo inesperado para algumas comunidades. Esta ligada, essa política, inclusive a uma aliança com os Estados Unidos, que forçou muitos governos (do Brasil, da América Latina), a controlar e reprimir todos os movimentos que fossem politicamente vinculados, ainda que remotamente, à Itália, Japão e Alemanha. Disso resultou, é claro, uma opressão de tipo cultural. A supressão do ensino de línguas, a substituição de professores e assim por diante, que resultaram, de um lado, na eliminação de organizações políticas, mas de outro lado no sacrifício de elementos culturais dessas comunidades.

Em suma, se pudermos ver a História em conjunto, podemos dizer que durante esse século de imigração, não só italiana, mas também de outras nacionalidades, o país ganhou novas dimensões culturais e sociais, novos horizontes. Isto é, a Itália, Alemanha, Portugal, Espanha, Polônia, Rússia e muitos outros países passaram a ser parte da realidade brasileira. Quem examinar as estatísticas de imigração notará que

A IMIGRAÇÃO ITALIANA 139

entraram no Brasil não simplesmente italianos ou alemães, mas austríacos, belgas, franceses, japoneses, russos, suecos, sírios, libaneses, húngaros, iugoslavos, lituanos, romenos, tchecos, poloneses e outros. É uma infinidade de grupos, de línguas, de valores que, de certo modo, abrem o horizonte cultural do país e permitem que a sociedade brasileira passe a incorporar elementos de origens várias, o que pode ser positivo em termos de processo sociocultural.

No que diz respeito aos italianos, em particular, eu diria, para encerrar, que de fato há tendência para valorizar principalmente Dante, Manzoni, De Amicis etc. Mas apesar do oficialismo dessa política (e é uma pena que Dante seja sempre apresentado de modo oficial ou oficioso), a realidade é que outros nomes correntes e contribuições dos italianos, da cultura italiana, passam a ser uma realidade no universo social, não somente dos italianos, imigrantes, descendentes e outros, mas da sociedade brasileira em conjunto. Lembro aqui Galileo, Giordano Bruno, Gramsci, Rosselini, De Sica, Visconti, Bertolucci, De Gasperi, Togliatti e assim por diante: uma série de nomes, de personalidades, de dirigentes políticos, artistas etc., que tem mais possibilidade de penetração na sociedade brasileira não simplesmente porque Bertolucci é a moda em Paris (o diretor de cinema que fez O *Último Tango em Paris*), mas porque Bertolucci corresponde também a uma realidade que já passou a fazer parte do que seria a cultura brasileira.

Como vemos, uma tentativa de análise crítica do processo migratório, simplesmente como um fenômeno demográfico, humano, político, econômico, permite, por assim dizer, desmitificar o que se entende normalmente por imigração e por façanhas dos imigrantes. Permite relativizar um pouco o significado da contribuição dos imigrantes e o significado desse ou daquele nome, dessa ou daquela interpretação. Nesse sentido, uma análise nesses termos permite tanto ver qual é a posição relativa de um Matarazzo, de um Lunardelli ou de outros nomes no processo econômico, político, cultural brasileiro, como também incorporar a grande massa dos anônimos, daqueles que não aparecem nominalmente na História e que são, certamente, a parte mais importante dela.

Debates

Loraine Slomp Giron: Não vou propriamente fazer um comentário nem uma crítica ao trabalho do professor Ianni, que achei excelente. Um assunto que poderia ter sido abordado, apesar da amplidão do tema, é o da relação entre imigrantes de raças diferentes. No caso, aqui no Rio Grande do Sul, a relação entre italianos e poloneses, italianos e alemães, italianos e austríacos devia ser melhor estudada. É um problema sociológico, acho, da mais alta relevância.

Um outro ponto que eu achei que deveria ser colocado, inclusive para comprovar algumas das teses levantadas sobre os fatores determinantes da emigração: há uma tese, ainda não publicada, dos professores Gallo e Lauricella, que estabelece uma relação entre o preço do trigo e a emigração. Acho essa relação entre o ciclo dos preços dos produtos agrícolas desmerecidos pela entrada do trigo americano na Europa muito interessante e muito válida. Talvez não mude em nada a tese de que o capitalismo necessitava de mão de obra, mas é um enfoque um pouco diferente. Talvez seja um dado quantitativo mais expressivo.

Quanto à propaganda de certos sistemas, aliás, tipos de governo dentro da região, existe um jornal, publicado aqui em Caxias, no período de 1934 a 1942 (esses jornais estão no arquivo histórico do Museu Municipal), em que a propaganda fascista é feita, na região, de uma maneira intensa e expressiva.

Outra coisa que seria interessante colocar também é o papel dos exilados políticos dentro do município. Ao contrário do que aconteceu em São Paulo (aliás, a imigração gaúcha é completamente diferente, em todos os aspectos, salvo nos fatores determinantes, da de São Paulo), há o silêncio. Eles simplesmente se negaram a participar, tornaram-se agricultores e transmitiram a seus filhos um certo espírito de conservadorismo extremado. Não houve participação e, talvez, os que participaram aqui de qualquer movimento tenham sido aqueles que, na Itália, não tiveram oportunidade de participar de uma forma mais direta. Tenho certas provas sobre o assunto.

A IMIGRAÇÃO ITALIANA 141

Octavio Ianni: Vou comentar de modo breve. Com relação aos imigrantes das várias etnias, é um tema pouco estudado, apenas mencionado em um ou outro trabalho, esse da diferença entre os imigrantes: a diferença de aceitação na sociedade nacional, de sucesso nas várias atividades, de presença desses imigrantes na estrutura social, econômica, política. Fiz um pequeno estudo sobre o polonês na área de Curitiba, e notei que ele está situado numa posição relativamente inferior na escala social dessa área. Nós poderíamos dizer que há uma hierarquia de preconceitos que coloca, em Curitiba, o alemão em primeiro lugar, depois o italiano, depois, provavelmente, o brasileiro, depois, miticamente mais do que realmente, o negro, e depois o polonês. Quer dizer, num nível de comportamento social, de ideologia racial, de escalas de discriminação etc., nota-se, em Curitiba, ou eu notava, quando estive fazendo esse trabalho, que o polonês está numa situação extrema na escala de preconceitos. Há preconceito contra o italiano e contra o alemão. Uns e outros se discriminam universalmente. É um fenômeno extremamente interessante: o alemão tem uma escala, o italiano tem outra, o polonês, outra, o brasileiro, outra, e o negro tem outra escala. Esse estudo, mais sistemático, não foi feito ainda.

No meu trabalho, levanto uma hipótese: a de que a escala de discriminação está relacionada com o momento de incorporação desses imigrantes na sociedade nacional. Isto é, os alemães chegaram num momento em que a sociedade estava mais aberta, em que havia certas possibilidades de expansão, de constituição de atividades etc. Os italianos, de certo modo, acabaram também se acertando com relação às oportunidades econômicas e sociais. Os poloneses, tenho a impressão, chegaram, no caso de Curitiba, num momento em que o ambiente social e cultural já estava povoado por brasileiros, alemães e italianos, e nesse contexto aparece, desde o início, uma resistência ao polonês. Sem esquecer que, no caso de Curitiba, os alemães já trouxeram da Europa um preconceito contra os poloneses. Eles transferiram os estereótipos da Europa para Curitiba. Quer dizer, além da escala de preconceitos, de discriminações, pode-se fazer uma pesquisa na história da sociedade e descobrir momentos de desenvolvimento da estrutura social, nos quais teriam surgido certas situações favoráveis à assimilação ou propícias às discriminações. No caso do italiano, em São Paulo, é evidente que, num certo momento, a resistência ao italiano é maior; num outro momento, é menor. Há uma ocasião em que um italiano de sucesso casa com um brasileiro tradicional e entra na sociedade alta, na sociedade burguesa de modo mais ou menos livre, ganha um estatuto de gente de bem, de gente fina. Inclusive, por meio desse tipo de italiano que teve sucesso, que entrou na sociedade alta, passa-se a valorizar Dante, Petrarca e as coisas mais finas da cultura italiana.

Com relação às causas da imigração, eu não tenho dúvidas de que há causas econômicas importantes, como essas relativas à produção do trigo e outras; não estudei isso, fiz referências a esse assunto, mas não tenho uma explicação. Não é impossível que a expansão da produção do trigo argentino, por exemplo, e outros elementos de tipo econômico, possam ter tido uma influência decisiva no processo migratório. Mas por que uma causa econômica do tipo produção de trigo funciona como um elemento dinâmico na emigração? Acontece que as fronteiras locais, regionais, internacionais haviam se quebrado com o capitalismo, que havia transformado todos os trabalhadores em força de trabalho no mercado. Esse processo de universalização está relacionado com a expansão do capitalismo. A ele se relacionam os fenômenos econômicos e também os religiosos e políticos, como os de imigrantes por motivos religiosos, no caso da Irlanda, ou imigrantes por motivos políticos, como no caso dos socialistas, esquerdistas, anarco-sindicalistas etc.

Com relação à propaganda, os jornais das comunidades italianas, não só no Sul mas também em São Paulo, são preciosos documentos sobre como a propaganda de governos esteve e continua presente nesses ambientes, e penso que esses jornais, no Brasil, são a fonte principal de estudos.

Com relação ao mutismo, ao silêncio dos imigrantes relativamente às suas condições de vida ou uma certa acomodação do imigrante a certos contextos conservadores, eu diria que,

A IMIGRAÇÃO ITALIANA 143

na base do problema, no caso do Sul, está o fato de que se constitui uma massa pequeno-burguesa extremamente sólida, econômica, social e politicamente e que, de certo modo, consciente ou inconscientemente, se aliou às classes dominantes nos vários Estados. De outro lado, e isso parece um postulado de Sociologia, é muito difícil ter uma ideia independente num contexto comunitário, num contexto mais ou menos restrito e fechado. Aquele que pensa de modo divergente é ímpio, uma pessoa que incomoda, perturba, está criando problemas, está querendo subverter a ordem natural das coisas. Há então uma tendência dos núcleos coloniais serem mais ou menos monolíticos em termos ideológicos e de rejeitarem aquelas pessoas, nativas ou não, que pensam de modo divergente.

Eloy Lacava Pereira: Se o imigrante não foi o elemento preponderante, conforme o senhor disse, na industrialização do país, porque os tempos eram próprios para isso, parece-me que, se ele não foi em São Paulo, foi a força dinâmica em todo o Brasil industrial; uma força dinâmica que tinha dois elementos importantes: a tecnologia própria e o capital próprio. O senhor deve observar que o italiano do Sul é diferente do italiano de São Paulo. Se havia o capital do café, em São Paulo, não havia no Sul. Não havia o capital aqui. O italiano começou com o próprio capital, isto é, com seu trabalho, com a poupança, e daí passou para a industrialização. De modo que me parece que a industrialização está intimamente ligada com a imigração italiana, principalmente, e, em segundo, a alemã. O Brasil industrializado é caracteristicamente o Brasil do imigrante italiano e alemão. Fora disso, o Brasil não é industrializado, é subdesenvolvido ainda.

Octavio Ianni: Para discutir essa questão, a gente teria que fazer uma exploração histórica muito ampla, o que não seria possível em alguns minutos. Mas, sem que vá nisso crítica negativa, eu gostaria de começar por observar que a ideia de que o imigrante e a industrialização estão conjugados é uma ideia que faz parte da mitologia do imigrante. Essa é a mitologia que os italianos que tiveram sucesso vendem,

144 RAÇAS E CLASSES SOCIAIS NO BRASIL | *Octavio Ianni*

um pouco deliberadamente ou não, a ideia de que o sucesso industrial do Brasil está relacionado com a imigração italiana. Se eles difundem isso, será que isso é tão verdadeiro? Ou será simplesmente um mito? Como eu costumo pensar sempre um pouco contra as coisas que aparecem no primeiro nível do discurso, ponho em dúvida, apesar de ter sido envolvido nessa mitologia, como filho de imigrante. Mas um dia eu parei e pensei: "Não pode ser, porque, então, vou explicar um fenômeno econômico por um fenômeno demográfico". E isso não é válido, eles são heterogêneos. Para que o fenômeno demográfico imigração possa ser um elemento dinâmico no processo de industrialização, é preciso que eu transforme o fenômeno demográfico num fenômeno também econômico. Só depois de fazer essas mediações é que descubro quais são as condições da industrialização. Então, o que ocorre? É que houve, no processo da produção industrial, brasileiros e estrangeiros: italianos, espanhóis, portugueses, negros, mulatos etc. A massa operária do fim do século passado, do começo deste século, e até hoje, é cada vez mais heterogênea enquanto força de trabalho. Isso é uma coisa básica: a massa de força de trabalho é extremamente heterogênea e nessa massa entraram descendentes de portugueses, de negros, de mulatos, associados em maior ou menor escala com italianos.

Segundo: de onde veio o capital que deu origem ao processo econômico, digo, de industrialização? Porque a industrialização é um processo econômico que depende de capital, técnica e força de trabalho. E dizem alguns que, também, de talento empresarial. De onde veio o capital? O capital veio, primeiro, do capital agrícola produzido pela agricultura, pelo café: muitos proprietários de fazendas de café, inclusive brasileiros tradicionais, começaram a se interessar por negócios financeiros e fabris. Aí está a primeira origem, um primeiro seguimento do sistema industrial: capital agrícola com origem na cafeicultura. Em segundo lugar, estão investimentos estrangeiros. Houve, desde o século XIX e neste século, muitos investimentos estrangeiros, em obras de infraestrutura, em sistemas de eletrificação, transportes etc., que são parte do processo econômico, que criam também condições para

A IMIGRAÇÃO ITALIANA 145

novos desenvolvimentos. Em terceiro lugar, houve poupanças de pequenos artesãos, trabalhadores etc. que entraram no processo econômico. Dessas poupanças, algumas são de imigrantes. Não são todas, são algumas. Ocorre que essa tese está enviesada, acho, pela visibilidade do caso Matarazzo, de São Paulo. Matarazzo aparece como se fora um imigrante que ganhou seus tostões aqui, fez suas economias e acabou construindo uma indústria. Na verdade, Matarazzo é um imigrante atípico, porque ele já veio da Itália com um conhecimento técnico. Se não me engano, ele era um *ragioniere* ou algo assim e, além disso, de uma família pequeno-burguesa do Sul da Itália. Quer dizer, não era um imigrante sem terra ou com uma pequena propriedade, que resolve emigrar. Já estava num certo nível socioeconômico, além de que, é claro, ele se associou a outros aqui, em Sorocaba, primeiro, e depois em São Paulo, e aí começou a desenvolver a sua indústria.

A tese deve ser revista, porque o problema não é negar a importância do trabalho do imigrante, das poupanças, das técnicas dos imigrantes etc. Não há dúvida de que o lavrador italiano, por exemplo, do Sul da Itália, que eu conheço melhor, tem uma tecnologia extremamente rica. Sabe fazer defumados de vários tipos, tecidos de vários tipos. Como lavrador, como camponês, no Sul da Itália, ele aprende uma série de técnicas de trabalho para sobreviver em condições comunitárias, que, de certo modo, representam um conhecimento técnico, uma habilidade e uma capacidade de trabalho relativamente rica. Mas é engano pensar que, por ser um bom artesão, no Sul da Itália, ele vai dar origem a uma fábrica ou oficina em São Paulo. É o contexto econômico, social e político de São Paulo que possibilita que esse tipo de força de trabalho passe a atuar de um modo dinâmico. Mas, veja bem, quando começamos a desdobrar, para simplificar, tecnologia, capital, engenho empresarial, força de trabalho, para compreender o processo da industrialização, então começamos a ver que aí entram muitos elementos, e não fundamentalmente o italiano. Isto é, entraram os imigrantes (espanhóis, alemães, portugueses etc.), negros, mulatos, brasileiros como força de trabalho. Como empresários entram italianos, alemães, brasileiros e muitos outros elementos que estavam no contexto. Inclusive um certo talento empresarial começa a se transferir das fazendas de café às casas comissárias, aos bancos, aos negócios financeiros e daí para a indústria, de modo que é um fenômeno bastante mais complexo. E não é minha intenção apresentar isso como definitivo. Acho que o problema merece uma discussão mais detalhada, mas, enfim, acho fundamental relativizar a tese nesses termos.

Rita de Laytano: Em parte, o senhor já respondeu, mas me parece que a nossa realidade, aqui do Rio Grande do Sul, é bem diferente da realidade paulista. Nós não tínhamos, ainda, um processo em princípio de industrialização, não tínhamos os capitais, a nossa agricultura era muito primária. E como se formou depois, então, toda essa colonização, todo esse desenvolvimento que tem o nosso Estado?

Octavio Ianni: Conheço menos a história da industrialização do Sul, mas lembro de ter visto uma tabela de dados estatísticos sobre a evolução industrial do Brasil de 1900 em diante, na qual São Paulo, Recife e Porto Alegre estão quase no mesmo nível em termos de produção industrial. É um fenômeno profundamente interessante. São Paulo, no começo do século, não era mais industrializado do que Recife e Porto Alegre, ou não era significativa a diferença. Quer dizer que já no começo do século havia um núcleo industrial de pequenas proporções em Porto Alegre, tanto quanto São Paulo e Recife. Já havia uma base mínima que se estava constituindo, não por causa do imigrante, mas por causa da urbanização, da expansão do mercado de consumidores, por causa da formação de uma demanda que estava pedindo tecidos, gêneros alimentícios, massas alimentícias, bebidas, calçados, ferramentas e assim por diante: era o mercado que se estava formando.

Nesse mercado, é claro, estão os imigrantes. Mas a questão não é ver o imigrante como causa, porque há uma tendência em ver o imigrante como aquele que vem e industrializa. Não. Ele não industrializa porque vê melhor que o outro ou porque traz capital e tecnologia. Ele entra na industrialização porque

A IMIGRAÇÃO ITALIANA 147

o contexto no qual se encontra é um contexto econômico-social propício. Esse é um aspecto importante: é o contexto econômico-social que cria as condições para a produção industrial e esse é o contexto no qual entra o imigrante, como um entre outros. Se fôssemos olhar qual a etnia dos operários das fábricas de Porto Alegre, encontraríamos aí poucos alemães, talvez. Mais italianos, e a grande maioria de brasileiros, negros e mulatos. E a rigor, o que faz a indústria, o que faz a riqueza de um país é o trabalho daqueles que trabalham com as mãos. Isso é uma coisa que a gente esquece. Quem cria a riqueza são aqueles que criam as coisas com o seu trabalho produtivo, seja o trabalho braçal diretamente, como o trabalho do lavrador, seja o trabalho braçal mediado por ferramentas: a enxada, o trator, a máquina, o torno etc. Nesse nível, a produtividade industrial é o resultado do trabalho de várias etnias, de várias categorias sociais, combinado com capital, tecnologia, engenho empresarial, proteção governamental, benefícios, subsídios, estímulos etc. Nos primeiros momentos da acumulação de capital, em termos do Rio Grande do Sul, penso que a pecuária, as charqueadas e outras atividades devem ter sido importantes para produzir capitais. Além disso, houve, no Rio Grande do Sul, uma escravatura, houve núcleos de escravos significativos. Quem conhece Porto Alegre e alguns dos senhores certamente conhecem melhor do que eu, sabe que lá existem bairros onde a presença do negro é bastante visível. Na praça Garibaldi, onde circulei há alguns anos, nos sábados à noite, nos domingos à noite, só se viam negros e mulatos. Raros brancos. Porto Alegre tem vários clubes de negros etc. Então, há uma história social aí que é importante e que faz parte desse processo econômico e social. Há forças que são muito mais importantes e que deveriam estar em condições de igualdade com as outras.

Luís A. De Boni: Professor, não é propriamente uma pergunta, mas uma constatação. Estive por seis anos na Alemanha e lá pude observar a existência, entre os imigrantes vindos dos países não industrializados da Europa (Grécia, Turquia, Portugal...), de problemas semelhantes aos aqui apontados.

148 RAÇAS E CLASSES SOCIAIS NO BRASIL | *Octavio Ianni*

Em primeiro lugar, aqueles que esquecem as famílias e isso, principalmente, os italianos. As alemãs, parece que preferem um pouco o sangue latino e os italianos gostam de *le biondine* e ficam por lá.

Depois, a questão das tensões psíquicas. Estive três anos em um grande hospital de neurocirurgia e era incrível o número de pessoas com esses problemas. A única solução era ir de volta. Ficando loucos e inventando coisas.

Há também a questão da confusão linguística de que o senhor falou: eu nunca fiz um estudo completo, mas constatei que muitos usam palavras que não têm na própria língua, como por exemplo, *krankscheid*. Todo trabalhador aprende que é a ficha para ir ao médico. Mas aprendem também uma série de palavras de que elas teriam equivalente na própria língua: por exemplo, *Arbeiten, wagen, sauber, machine,* que é trabalhar, limpo, automóvel, máquina. Acho que umas são de *status* e outras são de mentalidade.

Enfim, o problema da política do governo: os governos europeus também não sabem o que fazer com esses trabalhadores. Eles sempre pensaram em ter temporariamente, ali, um grupo, e, hoje, os sociólogos preveem lutas de raças e manifestações de classes em bairros que estão surgindo. Em Paris, um dia, a polícia foi com carros e tudo tocando, porque, num bairro, os portugueses tinham içado a bandeira portuguesa.

Agora, uma pequena referência ao problema antes levantado: esse da discriminação mútua na Europa. Eu fiquei horrorizado com os alemães, em relação aos poloneses. Até hoje comumente se diz de um polonês na Alemanha *Saupole*. Desculpe quem não sabe alemão. Eu não vou traduzir. E entre italiano e alemão também, atualmente, creio que por causa da última guerra. Eles não se suportam. Desculpe, não é tanto uma pergunta, apenas uma constatação a mais.

Octavio Ianni: Agradeço e acho, inclusive, que é uma contribuição importante, que mostra como os problemas que nos preocupavam inicialmente, da imigração italiana, são problemas do presente, extremamente vivos, não só no

A IMIGRAÇÃO ITALIANA   149

Brasil, mas, de certo modo, muito vivos na Europa. Eu poderia fazer glosas em cima das suas observações porque tenho dois primos no Sul da Itália que trabalharam na Alemanha, e eles me contaram o que era o tratamento social.

É interessante observar algo que está implícito no seu relato, que deveria ser registrado por escrito, se me permite a sugestão. É que o caráter das relações de classe, na Europa, está se modificando, entre outras razões, pela presença de imigrantes gregos, italianos, portugueses etc., que, ao irem trabalhar na França, Suíça, Alemanha, Inglaterra, estão alterando o caráter das contradições de classes nesses países. São trabalhadores braçais, às vezes aprendem rapidamente certas atividades extremamente complexas, mas são de outra raça, outra gente entre os próprios operários, seus companheiros. Os conflitos que estão surgindo na França com os argelinos, por exemplo, são muito evidentes de como, entre operários, está havendo uma divisão extremamente grave. É claro que isso enfraquece a capacidade de atuação sindical do operário francês em relação aos seus interesses, aos seus direitos, devido ao fato de que a classe operária está se redividindo, por assim dizer, em termos técnicos e raciais. Agora, a referência sobre Portugal: tenho aqui estatísticas de vários países de emigração: Itália, Portugal, Espanha, Grécia, Holanda, Iugoslávia, Síria e Líbano. Enquanto a Itália, que está em segundo lugar, recebeu, em 1959, 222 milhões de dólares, Portugal recebia, no mesmo ano, 1 bilhão e 638 milhões. Era o país que mais recebia divisas do exterior, sob a forma de remessas e donativos de emigrantes.

Thales de Azevedo: Depois de sua conferência, eu, pessoalmente, só posso fazer um louvor e externar minha admiração pelo sentido que deu a todos os problemas. Vou dar uma contribuição, antes de fazer uma pergunta.

Realmente, bem cedo o Rio Grande do Sul começava sua poupança, porque é um Estado exportador: exportava couro, charque, trigo pelo menos durante muito tempo. No século XVIII, começo do século XIX, já tinha atividade econômica

150 RAÇAS E CLASSES SOCIAIS NO BRASIL | *Octavio Ianni*

muito intensa. Vi estatísticas de exportações do Rio Grande do Sul para a Bahia. Era um alto comércio.

Mas aqui se deram também duas coisas muito interessantes, que foi a mudança de mentalidade, apesar de ser um Estado dominado pela mentalidade escravocrata (o Rio Grande do Sul teve escravatura que era relativamente vultosa porque, por ocasião da abolição, enquanto a Bahia tinha 72.000 escravos, o Rio Grande do Sul tinha 70.000, o que é um número muito alto). Mas aqui houve mudança de mentalidade dos administradores públicos. Pensaram na colonização não em termos da substituição direta dos escravos, da mão de obra escrava, mas na criação de um novo tipo de organização de trabalho. Fizeram a primeira reforma agrária brasileira, o primeiro movimento em que o trabalhador era proprietário do fruto do seu trabalho, proprietário da terra; proprietário da produção e, ao mesmo tempo, consumidor. Isso parece confirmar a tese de que a imigração foi apenas um dos elementos do movimento de industrialização havido no Rio Grande do Sul.

Tanto o alemão quanto o italiano, polonês e outros grupos começaram muito independentes do escravo. Mas a estratificação que aqui se deu, dividiu-se ao menos em determinadas regiões: enquanto na fronteira e no centro do Estado persistia uma organização com a burguesia e uma escravatura, ou uma burguesia e uma classe média intermediária, nas regiões povoadas pelos imigrantes se estabeleceu um sistema em que havia verdadeiramente uma classe burguesa ou pequeno-burguesa rural, uma classe média rural. Isso me parece decisivo.

Mas o que me intriga sobremaneira é a mentalidade dos homens do Rio Grande do Sul: foram muito nítidos, muito claros em preferir para o Rio Grande do Sul a colonização, e não a imigração no sentido de utilização do escravo, do imigrante como escravo branco ou assalariado. Somente uma nota que pode servir.

Octavio Ianni: Só como observação, porque é um desenvolvimento que amplia a discussão: tenho a impressão de que uma parte das razões pelas quais no Sul, especialmente no

A IMIGRAÇÃO ITALIANA 151

Rio Grande do Sul, Santa Catarina e Paraná, se optou mais pela colônia, teria sido a necessidade de povoar para garantir a posse da terra numa área que já era, desde o início da Independência, potencialmente crítica, devido às relações com o Paraguai, Argentina, Uruguai. Eu penso que a Guerra do Paraguai deve ter traumatizado a consciência dos governantes, em nível nacional, das províncias, e levado esses governantes a compreender que, para garantir as fronteiras, era necessário povoar. Fenômeno que, aliás, está continuando no presente. O Brasil tem desenvolvido a sua fronteira interna por surtos, por ciclos. E presentemente estamos assistindo a um novo ciclo de expansão da nossa fronteira interna, que envolve inclusive o povoamento das periferias do território nacional. Na época da imigração aconteceu o seguinte: a fronteira era muito distante, a fronteira não poderia ser povoada, ocupada com sucesso. Quer dizer, as possibilidades de sucesso de um núcleo colonial na fronteira com o Paraguai, na fronteira com a Bolívia seriam muito reduzidas, devido às distâncias, para o contato, a comunicação com os centros econômicos e políticos, o escoamento da produção e assim por diante. Naquela época, a fronteira estava em Caxias, estava ao redor do rio dos Sinos. Era preciso primeiro ocupar essas áreas, para depois passar adiante. A visão geográfica, digo, geopolítica é importante aí. Acho que os governantes estavam cientes de que era preciso começar a ocupar o território e a ocupar a partir dos locais mais viáveis, e os mais viáveis, nessa época, eram os próximos dos centros de decisão e de consumo. Penso isso.

1975

8

A SITUAÇÃO SOCIAL DO POLONÊS[1]

O demorado e complexo processo de "europeização do mundo", iniciado com os grandes descobrimentos marítimos dos séculos XV e XVI, nem sempre levou os europeus ao pleno êxito. Tanto no contato com ordens socioculturais não europeias, como também com aquelas criadas por europeus nas "áreas novas", eles enfrentaram problemas mais ou menos graves, que puseram em evidência o caráter e a consistência de sistemas culturais e sociais particulares.

Múltiplas investigações sociológicas e antropológicas têm focalizado as condições e os resultados do contato entre os europeus e os outros povos. Particularmente nas décadas mais recentes, esses estudos multiplicaram-se rapidamente. É o que ocorre também no Brasil. Com a expansão da sociedade urbano-industrial, que, por um lado, tem produzido o agravamento das tensões entre grupos sociais diversos e, por outro, tem criado condições para a expansão do ensino e pesquisa das ciências sociais, tem-se acentuado o interesse pela análise das condições sociais e culturais do contato entre grupos étnicos e raciais distintos. Conforme afirmamos em outra ocasião, os estudos brasileiros sobre as relações interétnicas baseiam-se principalmente em determinadas necessidades e preocupações básicas, desenvolvidas no interior da própria sociedade brasileira. Ligam-se "especialmente às necessidades de se passar do

---

[1] Publicado anteriormente sob o título "Do polonês ao polaco".

A SITUAÇÃO SOCIAL DO POLONÊS 153

conhecimento de senso comum ao científico, das condições e fatores histórico-sociais de formação da sociedade brasileira. O desenvolvimento da consciência social e, consequentemente, histórica, em determinados grupos brasileiros, tem levado à valorização de sistemas de racionalização, entre os quais se destaca o conhecimento sociológico numa sociedade formada por contingentes raciais distintos e miscigenados; ou melhor, heterogênea, étnica, social e culturalmente, e que se torna cada vez mais complexa".[2]

As nossas preocupações com a história social da escravatura no Brasil levaram-nos a conhecer as linhas gerais da complexa situação de contato inter-racial vigente em Curitiba.[3] Conforme pudemos verificar então, diversos fatores socioculturais põem em evidência a peculiaridade da situação em que se encontram os poloneses. O contato com a sociedade local, o conhecimento de elementos das ideologias raciais correntes ali, os dados e as explicações fornecidos por alguns informantes selecionados, ao lado do conhecimento da distribuição dos poloneses e seus descendentes no conjunto da estrutura social, revelam-nos a existência de tensões que assumem o caráter de um "problema social". Tanto no quadro da situação apresentada pelo contato entre negros e brancos, como com respeito às relações com alemães, italianos, brasileiros etc., a situação social do polonês deve ser considerada peculiar. Nesse sentido, Curitiba é uma cidade onde a situação racial[4]

---

[2]   *In* "O Estudo da Situação Racial", também incluído neste volume.

[3]   Conforme Octavio Ianni, *As Metamorfoses do Escravo*, 2ª ed., São Paulo, HUCITEC, 1987.

[4]   Sociologicamente, *raça* se define pela aglutinação de conjuntos de crenças e opiniões que se desenvolvem do contato prolongado entre dois ou mais grupos étnicos. Segundo Copeland, "raça, no sentido sociológico (não no sentido de agregado zoológico), é um tipo de público criado pela própria consciência dos seus membros, consciência essa que emerge em consequência da difusão de uma ideologia racial determinada",* que é elaborada por um ou "outro" grupo, ou outros grupos raciais da sociedade inclusive. A mesma ideia se manifesta também em outros conceitos, tais como o de Pierson, que afirma: na sua conotação sociológica, *raça* pode referir-se a qualquer grupo cujos membros são tratados pelos de outro grupo *como se fossem* de uma raça diferente e se consideram e agem entre eles como se fossem diferentes"** Portanto, a raça, no sentido sociológico, define-se a partir do estado das condições sociais de existência dos grupos em interação e seus produtos sociais. Além disso, essa *entidade* social se organiza em

154 RAÇAS E CLASSES SOCIAIS NO BRASIL | *Octavio Ianni*

não apenas é das mais complexas, como também é das mais visíveis, especialmente quando focalizada à luz de alguns de seus produtos sociais. Cabe-lhe plenamente a reflexão de Emílio Willems, para quem "a história do Brasil é um único processo de aculturação. Esta começou com a chegada dos primeiros povoadores portugueses, tornou-se mais variada com a introdução de escravos africanos e atingiu considerável grau de complexidade no século XIX, quando novas correntes imigratórias começaram a canalizar-se para o Brasil".[5]

Este estudo, pois, se destina a focalizar alguns fenômenos ligados ao ajustamento social entre um certo tipo de europeu – o polonês – com grupos de imigrados, seus descendentes, ou *brasileiros*.[6] Mais precisamente, pretendemos abordar alguns

---

dois níveis distintos: no nível da sociedade, onde se encontram convivendo dois ou mais grupos étnicos, e no nível de um desses grupos, que acaba adquirindo a consciência de grupo *sui generis*, seja quanto aos seus atributos intelectuais e morais, seja no que tange aos atributos físicos ou marcas raciais.

(*) Lewis C. Copeland, "The Negro as a Contrast Conception", *in Race Relations and the Race Problem, a Definition and Analysis*, por Edgar T. Thompson, editor, Durhan, Carolina do Norte, Duke University Press, 1939, cap. VI, pp. 152179, esp. p. 166.

(**) Donald Pierson, "O Preconceito Racial Segundo o Estudo de Situações Raciais", *in Sociologia*, São Paulo, vol. XIII, nº 4, out. de 1951, pp. 305-324, esp. p. 312, nota nº 5. Também Roger Bastide e Florestan Fernandes, *O Preconceito Racial em São Paulo*, Projeto de Estudo, Instituto de Administração da Faculdade de Ciências Econômicas e Administrativas, USP, nº 118, abril de 1951, pp. 23-24. Uma discussão dos conceitos antropológico e sociológico de *raça* encontra-se em Wilton Marion Krogman, "The Concept of Race", *in The Science of Man in the World Crisis*, Nova Iorque, Ralph Linton, Columbia University Press, 1952, pp. 38-62, esp. pp. 60-61.

[5] Emílio Willems, "Problemas de Aculturação no Brasil Meridional", em *Acta Americana*, vol. III, nº 3, jul.-set. 1945, pp. 145-151; citação extraída da p. 145.

[6] Empregamos *brasileiro* quando nos referimos, indiscriminadamente, aos descendentes de uma ou das diversas *raças* que contribuíram para a formação do país: mongoloide (Índio), negroide (africano) e caucasoide (especialmente o português).
Entenderemos por *imigrante*, em geral, como sendo a pessoa proveniente de comunidade alienígena, seja o polonês, o alemão, o italiano etc. Imigrante de primeira geração é aquele que veio de outro país. Imigrante de segunda geração é o filho, nascido no Brasil, de pais alienígenas. E assim sucessivamente. As referências a *alemão, italiano* etc. indicam o indivíduo originário de país estrangeiro, ou seu descendente nascido no Brasil. A expressão *polonês* será utilizada para denominar o imigrante de primeira, segunda ou outras gerações, sendo que, na medida do necessário, serão dados os qualificativos adequados ao rigor da expressão. Justifica-se o uso da expressão *polonês*, mesmo para pessoa descendente nascida no Brasil, porque, segundo será verificado neste trabalho, em

A SITUAÇÃO SOCIAL DO POLONÊS 155

aspectos do estado presente das relações entre o polonês e outros indivíduos ou grupos integrantes de Curitiba, ou seja, surpreender um momento do processo de sua integração na comunidade. Em outros termos, tentaremos apresentar aqui um flagrante, de caráter exploratório e descritivo, do processo de absorção do polonês e seus descendentes por uma sociedade fundada e organizada supostamente segundo modelos culturais e sociais europeus. Poderemos verificar, por intermédio de alguns dados, como, no longo processo de europeização de certas partes da terra, europeus têm sido colocados na contingência de ajustar-se não só a não europeus, mas também a europeus mais ou menos transformados, no seu patrimônio étnico, nos seus valores culturais, nas suas instituições, nos seus padrões de comportamento social.

Esta exposição se apresenta como um esforço de sondagem de um fenômeno social sobre o qual os dados foram reunidos de maneira não sistemática. Como a situação social do polonês não fazia parte do projeto de pesquisa sobre as relações negros e brancos em Curitiba e no Paraná, os dados foram sendo reunidos, pouco a pouco, em resultado de uma imposição que o próprio fenômeno realizava. Em consequência, surgiram algumas conjeturas que passaram a orientar as nossas observações em torno do assunto.[7] Todavia, ainda que trabalhando com alguns pressupostos sociológicos, não tivemos possibilidade, dadas as condições de realização da investigação principal, de efetuar um levantamento preliminar ordenado de evidências. Daí o desenvolvimento provisório

---

Curitiba é distinguido socialmente como tal, tanto o natural da Polônia como aquele descendente nascido no Brasil, inclusive, às vezes, alguns mestiços de poloneses e brasileiros, ou membros de outras etnias. Trata-se de uma definição social, que é elaborada pelos próprios membros da comunidade. "Polaco", na linguagem popular da cidade, não é apenas a expressão verbal de um estereótipo negativo, como veremos em seguida, mas uma palavra que caracteriza as ligações raciais, socialmente definidas, tanto do imigrante da primeira como das outras gerações.

[7] Como resultado da sondagem preliminar acerca da integração social do polonês em Curitiba, cujos resultados parciais estão aqui consubstanciados, formulamos um projeto de estudo (Octavio Ianni, *A Situação Social do Polonês*, Projeto de Estudo, Curitiba, Instituto de Pesquisas da Faculdade de Filosofia, Ciências e Letras da Universidade do Paraná, 1958, mimeo, 17 pp.) que reúne as hipóteses sobre o tema.

156 RAÇAS E CLASSES SOCIAIS NO BRASIL | *Octavio Ianni*

dado a este estudo. O seu cunho relativamente não sistemático, conforme se verá, deve-se à polarização dos dados disponíveis especialmente em torno de certos aspectos do fenômeno. Essa contingência, todavia, não impede a realização de uma análise que pode, apoiada na parte consistente do material, trazer alguma contribuição à representação sociológica das condições sociais do ajustamento do polonês em uma cidade.

Estrutura demográfica e situação social

O Paraná é um dos Estados brasileiros cuja população reúne ainda hoje elevado número de estrangeiros. Segundo o censo de 1950, somente São Paulo, Distrito Federal e Rio Grande do Sul contam com maiores contingentes alienígenas que o Paraná, que, no conjunto da população estrangeira do país, se coloca em quarto lugar, com 76.592 indivíduos, dos quais apenas 11.089 estavam naturalizados em 1º de setembro daquele ano.[8] Nesse contexto, a posição do polonês é relevante, como se verá.

Entre os grupos alienígenas que começaram a distribuir-se pelo Estado do Paraná, a partir de 1829, quando se iniciou um novo ciclo de expansão demográfica da área, os poloneses forneceram o maior contingente. Orientaram-se predominantemente para as atividades agrícolas. Segundo Romário Martins,[9] os imigrantes entrados no Paraná distribuem-se pelas seguintes nacionalidades: 47.731 poloneses, 19.272 ucranianos, 13.319 alemães, 8.798 italianos e 9.826 pequenos grupos de outras nacionalidades.[10]

---

[8] *A Distribuição Territorial dos Estrangeiros no Brasil*, da série "Estatística Demográfica", Rio de Janeiro, IBGE, nº 23, 1958, p. 46.

[9] Romário Martins, *Quantos Somos e Quem Somos*, Curitiba, Paranaense, 1941, pp. 52-53.

[10] Inexplicavelmente, o próprio Romário Martins apresenta, à p. 63 da obra citada, como sendo de 48.131 o número de poloneses entrados no Paraná naquele mesmo período. Edwino Tempski, por sua vez, alega que "entre os anos de 1870 e 1920, chegaram ao Paraná entre 55.000 e 60.000 poloneses, aproximadamente". (Edwino Tempski, "Os Poloneses e o Paraná", *in Ilustração Brasileira*, edição comemorativa do Centenário do Paraná, Ano XLIV, nº 224, Rio de Janeiro, 1953, pp. 158159; citação extraída da p. 158). Em virtude de nossos alvos neste estudo, entretanto, essas discrepâncias não afetarão as reflexões que pretendemos efetuar.

A SITUAÇÃO SOCIAL DO POLONÊS   157

Os poloneses começaram a localizar-se no Paraná a partir de 1871. Nesse ano, 78 pessoas radicaram-se em Pilarzinho, que hoje é um bairro de Curitiba. Os grupos que vieram em seguida distribuíram-se por muitos núcleos, alguns já instalados, com brasileiros ou pessoas de outras nacionalidades, alguns inaugurados pelos próprios poloneses. Segundo Romário Martins, a imigração polonesa no Paraná acentuou-se em dois momentos principais. Um deles vai de 1890 a 1896 e o outro localiza-se no intervalo de 1907 a 1914.[11]

Como não há cifras disponíveis acerca da distribuição, por nacionalidade, da população de Curitiba, vejamos ainda alguns dados gerais que, apesar de insuficientes, podem orientar a nossa exposição. Tomemos os dados dos censos de 1940[12] e 1950,[13] relativos aos estrangeiros presentes no Paraná: poloneses, 11.913 e 12.978; italianos, 6.776 e 10.276; alemães, 6.974 e 7.190; e outras nacionalidades; 31.153 e 46.148.

É inegável que a elevada participação numérica do polonês na população do Paraná pode produzir reflexos sociais de significação. A interação social dos membros dos diferentes grupos talvez não possa escapar às contingências e aos efeitos dessa distribuição populacional, principalmente se considerarmos que, nas diversas camadas sociais, há participação diferencial dos grupos mencionados.

Como os dados referentes a Curitiba não estão discriminados, não podemos apresentar os algarismos relativos à participação desses grupos na sua população. Seria possível, entretanto, estimar precariamente os coeficientes de poloneses, alemães e italianos nesse município, atribuindo-se-lhes, proporcionalmente, a participação que têm na população do Estado. É possível aventar que, em Curitiba, a população de alemães, poloneses e italianos, no conjunto da população de imigrados bem como no total, é percentualmente maior, já que enquanto

---

[11] Romário Martins, *op. cit.*, p. 67.
[12] *Análise de Resultados de Censo Demográfico*, Rio de Janeiro, IBGE, 1946, vol. XIII, nº 297, pp. 98-103, esp. p. 101.
[13] *A Distribuição Territorial dos Estrangeiros no Brasil, op. cit.*, pp. 13, 21, 29 e 46. É de se notar que em 1950 os japoneses passaram a ser o grupo mais numeroso do Paraná, com 15.393. Contudo, concentram-se principalmente nas áreas pioneiras do Estado, ao norte e noroeste.

158 RAÇAS E CLASSES SOCIAIS NO BRASIL | *Octavio Ianni*

os estrangeiros e naturalizados reunidos representam cerca de 3,5% da população total do Estado, atingem aproximadamente 6,5% daquela do município de Curitiba.[14]

Enfim, pode se considerar elevada a participação do polonês no conjunto da população de Curitiba. Inegavelmente, a preponderância deles nessa área é suficiente para revelar o elevado grau de participação social do grupo no horizonte dos membros da sociedade local. A sua visibilidade, é de se supor, ao menos em determinadas camadas sociais, é seguramente das mais altas dentre os grupos imigrantes, tomados isoladamente. Esse problema, entretanto, não será examinado aqui. O fenômeno da *visibilidade social*, considerado em conexão com o índice de atuação estatística ou social dos membros de um grupo no seio de uma cidade, ainda precisa ser investigado sociologicamente. Agora cabe-nos apenas mencioná-lo.

Adiante examinaremos dados que revelam como se estruturou, progressivamente, no interior da ideologia racial predominante na cidade uma imagem estilizada do imigrante. Os elementos disponíveis mostrarão, ainda que segmentariamente, como essa estilização é um produto ideologicamente deformado, parecendo consolidar e manter uma determinada forma de composição daquele mundo social.

Situação social e ideologia

Há caracteres da situação social presente do polonês, em Curitiba, que não podem ser adequadamente avaliados se não se ponderar condições sociais do passado, em que aqueles fenômenos assumiram uma configuração definida e operante no meio social em que se inscreviam. Assim, presentemente, para determinados grupos raciais ou camadas sociais, o polonês do estereótipo seria dado a bebidas alcoólicas; teria inclinação especial pelas atividades agrícolas; suas filhas teriam predileção pelas atividades domésticas etc. Sociologicamente, trata-se de uma série de ideias feitas, de estereótipos que foram elaborados em determinadas circunstâncias histórico-sociais

---

[14] *Estado do Paraná*, Censo Demográfico, Rio de Janeiro, IBGE, 1954, separata do vol. XXVI, pp. 1 e 70. Convém notar que os estrangeiros e naturalizados, reunidos, somam para o Paraná e Curitiba 76.592 e 12.176, respectivamente.

A SITUAÇÃO SOCIAL DO POLONÊS 159

da comunidade e que, dada a significação social que possuem para os diversos grupos raciais em interação, prevalecem até a atualidade.

Já em 1879, apenas oito anos após a chegada dos primeiros colonos oriundos da Polônia no Paraná, Rodrigo Otávio de Oliveira Menezes, então presidente da Província, manifesta--se atemorizado com a evolução dos núcleos poloneses, pois que, dado um conjunto de fatores econômicos e culturais que ele não percebia, mantinham-se relativamente isolados da sociedade brasileira. "Analfabetos e vítimas seculares do mais duro despotismo eclesiástico e político que se pode imaginar, urge, por meio de escolas bem dirigidas, chamar ao grêmio de nossa civilização os filhos desses colonos. Sem esse esforço a colonização polaca mentirá ao seu fim."[15] Evidentemente é diverso o parecer dos próprios imigrantes poloneses, segundo se pode avaliar, por exemplo, de algumas referências a uma reportagem publicada na Polônia. Reportando-se ao texto do polonês Dygasinski, que esteve no Brasil para realizar reportagens, Carlos Williams, um leitor de jornal paulista, julga difamatórias as revelações feitas por aquele jornalista. E pede que se lhe responda as alegações de que os colonos poloneses estariam sendo maltratados, "estando eles desprovidos de gêneros alimentícios e utensílios necessários ao trabalho".[16] Independentemente da veracidade das afirmações mencionadas, é inegável que elas revelam a existência de um desajuste inicial, talvez de parte apenas desses imigrantes. É possível que os desajustamentos iniciais de alguns núcleos poloneses, especialmente quando ligados a uma impossibilidade de desenvolver atividades econômicas consentâneas com as condições e as necessidades da sociedade adotiva, podem ter sido responsáveis pelas primeiras reações negativas desenvolvidas pelos outros grupos. Nesse sentido, deve-se lembrar que uma das principais funções da política de povoamento do Paraná, no período que estamos considerando, é criar focos de abastecimento e expansão econômicos. Portanto,

---

[15] Citado por Romário Martins, *op. cit.*, p. 68.
[16] "Imigração", *O Estado de S. Paulo*, 19.3.1881, 2ª p., 3ª coluna.

160 RAÇAS E CLASSES SOCIAIS NO BRASIL | *Octavio Ianni*

como alguns grupos não conseguiram, logo na primeira fase, dados os efeitos negativos da dispersão ecológica e a inadequação de seu patrimônio tecnológico, estabelecer-se sem criar problemas para a sociedade adotiva, as avaliações negativas começaram a estruturar-se e logo se tornaram um produto social dinâmico, generalizando-se em seguida a todo polonês.[17] Assim, no emaranhado das ideologias raciais, é naquelas condições que começa a emergir o *polaco*, enquanto entidade negativa: quisto racial, excessiva valorização do padre, analfabetismo etc.

Assim se iniciam as avaliações negativas do polonês. Trata-se de um processo complicado que merece investigação especial e sobre o qual nesta oportunidade queremos apenas apontar alguns dados.

Também Sebastião Paraná nos esclarece a respeito da concepção ou concepções correntes na cidade acerca desses colonos. Em 1899, quando não eram passados trinta anos da chegada dos primeiros poloneses, afirma que "nos polacos notam-se também morigeração e grande amor ao trabalho; índole pacífica e afetuosa, aliada a um certo fervor e a uma grande resignação na adversidade. Nos templos rojam-se perante as imagens e oram com verdadeira unção, hábito este proverbial ao povo dessa veneranda pátria que tanto respeito e tanta condolência inspira pelo infortúnio de sorte". E acrescenta: "Suas filhas dedicam-se a serviços domésticos, alugam-se como criadas nas casas de família, onde perdem em pouco tempo os hábitos próprios de sua educação rudimentar. São carinhosas e votam muita afeição aos nacionais, com os quais se esforçam por se unir pelos vínculos do

---

[17] O papel da dispersão ecológica dos núcleos de imigrantes alemães, poloneses e italianos, ou seja, o seu relativo isolamento em face das comunidades brasileiras, bem como a insuficiência do seu equipamento tecnológico para o ajustamento produtivo ao meio natural, foram analisados por Emilio Willems em "Immigrants and their Assimilation in Brazil", em *Brazil, Portrait of Half a Continent*, editado por T. Lynn Smith e A. Marchant, Nova Iorque, The Dryden Press, 1951, cap. 9. Veja-se, do mesmo autor, artigo citado na nota nº 4, e também *Assimilação e Populações Marginais no Brasil*, São Paulo, Nacional, 1940, e *A Aculturação dos Alemães no Brasil*, São Paulo, Nacional, 1946.

A SITUAÇÃO SOCIAL DO POLONÊS 161

casamento".[18] Note-se o sentido e o significado subjacente a essas considerações simpáticas e benevolentes. E note-se, ainda mais, que nem neste caso nem no anterior, ou ainda nos posteriores, esse tipo de reflexão é acompanhado de quaisquer dados. Aqui o *polaco* já ganha outras dimensões na ideologia racial dos outros grupos, dimensões essas que ficarão mais evidentes adiante.

Numa obra publicada em 1913, com muitas referências aos poloneses, repetem-se e enriquecem-se as *noções* já então em plena circulação social. No trabalho de Nestor Victor sucedem-se as impressões sobre esses colonos, como se verá pelas expressões que transcrevemos em seguida. Referindo-se às atividades agrícolas dos poloneses, afirma que "enquanto os mais naturalmente adstritos à vida rural, os polacos (prussianos, galicianos, silesianos) persistiam nessa modesta, embora laboriosa produtividade...".[19] À página seguinte fica-se informado de que "as filhas dos polacos vinham para a cidade empregar-se no serviço doméstico".[20] E referindo-se à religiosidade e seus efeitos sobre eles, acrescenta: "A segregação em que eles vivem é mais obra dos padres que os dirigem do que coisa de caso por eles pensado".[21] Esquece-se, contudo, de indagar por que o padre possuiria tamanha ascendência. Procura-se, geralmente, atribuir a valorização da religião ao "caráter do povo". Assim é que Romário Martins, posteriormente, ainda se encontra preso à explicação simplista quando alega, entre as tendências acentuadas do elemento polonês, "um sentimento religioso profundo e inalterável".[22]

Nessa sequência de prejuízos raciais encontrados em textos publicados, e que poderíamos alongar com outras citações, encontra-se também aquele relativo à assimilação linguística do polonês e descendente. É explicação de senso comum, corrente na comunidade, que o polonês, bem como outros

---

[18] Sebastião Paraná, *Corografia do Paraná*, Curitiba, Econômica, 1899, p.
[19] Nestor Victor, *A Terra do Futuro*, Impressões do Paraná, Rio de Janeiro, Jornal do Comércio, 1913, p. 99.
[20] Nestor Victor, *A Terra do Futuro, op. cit.*, p. 100.
[21] Nestor Victor, *op. cit.*, p. 230.
[22] Romário Martins, *op. cit.*, p. 67.

grupos – o japonês ou os eslavos, por exemplo – teriam dificuldade congênita para aprender a língua portuguesa. Sem explicar se é real ou suposto esse impedimento, alguns grupos acabaram acreditando na sua existência, chegando mesmo a atribuir-lhe foros de verificação científica. Não se procurou averiguar qual teria sido a importância, por exemplo, do isolamento dos núcleos coloniais poloneses na preservação da língua de origem.[23] Ou outros fatores de natureza cultural e social. Wilson Martins, em trabalho publicado recentemente, volta ao problema da assimilação linguística dos poloneses, repetindo o que nos parece antes um prejuízo do que uma verificação fundada empiricamente. Segundo alega, "há maior dificuldade por parte dos poloneses e dos japoneses no aprendizado do português, do que por parte de elementos de qualquer outra nacionalidade".[24] E procura justificar essa afirmação alegando que "uma das causas principais será o extrato primitivo dos colonos poloneses, e eslavos em geral, que sempre foi mais baixo que os das outras nacionalidades...".[25] Essas afirmações não devem ser encaradas como observações objetivas sobre as condições de integração do polonês na cidade. Ao contrário, precisam ser tomadas como expressões de uma das ideologias raciais correntes ali. Na verdade, outras versões desses pontos de vista foram ouvidas por nós no decorrer de entrevistas realizadas com pessoas residentes em Curitiba. A nosso ver, uma imagem mais objetiva do problema pode ser observado em trabalho editado pelo Instituto Brasileiro de Geografia e Estatística, no qual podemos verificar que a assimilação linguística dos poloneses e descendentes é mais rápida não apenas que a dos japoneses, mas também que a dos russos e alemães.

O Paraná não é uma área privilegiada, no quadro brasileiro, no que tange ao volume de estudos históricos, econômicos,

---

[23] Segundo Hugo Bethlem, sobre as colônias polonesas no Paraná, "deixaram-nas em absoluto isolamento, enquistadas no coração do Paraná, por 50 anos a fio, mantendo seus costumes, línguas e tradições" (*Vale do Iatajaí*, Rio de Janeiro, José Olympio, 1939, pp. 53-54; também Emílio Willems, nos trabalhos citados).
[24] Wilson Martins, *Um Brasil Diferente*, São Paulo, Anhembi, 1955, p. 152.
[25] Wilson Martins, *op. cit.*, pp. 152-153.

A SITUAÇÃO SOCIAL DO POLONÊS 163

demográficos ou outros, que lhe foram dedicados até o presente. Por injunção de fatores explicáveis, mas que não interessam aqui, não são numerosos os ensaios e as monografias que o estudam. Os colonos, tanto alemães como poloneses, italianos, russos e outros, têm merecido alguma atenção de estudiosos,[26] mas ainda não foram realizadas investigações científicas no sentido de se caracterizar adequadamente as condições, os fatores etc., que têm influído nos modos de ajustamento e integração dos grupos alienígenas e descendentes, uns com os outros e todos numa sociedade *nacional.* Por isso é que encontramos, nos poucos trabalhos publicados em português conhecidos por nós, geralmente digressões que, em lugar de fundarem-se em dados objetivos devidamente analisados, exprimem ou apoiam-se nas noções de senso comum ou prejuízos veiculados por grupos raciais e camadas sociais. Muitos autores não escaparam à influência dos prejuízos correntes sobre o polonês, alemão, italiano etc. Bethlem, que estava preocupado com o problema da nacionalização dos grupos coloniais (durante a vigência do Estado Novo) ainda não suficientemente absorvidos, responsabiliza o *padre* e a *mulher polonesa* pela preservação do que ele chama da "polonidade".[27]

Entretanto, quando se pondera objetivamente as condições socioculturais de vida dos poloneses nas comunidades de origem, verifica-se que as próprias funções relevantes que eles atribuem, por exemplo, ao padre em comunidades constituídas no Brasil se devem a fatores perfeitamente explicáveis e parcialmente conhecidos cientificamente. Znaniecki já observara como as funções sociais do catolicismo românico associadas às condições praticamente feudais de vida nas áreas agrícolas no século XIX são fatores fundamentais responsáveis pelo tipo e ritmo de adaptação do polonês nas Américas. Na maioria dos casos, assegura, o equipamento social básico do

---

[26] Giorgio Mortara, "Algumas Observações Sobre a Assimilação Linguística dos Imigrados para o Brasil e de seus Descendentes". *Estudos Sobre as Línguas Estrangeiras e Aborígenes Faladas no Brasil*, Série Estatística Cultural, Rio de Janeiro, IBGE, 1950, nº 2, p. 9.

[27] Hugo Bethlem, *op. cit.*, pp. 25-26 e59.

imigrante é aquele "sistema social tradicional" do camponês preso a uma estrutura feudal de vida.[28] Qualquer tentativa de compreensão do imigrante no Brasil não pode deixar de partir de uma análise, não somente das condições sociais e culturais na comunidade originária, como também das suas conexões com a estrutura total, bem como com instituições particulares, tais como as econômicas, políticas, religiosas etc. O conhecimento das formas de vinculação da pessoa ao meio sociocultural no qual se desenvolveu é essencial à compreensão dos mecanismos de ajustamento à sociedade adotiva. Aquelas são o substrato mais ou menos decisivo destes.

Em suma, a maioria dos estudos publicados não está informada por uma concepção científica do comportamento social, bem como das formas e mecanismos inerentes aos contatos de grupos humanos étnica e culturalmente distintos. A facilidade com que os estudiosos se deixam envolver pelas explicações de senso comum, que se enquadram no âmbito das ideologias raciais vigentes, demonstra que eles não estão avaliando devidamente que a ressocialização do imigrante e descendente, bem como a reinstitucionalização de valores e padrões de seu patrimônio cultural são processos que se dão ao nível dos sistemas culturais e sociais em contato.

O polonês e o negro

Ao iniciar a investigação sobre a situação social do negro em Curitiba,[29] um informante nos prestou um esclarecimento que, de início, pareceu-nos gracejo de mau gosto, tão inesperado foi. "Aqui", afirmou, "não há negros. O negro do Paraná é o polaco." Ficamos pasmados com a declaração e, mais ainda, porque ele a fazia seriamente. De fato, pouco a pouco, sucederam-se evidências que revelam a situação peculiar em que se encontravam os poloneses e seus descendentes em Curitiba. E, além disso, como se verá a seguir, no quadro das ideologias raciais dos grupos que compõem a sociedade, o polonês e o negro amiúde aparecem juntos. Mas vamos por partes.

---

[28] Florian Znaniecki, "The Poles", *in Immigrant Backgrounds*, editado por Henry P. Fairchild, Nova Iorque, John Wiley, 1927, pp. 196-211.

[29] Ver nota nº 3.

A frequência das opiniões sobre os poloneses (emitidas nas entrevistas e questionários que se destinavam a colher dados sobre o negro em Curitiba) foi tão grande que não pudemos deixar de orientar nossa atenção também para essa área da realidade social. E, mais significativo ainda, praticamente a totalidade dessas declarações espontâneas é orientada negativamente, atribuindo-lhe caracteres reprováveis ou que não se ajustariam aos padrões ideais da cidade. Uma jovem de 18 anos, descendente de alemães e russos, afirma categoricamente: "Não sei por que tenho uma aversão especial por poloneses. Nunca os apreciei e penso que nunca os apreciarei. Acho os poloneses um povo atrasado, sem personalidade e muito traiçoeiro. Penso que não exista polonês que não queira enganar ao próximo".[30] E acrescenta que, além de não aceitar a ideia de casar-se com pessoa de origem polonesa, não gostaria que nem seu irmão nem sua irmã o fizessem. É nesse sentido que se repetem as opiniões sobre o grupo: rejeição sistemática. "Eu sustento a crítica de que polaco não tem bandeira", afirma um jovem de origem ítalo-alemã. Enquanto outro, de ascendentes ítalo-brasileiros, filho de operário qualificado, declara que "no Código e no trabalho tive inúmeros desentendimentos com pessoas de origem polonesa; e é difícil eu me adaptar a uma pessoa dessa raça". Assim sucedem-se as declarações focalizando os aspectos mais diversos do que a cidade conhece como *polaco*. Conforme assegura uma jovem também de ascendentes ítalo-brasileiros, filha de comerciante e provavelmente, preocupada com o problema, "os poloneses para as suas mulheres são muito violentos e miseráveis". Enfim, numa longa sequência de avaliações estereotipadas, cabe mencionar uma que indica a penetração dos atributos negativos entre os próprios descendentes do polonês. "Detesto

---

[30] Tobias as declarações apresentadas a seguir foram obtidas no item *observações* do questionário submetido aos alunos presentes nas classes dos cursos normal, colegial (clássico e científico) e técnico de comércio, em 1956 e 1957. A grafia dos informantes foi mantida conforme registrada por seus autores. Não mencionaremos os números dos questionários utilizados para não sobrecarregar o texto com mais notas.

166 RAÇAS E CLASSES SOCIAIS NO BRASIL | *Octavio Ianni*

os poloneses, apesar de possuir um antecedente dessa raça", afirma outra pessoa.

Como se vê, é elevada a intensidade de rejeição do polonês. Especialmente em determinados círculos sociais, é aguda a intolerância que lhe dedicam os membros dos outros grupos.

A família, que é um sistema social nuclear da sociedade, é uma excelente área de observação do comportamento humano. Como não tivemos condições para efetuar observações diretas, procuramos explorar a entrevista e o questionário nesse sentido. Dessa maneira poderíamos obter, por meio da análise do comportamento verbal dos informantes, evidências que poderiam sustentar alguma caracterização do tipo ou da extensão da aceitação do polonês no ambiente familiar. Para isso perguntamos aos informantes se eles aprovariam o casamento de seu irmão ou irmã com alemão, judeu, italiano, polonês ou descendentes. Ou então, se o próprio informante gostaria de casar-se com algum deles.[31] As respostas tiveram uma distribuição que, mesmo à luz de uma análise qualitativa sucinta, revelam uma certa ordem de aceitação e rejeição que se inclina favoravelmente quando se aproxima do italiano e do alemão, enquanto se orienta desfavoravelmente quando se trata do polonês e do judeu. Em síntese, relativamente ao italiano, apenas 24% dos informantes (predominantemente alemães e poloneses) não o aceitam para casamento, ao passo que com relação ao polonês eleva-se a 67% o coeficiente daqueles (geralmente alemães, austríacos, italianos e luso-brasileiros) que não os querem para constituir família.

Quanto aos judeus, convém mencionar que não pretendemos examinar a sua posição em face da situação racial focalizada. No que diz respeito à análise das polarizações negativas e positivas sobre eles, Curitiba não nos parece a

---

[31] Os dados apresentados em seguida foram obtidos de um levantamento de uma amostra de 10% dos questionários preenchidos em Curitiba. De um total de 2.335 questionários, pois, trabalhamos aqui com 233. Apesar dos cuidados que cercaram a seleção dessa amostra sistemática (os questionários foram ordenados segundo os cursos e as séries, depois numerados e, em seguida, extraídos ordenadamente, de dez em dez, aqueles sorteados), queremos deixar claro, mais uma vez, que é somente exploratória a discussão desse material, não sendo nossa intenção realizar inferências fundadas numa análise estatística.

A SITUAÇÃO SOCIAL DO POLONÊS 167

cidade brasileira mais adequada. Talvez uma pesquisa sobre o assunto devesse ser realizada em Recife, Salvador, Rio de Janeiro, São Paulo ou outras, onde as condições histórico-sociais de sua formação, povoamento etc. possibilitariam uma análise mais rica. Aliás, as opiniões correntes acerca do judeu em Curitiba são aquelas comuns também em outras cidades, o que nos sugere a hipótese de que aquelas opiniões são *brasileiras*; isto é, que elas atingiram Curitiba por difusão, da mesma forma que alguns estereótipos sobre o negro.

Não se pode, todavia, deixar de registrar aqui o elevado índice de rejeição do judeu no quadro da situação racial na comunidade. O coeficiente de rejeição desse grupo pode ser tomado como índice da discriminação sofrida não somente em determinados grupos sociais, mas na própria sociedade global. Aliás, outros dados revelam algumas facetas da complexa rejeição sofrida pelo judeu. Um jovem descendente de libaneses, com 19 anos de idade, nascido no Brasil, faz uma declaração que revela uma das polarizações negativas extremas referentes ao judeu. "Quanto ao judeu: não é racismo, é antirracismo o que tenho por eles; não é bem pelos judeus que tenho aversão em certos lugares (principalmente no governo), é pelos 'sábios do Sion', pelo 'Governo Universal', pelos magnatas de Wall Street." Não é diversa a opinião de uma descendente de portugueses, com 37 anos, escriturária. "Quanto ao judeu não simpatizo muito pelo fato de serem muito dinheiristas e só se dedicarem ao comércio e serem por vezes perniciosos à sociedade." E acrescenta, revelando claramente o caráter de estereótipo da imagem que construiu: "também não posso fazer uma crítica severa, pois não convivo muito com eles". Em outros termos, a representação que faz do judeu não resulta de experiências pessoais vividas, mas de concepções forjadas por outros, em outras condições, e que circulam provavelmente por todo o país. E assim sucedem-se as manifestações negativas, que, em resumo, são verbalizações diversas do mesmo estereótipo corrente na cidade, que considera o judeu, enquanto indivíduo ou grupo, como extremamente "apegado ao dinheiro".

Há, entretanto, manifestações que visam a justificar a rejeição do judeu pela atribuição de outros caracteres, como, por exemplo, de que se trata de grupo fechado à interação plena com os outros. Para justificar a opinião de que não casariam com judeus, alguns informantes afirmam que "os judeus não apreciam ter seus filhos casados com brasileiros". Ou então, por "um conhecido judeu, fui informado de que não permitem o casamento com brasileiros". Realmente, no quadro de contra-ideologia dos judeus, estes se apresentam fechados a certos tipos de contatos sociais que podem afetar a segurança do grupo ou do indivíduo, enquanto membro de um grupo racial. Mas as alegações acima relacionam-se efetivamente ante as restrições que os *outros* lhe fazem. Formalmente, todavia, os informantes colocaram o judeu no centro de suas afirmações, de maneira a escamotear o seu significado verdadeiro.

Na verdade, a elevada rejeição do judeu como eventual cônjuge não é manifestação isolada de discriminação em um grupo social apenas. É, isso sim, a expressão sintomática de um fenômeno mais geral, que atinge outros círculos de convivência social. Segundo assegura um comerciário luso-brasileiro, "com exceção dos judeus, acho um erro o preconceito de cor, nacionalidade ou qualquer outro preconceito". Mas, voltemos aos poloneses.

Descendo-se a um exame mais particular ainda dos dados, constatam-se continuamente opiniões que associam de alguma forma o polonês ao negro. Elas revelam determinadas polarizações da situação racial que podem esclarecer o fenômeno da intolerância como envolvendo componentes estruturais da personalidade, já que o indivíduo tende a rejeitar juntamente, ou com a mesma intensidade relativa, tanto o negro como o polonês. Assim, a contínua associação do negro ao polonês parece-nos altamente relevante para o conhecimento de componentes essenciais das tensões raciais. Uma jovem de 20 anos, por exemplo, filha de madeireiro e cujos avós são franceses e brasileiros, alega o seguinte: "Eu que sou branca não gostaria de casar com um preto, mulato, ou polonês; nem que mais tarde meus filhos casassem com

A SITUAÇÃO SOCIAL DO POLONÊS 169

tais". Outro informante, descendente de luso-brasileiros e cujo pai é industrial, afirma que não aprovaria "o casamento de meus irmãos com preto, mulato e polonês, porque acho que não me sentiria bem entre eles". E assim repetem-se as opiniões, exprimindo sempre, além da rejeição sistemática do polonês, uma contínua associação deste ao negro. Conforme nos revelou um bancário, descendente de italianos e brasileiros, sintetizando aquele esforço de associação, "quando um preto ou polaco não suja na entrada, suja na saída ou deixa bilhete". Em resumo, no seio da ideologia racial dominante na cidade, o negro e o polonês surgem com os mesmos atributos negativos, no que tange a certas formas de comportamento social.

Essa avaliação social do polonês e do negro não permanece no campo dos aspectos gerais. Eles acabam identificados como iguais socialmente, ao nível da ideologia racial. E tão identificados que, para muitos, fora do próprio grupo, o negro somente encontra cônjuge no polonês ou descendente. Por outro lado, seria frequente a procura do negro pelo polonês, para o casamento ou outras formas de intercurso sexual. Aliás, já no passado ambos eram postos na mesma situação. De acordo com Wilson Martins, seriam *polacas* as criadas estrangeiras que, em companhia de libertos, escravos, menores e filhos-família, tomavam parte nos famosos *sumpfs...*[32] E no mesmo sentido já se havia pronunciado Nestor Victor, que considerava "um dos fenômenos mais curiosos", segundo relata, "ver-se a combinação, a boa aliança voluntária, aprazível, que faziam com os nossos soldados, tanto deles negros retintos, as louras e jovens polacas, que vinham para a cidade ganhar dinheiro bastante para o seu enxoval e deixavam o noivo a trabalhar na colônia".[33] Hoje continua-se afirmando a mesma coisa. Conheço "poloneses casados com mulatos e pretos", afirma um informante, enquanto outro declara: "Tenho uma amiga, filha de poloneses, que casou com um rapaz preto e se dão muito bem, mas o único receio que tenho é mais tarde

---

[32] Wilson Martins, *op. cit.*, p. 155.
[33] Nestor Victor, *op. cit.*, p. 106.

170 RAÇAS E CLASSES SOCIAIS NO BRASIL | *Octavio Ianni*

quanto aos filhos, netos etc.". Assim, qualquer branco que estiver acompanhado por negra, ou vice-versa, é *polaco*.

Com o intuito de reunir outras indicações relativas a esse problema, incluímos no questionário uma pergunta que pretendia saber qual era a intensidade da associação que os informantes realizavam do polonês com o negro e o mulato.[34] Obtivemos um total de 654 respostas: 424 relativas ao mulato e 230 sobre o negro. Na avaliação social do polonês, com relação aos outros grupos, é o negro que entra com o maior coeficiente.

Em suma, no *gradiente* social dos grupos raciais que compõem a sociedade local, conforme ele pode ser parcialmente apreendido pelas expressões ideológicas examinadas sucintamente, o polonês tem uma posição social definida. Essa posição é, de um lado, aquela menos valorizada socialmente, no sentido de que se encontra distante dos padrões ideais da comunidade, e, de outro, compartilhada até certo ponto pelo negro. Por isso é que um e outro, em muitas ocasiões, aparecem juntos, na gama dos atributos negativos que lhes são conferidos.

Discriminação múltipla

Numa sociedade heterogênea etnicamente, pode-se falar em discriminação múltipla e entrecruzada. Cada grupo sofre, cada um a seu turno, alguma forma de discriminação da parte dos outros, em bloco ou individualmente. É como se, no plano das avaliações recíprocas, houvesse sempre uma certa concordância entre todos os grupos, sobre alguns atributos negativos e positivos dos membros de um deles. É como se, ao mesmo tempo, mas cada um de um modo, todos devessem pagar o seu tributo aos ideais predominantes na cidade. Assim, um grupo se coloca em primeiro lugar na produção de vagabundos e beberrões; outro, na daqueles que aceitam casar-se com negros ou *polacos*; outro, na produção dos indivíduos mais dotados intelectualmente etc. Em geral, há uma

---

[34] Como essa pergunta foi incluída somente em uma parte dos questionários, fizemos o levantamento das respostas em todos eles, inclusive os que haviam sido incluídos na amostra referida.

aguda consciência da heterogeneidade racial da cidade, por parte dos seus membros. Todos se encontram vinculados de alguma forma e expressivamente a alguns dos grupos. Vejamos algumas evidências significativas nesse sentido.

Solicitada a fornecer a sua opinião a respeito da situação racial em Curitiba, uma jovem branca afirma que "infelizmente há muita mistura entre raças no Brasil. Gostaria que cada raça vivesse em separado. Sou de opinião de que cada raça devia ter sua igreja, sua escola, seus clubes etc.". Trata-se de uma filha de comerciante, aluna de escola de comércio e que conta entre seus avós um italiano, um brasileiro e uma francesa. Idêntica opinião é formulada por outros informantes. Mas nem todos se manifestam abertamente, pois discutir esses problemas é ainda tabu em certos círculos. Entretanto, muitos percebem e reagem a essa situação, como um outro filho de comerciante, com 21 anos de idade, que conta somente brasileiros entre os seus avós. Para ele, os brasileiros "todos têm preconceito de cor, raça, embora nem sempre o manifestem". Muito mais aberto, todavia, é o comportamento verbal de um jovem de 16 anos, nascido na Ucrânia Ocidental. "Eu sou ucraniano, estrangeiro, e nosso dever patriótico é não misturar-se com outras raças ou nacionalidades. Nós tomamos esse fim para não desaparecer o povo ucraniano." Evidentemente temos aí uma manifestação extrema na escala da situação racial vigente em Curitiba, pois trata-se de um imigrante, ainda que chegado ao Brasil com cerca de 5 anos de idade, profundamente vinculado ao *seu* grupo e com uma consciência aguda dos *outros* grupos.

Há manifestações orientadas noutro sentido, o que vem revelar a existência de outros aspectos da situação de convivência inter-racial. Alguns informantes não somente se projetam, no seu comportamento social verbalizado, em situações de tensão, como também possuem uma convicção própria de certas possibilidades de uma curiosa democracia racial brasileira. Esse é o caso, por exemplo, de um comerciário, com 22 anos, filho de comerciante e descendente de portugueses e alemães, que se casaria com descendente de qualquer dos grupos raciais representados em Curitiba,

172 RAÇAS E CLASSES SOCIAIS NO BRASIL | *Octavio Ianni*

desde o italiano até o mulato, passando pelo judeu, alemão, negro e polonês. Segundo afirma, "essas raças todas mencionadas atrás são todos bons elementos para a formação de uma outra que caracterize o brasileiro. No negro e alemão, boa saúde, bom físico, no judeu bom tino para o comércio, no italiano as tendências artísticas, no polonês a facilidade para trabalhar nas indústrias como italianos e finalmente os alemães nas ciências". Sociologicamente, pode-se afirmar que aí não estão representadas as principais raças, mas alguns dos principais estereótipos que circulam em Curitiba, e que são os estereótipos brasileiros. Em qualquer outro contexto, o caráter aparentemente favorável desses atributos pode transformar-se em desfavorável, como é evidente.

Como se vê, a heterogeneidade racial em Curitiba não é somente uma imagem estatística. É uma realidade social viva e complexa que, quando examinada mais de perto, revela, ao lado de aspectos positivos inegáveis, inconsistência e contradições momentâneas ou duradouras, superficiais ou agudas.

Estudos recentes de psicologia social e sociologia[35] estão se orientando no sentido de abandonar a focalização unilinear do comportamento discriminatório, de modo a procurar apreender, além das condições sociais e culturais subjacentes às tensões raciais, também os seus componentes psíquicos. Deixando em segundo plano o objeto do preconceito (geralmente uma *raça* nas monografias clássicas sobre o assunto), essas investigações procuram apontar, no plano da personalidade, quais seriam os fatores do comportamento intolerante. Em outros termos, no quadro da personalidade, considerada como um sistema psicossocial dinâmico, eles se interessam pelos caracteres estruturais responsáveis pelo comportamento tolerante e intolerante. Desse modo, abandona-se parcialmente a orientação unidimensional anterior, que se preocupava pelas relações bipolares, tais como: "brancos e negros", "nativo e judeu" etc., e adota-se uma concepção diversa, que se interessa

---

[35] Veja-se, por exemplo, T. W. Adorno e outros, *The Authoritarian Personality*, Nova Iorque, Harper and Brothers, 1950, e também Bruno Bettelheim e Morris Janowitz, *op. cit.*

A SITUAÇÃO SOCIAL DO POLONÊS 173

pelo comportamento intolerante e não pelas manifestações relativas ao que é discriminado.

Os dados disponíveis sobre o polonês não nos possibilitam uma análise nesse sentido, mesmo porque, conforme dissemos, estamos lidando com dados que foram reunidos à margem de outra investigação. Entretanto, essas reflexões permitem-nos explorar parcialmente algum material ilustrativo sobre o assunto.

Inúmeras vezes ocorrem manifestações que revelam uma rejeição do polonês juntamente com outros grupos. Uns e outros não são tolerados ao mesmo tempo, nos mesmos círculos de convivência social, pelo mesmo indivíduo. É o que ocorre com um jovem de 20 anos, filho de cafeicultor e cujos avós são alemães. Para ele os poloneses, os negros e judeus encontram-se na mesma condição, com relação às possibilidades de convivência consigo. Segundo afirma, "se nas questões demonstrei-me contrário aos pretos, mulatos, judeus e poloneses, foi por poder ter observado muitas vezes até a que baixeza podem chegar...". Esse mesmo informante, solicitado a dizer com quem gostaria de se casar, respondeu que o faria apenas com alemã, tendo rejeitado a mulata, a negra, a judia, a italiana e a polonesa. Aproximadamente no mesmo sentido são as alegações de outro jovem, de 21 anos de idade, filho de comerciante e descendente de alemães e austríacos. Para ele, "há três raças superiores: japonesa, pela capacidade de trabalho; judia, pela inteligência; alemã, pela inteligência e capacidade de trabalho". Dessa maneira, por exclusão, foram reunidos no mesmo grupo pelo menos os negros e os poloneses. Realmente, instado a informar com quem gostaria de casar-se, respondeu que se casaria com uma alemã ou italiana, rejeitando a judia, a mulata, a negra e a polonesa. E assim repetem-se as manifestações dos informantes. Raramente a intolerância se orienta somente no sentido de um dos grupos mencionados. Dentre os jovens aos quais fizemos a pergunta "você gostaria de casar com: alemã (o), italiana (o) ou polonês (a)", foi diminuta a parcela dos que rejeitaram apenas um deles. Aliás, a rejeição do polonês sempre vinha acompanhada pela do judeu, e vice-versa, tanto

174 RAÇAS E CLASSES SOCIAIS NO BRASIL | *Octavio Ianni*

entre descendentes alemães e italianos como entre aqueles de origem luso-brasileira. Quanto à aceitação do italiano e do alemão para casamento, as flutuações das respostas são acentuadas. Pode-se notar, contudo, algumas constantes. Quando o informante possui ascendentes alemães ou austríacos, às vezes rejeita o italiano, além da rejeição quase sistemática do polonês e judeu, e sistemática do negro. E quando o informante é descendente de italianos, às vezes rejeita o alemão, enquanto a situação do polonês, do judeu e do negro se mantém a mesma que no caso anterior.

Enfim, essas poucas evidências revelam um problema que está a merecer investigação especial. A situação racial em Curitiba não é complexa apenas na medida em que a cidade reúne grupos de diversas procedências nacionais, o que conduz à estruturação de um contexto de relações raciais extremamente complicado. Ela é complexa também porque verifica-se ali o que se pode chamar de uma discriminação múltipla e diferencial. Principalmente os grupos polonês, alemão, italiano e *luso-brasileiro* ainda possuem uma elevada consciência de *nós*, enquanto grupos raciais distintos, o que, automaticamente, os coloca em situação mais ou menos tensa uns com relação aos outros. Os italianos, por exemplo, construíram uma visão da sociedade local que indiscutivelmente é estratificada em níveis superpostos, nos quais se distribuem todos os *outros* grupos que a compõem. E o mesmo ocorre com os restantes; cada um a seu modo, todos construíram a sua imagem dos outros. E todos os grupos estão definidos em termos da ideologia racial particular de cada um. Para um luso-brasileiro, por outro lado, os grupos raciais de Curitiba distribuem-se da seguinte maneira: "o alemão é orgulhoso ao extremo; o polonês é infiel e mesquinho; o italiano é alegre, amigo fiel e bonachão". Eis aí uma amostra típica. O indivíduo tem sempre a sua versão dos estereótipos correntes em seu meio sobre os outros grupos. O que varia é o grau de consciência que as pessoas possuem dos atributos negativos ou positivos que os seus atribuem aos "de fora". Quando submetidos a estímulos verbais, alguns não percebem claramente certas nuanças daqueles atributos, chegando mesmo a exprimir estereótipos a

A SITUAÇÃO SOCIAL DO POLONÊS   175

respeito do próprio grupo. Isso ocorre, provavelmente, porque o indivíduo se encontra em adiantado estágio no processo de ressocialização, o que o leva a perder, progressivamente, as perspectivas do *seu* grupo, como é o caso, por exemplo, do jovem descendente de poloneses e brasileiros, que assegura que aqueles são "invariavelmente religiosos", considerando esse caráter inato neles.

Estrutura social e preconceito racial

A análise sumária que acabamos de realizar de alguns aspectos da situação do polonês em Curitiba, conforme deixamos claro de início, não é suficiente para servir de suporte a conclusões definitivas. O caráter exploratório deste estudo, entretanto, apresenta alguma base para mais reflexões provisórias, que, sem possuir a pretensão de conclusões consistentes, possibilitem ao menos a orientação das diretrizes de futuras investigações.

Examinada à luz da posição do polonês, nos termos em que ficou delineada, não há dúvida de que a situação racial vigente na cidade é extremamente complexa. Dadas as condições histórico-sociais de sua estruturação e desenvolvimento, Curitiba se apresenta hoje como se fora um laboratório excepcional para a observação e análise dos problemas sociais e culturais decorrentes do contato entre grupos distintos sob diversos aspectos. As tensões e os problemas sociais que emergem continuamente com as transformações das posições sociais relativas dos componentes dos diferentes grupos levantam questões práticas que interessam diretamente não apenas às pessoas imediatamente envolvidas, como à cidade como um todo. A sociedade local não pode deixar de tomar consciência do grau e da extensão em que as suas possibilidades de desenvolvimento e renovação se encontram limitadas ou ameaçadas pela configuração presente da situação racial. Os estudos que podem e devem ainda ser realizados precisam mostrar quais são as condições concretas do fenômeno e em que sentido a sociedade deve interferir sobre ele, de modo a influenciar as suas transformações. Além disso, as pesquisas dedicadas a esse campo poderão trazer algumas contribuições

176 RAÇAS E CLASSES SOCIAIS NO BRASIL | *Octavio Ianni*

positivas à teoria das ciências humanas, pois é também do próprio interesse da sociedade explorar essas possibilidades, concomitantemente com aquelas.

Assim, caberia investigar em que circunstâncias, no passado, começaram a desenvolver-se os elementos da ideologia que estivemos examinando. Haveria condições econômicas, culturais e sociais concretas que poderiam explicar ou orientar a interpretação das transformações das avaliações relativas ao polonês? Realmente, do ponto de vista da estrutura social e das expectativas da sociedade adotiva, o polonês, especialmente os dois grupos mais numerosos do fluxo imigratório dessa etnia, chegados em 1890-1896 e 1907-1914, teria vindo para Curitiba em épocas em que a comunidade já se encontrava *saturada* de imigrantes (alemães e italianos principalmente) necessários ao desenvolvimento econômico da área. Na verdade, há indicações nesse sentido. É possível que o polonês tivesse chegado em circunstâncias desfavoráveis, sob esse aspecto. Efetivamente, em 1872, quando apenas haviam começado a chegar em Curitiba, num total de 1.652 estrangeiros que se distribuíam pelas chácaras e núcleos da comunidade, 1.406 eram alemães e somente 164 poloneses. Alguns anos após, 1875, quando alcançava 3.138 o número de imigrados europeus localizados nas diversas colônias do Paraná, somavam aproximadamente 601 os poloneses e eram cerca de 200 os alemães.[36] E as atividades a que estes se dedicavam eram diretamente ligadas à economia local, pois visava-se a organizar determinados setores da produção para o mercado e expandi-los. Segundo algumas indicações, já em 1857 isso estava ocorrendo. Conforme assegura J. A. Vaz de Carvalhais, "nos arredores da capital, depois que, no seu rocio, têm se estabelecido alguns alemães, a plantação de cereais, tais como trigo, cevada, centeio, milho e outros, se tem desenvolvido de modo a fazer esperar mais rápido incremento neste ramo de indústria".[37] Mesmo tendo vindo em épocas em que a sociedade adotiva ainda tinha necessidade de mão de obra

---

[36] Romário Martins, *op. cit.*, pp. 55, 60-61, 63 e 70.

[37] *Relatório* apresentado ao exmo. sr. dr. Francisco Liberato de Matos, muito digno presidente da Província do Paraná, pelo 2º vice-presidente José Antônio Vaz

A SITUAÇÃO SOCIAL DO POLONÊS 177

para expandir certos setores, provavelmente a maioria dos poloneses tivesse se dirigido a atividades econômicas não essenciais ou àquelas já saturadas por outros grupos, o que também teria criado ou propiciado o desenvolvimento de resistências, sob as mais diversas formas sociais, algumas vigentes ainda hoje, e visando a limitar a intensidade da mobilidade social dos poloneses ou impossibilitar a sua ressocialização plena. Nesse sentido, pode-se pesquisar, por hipótese, em que medida a integração do imigrante a determinados setores ou instituições da sociedade adotiva se liga ao maior ou menor equilíbrio dinâmico e funcional inerente a essas instituições ou setores. Em outras palavras, se as barreiras opostas ao polonês, ou a sua não integração plena, se ligariam à maior ou menor integração funcional do grupo ou instituição em que pretenderam ajustar-se. Segundo essa hipótese, o polonês era rejeitado em determinadas instituições econômicas porque o mercado de trabalho, ou o setor da produção, estaria saturado, isto é, porque essas instituições econômicas somente absorvem a mão de obra ou inversões que resultam da expansão interna. E, vice-versa, ele seria aceito, como no caso das empregadas domésticas em certo período, por causa das condições favoráveis do mercado.

No contexto da situação descrita, o polonês se encontra numa posição *sui generis*. Tomando-se as escassas evidências com que lidamos anteriormente, pode-se afirmar que ele ainda está imerso numa fase dramática do processo de integração à sociedade adotiva. O processo de ressocialização estaria na fase em que o *polonês* ainda não se transfigurou no *brasileiro*, já que marcas raciais e culturais atribuídas socialmente (loiro, preferência por trabalhos braçais e agrícolas, inclinação pela bebida alcoólica, religiosidade, casamento com negro etc.) ainda o prendem a um suposto universo polonês. Entretanto, esse é o momento em que ele já não é mais plenamente polonês. No quadro da ideologia racial dominante na cidade, não é nem *polonês* nem *brasileiro*: é *polaco*.

---

de Carvalhais, sobre o estado da administração da mesma Província no ano de 1857; Curitiba, Paranaense de C. Martins Lopes, 1858, p. 119.

178 RAÇAS E CLASSES SOCIAIS NO BRASIL | *Octavio Ianni*

Os mecanismos sociais de ressocialização que operam no interior da sociedade local, conforme podem ser avaliados à luz das expressões ideológicas examinadas, estão estruturados de forma a atuar decisivamente no processo de peneiramento social do polonês, seja canalizando as suas possibilidades de mobilidade social, seja perturbando os seus esforços de definição em níveis sociais mais elevados. A contínua e íntima associação de negro e polonês é um dos sintomas mais agudos do sucesso que os grupos dominantes locais têm obtido nesse sentido. Na trajetória do imigrante, portanto, o *polaco*, que não conseguiu do consenso da sociedade local a sua aceitação como *brasileiro*, é uma das expressões do longo processo que transfigurou o europeu nas Américas.

Ainda que adstrita ao nível da realidade social relativo às configurações ideológicas, e não ao comportamento social efetivo, a análise realizada lança alguma luz sobre determinadas contradições essenciais inerentes à realidade social brasileira. Se atentarmos para essas contradições, forçoso é reconhecer que o fenômeno da expansão da democracia encontra no Brasil obstáculos notáveis, que provavelmente sejam impedimentos sérios na presente fase das transformações socioculturais que ocorrem no país.

1958

9

A COMUNIDADE INDÍGENA[1]

A política de desenvolvimento econômico extensivo, conforme está sendo posta em prática na Amazônia pela ditadura militar, praticamente não toma em conta qualquer interesse ou direito do Índio. Tanto a atuação do grileiro, latifundiário, fazendeiro e empresário, como a do poder estatal, realizam-se como se o Índio não tivesse nem interesse nem direitos; como se fosse simplesmente um obstáculo; ou como se não existisse. Todos sabem que há ali, nos municípios, territórios e estados da Amazônia, muitos grupos indígenas. Todos sabem que os indígenas estavam no princípio e estão agora. Estavam antes e ainda poderão estar depois desta época de desenvolvimento extensivo do capitalismo na Amazônia. Mas todos, governantes, empresários e negociantes, agem na região como se o Índio não existisse; fosse apenas um obstáculo; simplesmente não tem qualquer interesse ou direito.

Nenhum órgão do governo federal – incluindo as leis, os decretos e os documentos escritos em que fundam as suas atividades – destinado a impulsionar a expansão econômica na região dedica qualquer atenção ao Índio. A SUDAM, o BASA, a SUFRAMA, o PIN, o POLAMAZONIA, o PROTERRA, o INCRA, nenhum desses órgãos e programas do governo federal tem qualquer compromisso com os interesses ou os direitos dos indígenas. Todos esses órgãos, além de alguns outros federais, estaduais, territoriais e municipais, estão destinados apenas a impulsionar e proteger, econômica e

---

[1] Publicado anteriormente em *Ditadura e Agricultura*, Rio de Janeiro, Civilização Brasileira, 1979.

180 RAÇAS E CLASSES SOCIAIS NO BRASIL | *Octavio Ianni*

politicamente, os interesses e os direitos da empresa privada, nacional e estrangeira. Às vezes, alguns dedicam-se aos problemas econômicos e políticos enfrentados por sitiantes, posseiros e colonos. Mas em geral atuam de modo a favorecer o desenvolvimento extensivo e intensivo do capitalismo na região. Nesse contexto, os Índios não têm interesses nem direitos; são um obstáculo; são um fato da natureza; ou não existem. O que existe, para a SUDAM, o BASA, o INCRA e outros órgãos do poder público, é o grileiro, o latifundiário, o fazendeiro e o empresário, nacional e estrangeiro.

A Fundação Nacional do Índio (FUNAI), criada em 1967, em substituição ao Serviço de Proteção ao Índio (SPI), dedica-se a estudar e proteger interesses ou direitos dos Índios. A FUNAI é uma espécie de "ministério" para assuntos indígenas. Lida com os assuntos indígenas como algo muito especial, à parte, diferente. Distingue e contrapõe, por implicação, o "Índio" e o "nacional". É verdade que as diretrizes e as garantias da política indigenista da FUNAI destinam-se a proteger o Índio: respeito à pessoa do Índio, às instituições e *comunidades tribais*; garantia à posse permanente das terras que habitam e ao usufruto exclusivo dos recursos naturais e de todas as utilidades nelas existentes; preservação do equilíbrio biológico e cultural do Índio, no seu contato com a *sociedade nacional*, resguardo à aculturação espontânea do Índio, de forma que sua evolução socioeconômica se processe a salvo de mudanças bruscas. Também o Estatuto do Índio, de 1973, reafirma as diretrizes e as garantias da política indigenista da FUNAI. Tanto na lei que criou a FUNAI, como na que estabeleceu o Estatuto do Índio, é evidente a distinção e contraposição, implícita esta, entre o Índio e o nacional. Essas leis distinguem e contrapõem "comunidades tribais" ou "comunidades indígenas" e "sociedade nacional" ou "comunhão nacional". Tanto assim que o Estatuto do Índio estabelece, entre outras finalidades da política indigenista, que cumpre ao poder público prestar assistência aos Índios e às *comunidades indígenas* ainda não integradas à *comunhão nacional*.

A COMUNIDADE INDÍGENA 181

Afinal, quem é o brasileiro? O modo pelo qual se define o Índio acaba por transformá-lo em um "outro", especial, à parte, diferente, estranho, estrangeiro. Pode tanto ser um fato da natureza, como um estranho estranhado, estrangeiro. Se não é, pode ser; potencialmente. A sua língua, a sua cultura espiritual e material, os seus deuses, tudo acaba por servir de base para que a FUNAI e o Estatuto estabeleçam uma política indigenista que se funda, de modo explícito ou por implicação, na ideia de que o "Índio" se distingue e se contrapõe ao "nacional". O que é indiscutível é que essa política não o reconhece como nacional, nem brasileiro. É o "Índio", ou "silvícola", visto como outro, diferente, estranho, estrangeiro na sua terra. Vale a pena ler o que estabelecem alguns artigos do Estatuto do Índio, para compreendermos um pouco melhor a política indigenista da FUNAI na Amazônia.

> "*Art.* 3º Para os efeitos de lei, ficam estabelecidas as definições a seguir discriminadas: I – Índio ou Silvícola – É todo indivíduo de origem e ascendência pré-colombiana que se identifica e é identificado como pertencente a um grupo étnico cujas características culturais o distinguem da sociedade nacional; II – Comunidade Indígena ou Grupo Tribal – É um conjunto de famílias ou comunidades índias, quer vivendo em estado de completo isolamento em relação aos outros setores da comunhão nacional, quer em contatos intermitentes ou permanentes, sem contudo estarem neles integrados.
> "*Art.* 4º Os Índios são considerados: I – Isolados – Quando vivem em grupos desconhecidos ou de que se possuem poucos e vagos informes através de contatos eventuais com elementos da comunhão nacional; II – Em vias de integração – Quando, em contato intermitente ou permanente com grupos estranhos, conservam menor ou maior parte das condições de sua vida nativa, mas aceitam algumas práticas e modos de existência comuns aos demais setores da comunhão nacional, da qual vão necessitando cada vez mais para o próprio sustento; III – Integrados – Quando incorporados à comunhão nacional e reconhecidos no

182 RAÇAS E CLASSES SOCIAIS NO BRASIL | *Octavio Ianni*

pleno exercício dos direitos civis, ainda que conservem usos, costumes e tradições características da sua cultura."[2]

É nesse espírito que grande parte da ocupação da Amazônia tem sido realizada. O indígena aparece nesse processo como algo estranho, acidente da natureza, povo a ser reduzido ou descido. Pode ser "isolado", "em vias de integração", ou "integrado". Do ponto de vista dos beneficiários diretos e indiretos, públicos e privados, das chamadas "frentes de expansão", ou "pioneiras", Índio bom é Índio "integrado", isto é, submetido; ou Índio exterminado. Índio, enquanto índio, faz parte de outro mundo, da natureza não conquistada; ou da sociedade não conquistada. Isso, em geral, é o que está no pensamento e na prática de muitos pioneiros, desbravadores, grileiros, posseiros, jagunços, pistoleiros, técnicos, funcionários, burocratas e outros, que se acham a serviço das "frentes de expansão", ou "pioneiras", do capitalismo na Amazônia.

"Até 1970, toda essa imensa região, que corresponde a mais da metade da superfície do Brasil, estava praticamente abandonada, entregue apenas a índios, animais selvagens, seringueiros, caçadores de peles e extratores de castanha. Era território brasileiro, mas carente de nossa soberania. Quando o Presidente Médici esteve no Nordeste, onde se estarreceu com a visão de nossos irmãos vítimas de seca, pensou em aproveitar aquele elemento humano, primeiro para desbravar, depois para colonizar a Região. Temos então o primeiro motivo da construção da estrada: a fixação do homem na Região – e a sua efetiva ocupação pelo Brasil."[3]

A expropriação da terra, da força de trabalho, da cultura ou da própria vida do índio tem sido facilitada pela ideologia racial dos beneficiários diretos e indiretos do

---

[2] Lei nº 6.001, de 19.12.1973.

[3] Deutemar Kovalzuck, engenheiro "chefe de um dos quatro escritórios que o Departamento Nacional de Estradas de Rodagem possui na Amazônia". (Conforme Flávio Alcaraz Gomez, *Transamazônica, a Redescoberta do Brasil*, São Paulo, Cultura, 1972, p. 46.)

A COMUNIDADE INDÍGENA 183

desenvolvimento extensivo do capitalismo na Amazônia. Grileiros, latifundiários, fazendeiros, empresários, funcionários, burocratas, tecnocratas, são muitos os beneficiários do tipo de desenvolvimento econômico a que o Estado está servindo na região. São muitos os negociantes de terras, latifundiários e empresários, os beneficiários diretos e indiretos desse tipo de desenvolvimento capitalista, que acreditam que o índio é um ente da natureza ou estrangeiro fora do lugar. Daí porque a problemática indígena, para os governantes, transborda a questão da terra e ganha o caráter de uma política de aculturação agressiva.

"ACULTURAÇÃO AGRESSIVA – Mas a problemática indígena ultrapassa uma simples questão de terras. Os Xavantes da aldeia dos Areões encontram-se em notável abandono. Sem assistência concreta e regular, sem terras bem definidas para si, tendo várias vezes chegado até a estrada e lá parado caminhões e ônibus pedindo até mesmo comida. Após os desmandos administrativos e humanos do antigo Serviço de Proteção ao Índio (SPI), a FUNAI nem sempre conseguiu melhorar positivamente o atendimento real ao índio. Às vezes, por causa do pouco preparo dos elementos do órgão e, sobretudo, pela própria ideologia da FUNAI, não se levam em conta os avanços da verdadeira Etnologia e Antropologia e sacrifica-se impunemente a cultura do índio. Um exemplo flagrante disso é a criação da Guarda Indígena, preparada e formada por Oficial da Polícia de Belo Horizonte, em 1969, o que vem a transformar dentro das tribos todos os conceitos de autoridade. A aldeia de Santa Isabel, a mais próxima de S. Félix, de índios Carajás, é um exemplo da aculturação violenta a que foram submetidos. Facilmente encontram-se índios bêbados. Frequentam as casas de prostituição. Há entre eles 29 tuberculosos. A aculturação rápida, sem se levar em conta os reais interesses dos índios, é proposta pelo próprio Presidente da FUNAI, Gal. Bandeira de Mello, que em suas declarações chegou mesmo a sugerir a extinção do Parque Nacional do Xingu. A preocupação principal do

184 RAÇAS E CLASSES SOCIAIS NO BRASIL | *Octavio Ianni*

Presidente da FUNAI, que é o órgão específico dedicado ao índio, é o desenvolvimento 'nacional', ficando em segundo plano o índio e sua cultura. São palavras suas: 'O Parque Nacional do Xingu não pode impedir o progresso do país'. 'No estágio tecnológico em que se encontra a sociedade nacional, há necessidade de desenvolvimento premente das comunidades indígenas como conjugamento ao esforço integral da política governamental.' 'A assistência ao índio deve ser a mais completa possível, mas não pode obstruir o desenvolvimento nacional e os trabalhos para a integração da Amazônia.' E o Ministro do Interior, sr. Costa Cavalcanti: 'Tomaremos todos os cuidados com os índios, mas não permitiremos que entravem o avanço do progresso'. 'O índio tem que ficar no mínimo necessário.' E projeta-se introduzir na FUNAI a mentalidade empresarial, conforme palavras do mesmo Presidente: 'As minorias étnicas, como os indígenas brasileiros, se orientadas para um planejamento bem definido, tomar-se-ão fatores do progresso e da integração nacional, como produtores de bens'. E por isso muitos 'fazendeiros da região acreditam que poderão conviver pacificamente com os índios. Pensam mesmo em empregá-los como seus trabalhadores *por um salário justo*'. Segundo essa política, os índios seriam integrados sim, mas integrados na desintegração da personalidade, na mais marginalizada das classes sociais do país: os peões."[4]

Para "proteger" o índio e a comunidade indígena, o Estado brasileiro foi levado a desenvolver toda uma vasta aparelhagem burocrática. Essa burocracia naturalmente está inspirada no Estatuto do Índio e organiza-se por intermédio da FUNAI. Mas também inspira-se na ideologia racial predominante no país, e na Amazônia, de que o índio é ou um ente da natureza, ou um estrangeiro fora do lugar. Por isso, a aparelhagem burocrática dá a ideia de um vasto sistema de controle e subordinação. Tanto os *postos* como as *reservas* e os *parques* indígenas organizados e

---

4   Pedro Casaldáliga, *Uma Igreja da Amazônia em Conflito com o Latifúndio e a Marginalização Social*, Mato Grosso, São Félix, s.d., pp. 24-25.

A COMUNIDADE INDÍGENA **185**

controlados pela FUNAI expressam, na prática, a forma pela qual o indígena é "protegido" e submetido pela "sociedade" ou "comunhão nacional". A rigor, os postos, as reservas e os parques tanto garantem alguma proteção ao índio, como garantem a continuidade do processo de expropriação da sua terra, força de trabalho e cultura.

Em um depoimento apresentado em 1977, perante a Comissão Parlamentar de Inquérito da Terra, o general Ismarth de Araújo Oliveira, então presidente da FUNAI, observa que a maior parte da população indígena acha-se localizada na Amazônia. E lembra, inclusive, que as missões religiosas, de catequese e evangelização, cooperam com a FUNAI.

"Atendendo à convocação, compareço a esta Comissão para apresentar aos ilustres Membros da mesma a situação e os problemas de terras em áreas indígenas. Para que possamos aquilatar o valor e a importância desses problemas, permitam-me apresentar rapidamente a localização e distribuição das comunidades indígenas, no território nacional. Os senhores, observando o mapa, verificam que as populações indígenas estão praticamente disseminadas por todo o país, exceto nos Estados do Piauí, Ceará, Rio Grande do Norte, Sergipe e Rio de Janeiro. Nos demais Estados temos índios, com grau de aculturação variável: desde o 'isolado' ao 'em vias de integração', em contato permanente com a comunidade nacional envolvente. Observem, também, que a maioria dos índios encontra-se localizada na Amazônia legal e que é nela que encontramos os índios ainda 'isolados'. Para atender a essas comunidades, nos campos assistenciais e de desenvolvimento, mantém a FUNAI uma estrutura, contando, em várias áreas, com a cooperação de missões religiosas. A FUNAI dispõe de: 11 Delegacias Regionais; 4 Parques; 15 Reservas; 175 Postos Indígenas. Quanto às missões religiosas, existem 53, sendo 21 católicas e 32 não católicas, ocupando 220 bases."[5]

---

[5] General Ismarth de Araújo Oliveira, presidente da FUNAI, "Depoimento" apresentado à CPI da Terra, Brasília, 17.3.1977, mimeo, pp. 1 e 2.

Não é nova a ideia de que a proteção que o Estado tem sido levado a dispensar ao índio é frequentemente destrutiva. Vários antropólogos, no passado e no presente, têm mostrado, pela pesquisa científica, a ambiguidade enganosa que em geral acompanha a atividade da vasta aparelhagem burocrática criada para "proteger" ou "integrar" comunidades indígenas. Isto é, a proteção dispensada pela FUNAI às comunidades indígenas propicia, organiza ou acelera a expropriação da sua força de trabalho, cultura e terra. O próprio fato da redução do índio a uma reserva ou parque já é uma primeira e básica expropriação que envolve tanto a terra como a cultura. O índio "reservado" é o índio que não está mais livre para seguir a dinâmica da sua sociabilidade, economia, organização ecológica e outras exigências e tendências do seu modo de vida. Ao mesmo tempo, fica sujeito à autoridade do chefe do posto indígena, funcionário da FUNAI. Nesse contexto, permanece um pouco protegido e um pouco prisioneiro, sob controle; para ser pouco a pouco "integrado". Isto é, na reserva ou parque, permanece sob um controle especial, estatal, às vezes de cunho "científico", para sofrer as pressões e os impactos dos interesses econômicos e políticos que o posto indígena ou a burocracia e a tecnocracia da FUNAI canalizam sobre o conjunto da comunidade indígena e cada um dos índios. A proteção traz sempre no seu bojo alguma, ou muita, expropriação do índio, em sua força de trabalho, em sua cultura, em sua terra, em seu modo de ser.

Carmen Junqueira: "O exercício da política protecionista representa intervenção deliberada na esfera de vida nativa. Ainda que seus propósitos sejam os de preservar a cultura, sua atuação só se concretiza pelo disciplinamento das relações entre as comunidades assistidas e entre estas e os agentes da sociedade nacional. Medidas que visam assegurar quer o bem-estar físico do índio, quer o relacionamento pacífico entre as aldeias, acarretam necessariamente alterações culturais, por vezes imprevisíveis. O kamaiurá, como os demais alto-xinguanos, não escaparam a esse processo e, se bem que mantendo vivas muitas de suas tradições, sofreram as consequências do contato com a sociedade nacional. Em pesquisa concluída em 1967, resumiu-se da seguinte forma os principais resultados do processo: a queda da produção artesanal indígena, embora moderada, é apreciável em alguns setores; instrumentos de pedra, como por exemplo o machado, há muito desapareceram. A introdução do anzol, linha de *nylon*, armas de fogo etc. é responsável pela redução do equipamento tradicional de caça e pesca a um valor quase que simbólico. É o caso do arco de madeira preta. Embora ele não possa ser dispensado enquanto distintivo do grupo, tem efetivamente pouco uso nas tarefas de produção e quase nenhum nas de proteção. As trocas entre aldeias, que em algum momento da vida de cada grupo devem ter-se constituído em imperativo econômico, são hoje mais uma oportunidade formalizada para que dois grupos se avistem. O comércio indígena propriamente dito parece ser atualmente mais um ato de iniciativa individual do que uma atividade organizada do grupo, como um todo."[6]

Edwin Brooks, R. Fuerst, J. Hemming e F. Huxley: "Assim que a tribo é pacificada e posta em contato com produtos manufaturados, ela perde boa parte de sua autossuficiência. Isso pode ser provocado seja pelo subsídio à tribo, seja fazendo com que ela trabalhe em troca dos produtos que recebe; usualmente pela combinação dos dois métodos. Isso envolve o problema da acomodação entre dois sistemas diversos de valores. Em geral, passa muito tempo antes que os índios compreendam a função do dinheiro no comércio de mercadorias e serviços; e um tempo ainda mais largo até que eles compreendam os seus efeitos destribalizadores."[7]

---

[6] Carmen Junqueira, *Os índios de Ipavu* (um estudo sobre a vida do grupo kamaiurá), São Paulo, Ática, 1975, pp. 17-21 e 22. Pesquisa realizada em 1965-1971, no Parque Nacional do Xingu.

[7] Edwin Brooks, René Fuerst, John Hemming e Francis Huxley, *Tribes of the Amazon Basin in Brazil 1972*, Londres, Charles Knight & Co., 1973, p. 129.

188 RAÇAS E CLASSES SOCIAIS NO BRASIL | Octavio Ianni

Hubert Lepargneur: "O relatório da Sociedade de Proteção dos Aborígenes (ASP), intitulado *The Indians on the Amazon, Brazil* (Londres, 1973), fruto de uma investigação meticulosa de etnólogos internacionais, conhecidos por sua competência, sublinha os numerosos vícios da FUNAI: terrenos indígenas cedidos a aventureiros ou a companhia de exploração capitalista; contradições entre alguns mapas existentes nos escritórios da FUNAI em Brasília e a realidade das delimitações no terreno; menção de hospitais e escolas em funcionamento há cinco anos (nos relatórios), mas na realidade inexistentes; abusos por parte das missões religiosas cuja atividade deveria ser controlada. Outros relatórios acrescentam a menção da autoridade abusivamente repressiva dos chefes de postos e a da confiança depositada em índios, a quem se confere uma autoridade que se volta contra os seus irmãos de raça."[8]

Essa política indigenista distingue e opõe, de maneira clara, o índio "isolado" do índio "integrado"; um é estranho, não nacional; o outro é submetido, nacional. Ganhará o exercício dos direitos civis, desde que se incorpore econômica, política e culturalmente à "comunhão nacional", à "sociedade nacional". Pode conservar usos, costumes e tradições característicos de sua cultura, desde que não afetem a sua integração econômica, política e cultural às relações e estruturas capitalistas prevalecentes. Uma questão essencial, sem a qual não há integração possível, é a aceitação prática do princípio da propriedade privada. Para deixar de ser "índio", tornar-se "nacional", é necessário que abandone a propriedade tribal, incorpore a ideia e a prática da propriedade privada. A sociedade nacional não suporta qualquer nacional que não saiba pensar ou agir em conformidade com o princípio da propriedade privada. Só assim o índio deixa de ser outro, diferente, estranho, estrangeiro; um obstáculo ao desenvolvimento do capitalismo na Amazônia. Só assim o índio deixa de ser tratado como ente

---

[8] Hubert Lepargneur, *O Futuro dos índios no Brasil*, Rio de Janeiro, Hachette do Brasil, 1975, pp. 95, 98 e 99.

A COMUNIDADE INDÍGENA 189

da natureza e adquire a categoria de membro da sociedade brasileira.

Por isso, a ação da sociedade brasileira sobre o índio começa e termina com a sua expropriação. É verdade que a expropriação da terra indígena sempre se realiza com a simultânea expropriação cultural. Toda cultura material e espiritual do índio se produz e reproduz no modo pelo qual ele produz e reproduz a sua vida, a sua sociabilidade. A maneira pela qual ele se apropria da natureza – a terra, a mata, o fruto da terra, o fruto da mata, o rio, o peixe, o animal, a ave – diz respeito ao modo como produz e reproduz a sua vida, a sua sociabilidade, a sua cultura maternal e espiritual. Por isso, a ação da sociedade brasileira contra o índio começa e termina com a expropriação da sua terra. A terra é o seu principal, às vezes quase único, meio e objeto de produção. Transformar a propriedade tribal em propriedade ocupada, grilada, latifúndio, fazenda, empresa, é sempre o primeiro e último passo para transformar o "índio" em "nacional".

São várias as formas pelas quais a "sociedade nacional" alcança, envolve, submete e destrói a "comunidade indígena". Em geral, essas formas de atuação sobre a comunidade são descritas como "frentes de expansão" ou "frentes pioneiras". Elas implicam a criação, desenvolvimento, diversificação ou rearranjo de atividades econômicas, políticas e culturais dos indígenas; ao mesmo tempo que implicam a constituição, expansão, diversificação ou rearranjo das atividades econômicas e políticas dos "pioneiros", "desbravadores", posseiros, grileiros, latifundiários, fazendeiros e empresários. A rigor, são as relações e estruturas econômicas de cunho capitalista que estão chegando com os "pioneiros", "desbravadores" ou outros. E essas relações e estruturas começam com a expropriação da terra indígena. Seja extrativa, pecuária ou agrícola, a frente de expansão, ou pioneira, desaloja mais ou menos rápida ou demoradamente o índio da sua terra. Dependendo da força econômica e política da frente, pode efetivar-se ao longo de décadas ou em uns poucos dias. No passado, em geral, as frentes de extrativismo, pecuária ou agrícola desalojavam o índio de modo paulatino, ao longo de anos

190 RAÇAS E CLASSES SOCIAIS NO BRASIL | *Octavio Ianni*

ou décadas. Devido às condições de expansão das relações e estruturas econômicas na Amazônia, no passado, poucas vezes a frente se estabelecia e prevalecia de forma rápida. Nem por isso, no entanto, deixava de ocorrer a expropriação da terra e cultura do índio.[9]

Com frequência, essas frentes chegam aos índios com missionários católicos ou protestantes. Para os católicos, trata-se de "catequizar" o índio; ao passo que para os protestantes o objetivo é "evangelizar". Nos dois casos, procura-se subordinar ou desqualificar o núcleo da cultura espiritual do índio, de modo a fazê-lo submeter-se aos deuses dos cristãos: o Cristo, a propriedade privada e o dinheiro.

Mais recentemente, renovaram-se e dinamizaram-se várias das formas sob as quais a "sociedade nacional" passou a alcançar, envolver, submeter e destruir a "comunidade indígena" na Amazônia. Desde que a ditadura militar passou a incentivar e proteger o desenvolvimento capitalista do enclave amazônico, o processo de expropriação da terra e cultura indígenas intensificou-se e generalizou-se. Desde que passaram a atuar na Amazônia os órgãos do poder estatal, criados para propiciar o desenvolvimento extensivo e intensivo do capitalismo, a questão indígena adquiriu a conotação de escândalo. Grileiros, latifundiários, fazendeiros e empresários, incentivados ou protegidos pela atuação de órgãos e programas como a SUDAM, BASA, SUFRAMA, PIN, POLAMAZÔNIA, PROTERRA, INCRA e outros, passaram a atuar intensa e generalizadamente na expropriação da terra e da cultura do índio amazônico.

> "Eles eram mais de um milhão quando o primeiro colonizador pôs seus pés em terras amazônicas. Hoje podem ser até 60 ou 70 mil, não mais do que isso. Embora tenham dado uma contribuição decisiva para a ocupação da

---

[9] Darcy Ribeiro, *Os índios e a Civilização*, Rio de Janeiro, Civilização Brasileira, 1970, esp. parte 1, e "Culturas e Línguas Indígenas do Brasil", *Educação e Ciências Sociais*, Rio de Janeiro, 1967, nº 6, esp. pp. 21-31; José de Souza Martins, *Capitalismo e Tradicionalismo*, São Paulo, Pioneira, 1975, esp. cap. III; Otávio Guilherme Velho, *Frentes de Expansão e Estrutura Agrária*, Rio de Janeiro, Zahar, 1972.

A COMUNIDADE INDÍGENA 191

Amazônia, guardada para sempre na sua participação étnica no tipo racial dominante na região (o 'caboclo'), o índio parece definitivamente condenado ao desaparecimento. É certo que ainda são descobertas novas tribos, mesmo em locais de intensa ocupação (desmentindo assim declarações em contrário do Ministro do Interior, Rangel Reis), mas tanto nas terras teoricamente impenetráveis que o governo federal, formalmente seu tutor, lhe reserva, como – e sobretudo – nas áreas pioneiras, o índio está seriamente ameaçado. O colonizador 'branco' rejeita sua participação nos novos projetos de desenvolvimento. Para certas tribos, como a dos Waimiri-Atroari, não resta outra alternativa senão fugir a esse contato ou reagir às aproximações: é o triste fim reservado para os primeiros habitantes deste país. (...) Em estudo encomendado pela Superintendência de Desenvolvimento da Amazônia, para o Plano de Desenvolvimento Integrado da Área da Bacia do rio Tocantins, os técnicos chegaram à conclusão de que 'os confrontos estabelecidos pela sociedade nacional com as tribos indígenas do Tocantins sempre se ligaram às ações de apropriação e de exploração das áreas recobertas por florestas habitadas por grupos tribais. As tentativas de atrair os índios para a convivência pacífica nos empreendimentos econômicos ou os atos agressivos contra os mesmos, objetivando afastá-los dos territórios a serem explorados, foram práticas que repercutiram negativamente nas sociedades indígenas, levando-as à desorganização e à descaracterização cultural."[10]

A expropriação econômica e cultural do índio não se resume na substituição das divindades indígenas pelas divindades cristãs. Juntamente com a propriedade privada e o dinheiro, os cristãos, leigos e religiosos, impõem ao índio a produção para o mercado, a proletarização ou a

---

[10] Lúcio Flávio Pinto, "Eram um milhão de índios: eis o que restou", *O Estado de S. Paulo*, São Paulo, 12.11.1975, p. 44. Consultar também Lúcio Flávio Pinto, *Amazônia (O Anteato da Destruição)*, 2ª ed., Belém, GRAFISA, 1977; Edilson Martins, *Nossos índios, Nossos Mortos*, Rio de Janeiro, CODECRI, 1978.

lumpesinagem. É principalmente sob essas formas que as frentes capitalistas (de extrativismo, mineração, pecuária e agricultura) alcançam, envolvem, submetem ou destroem o índio. Isso significa que ele é expropriado da sua terra, da sua cultura e do produto do seu trabalho. É confinado em parques, reservas ou colônias, mas uma parte, frequentemente grande, do produto do seu trabalho é apropriada por regatões, comerciantes, intermediários, funcionários. Como "proletário", permanente ou temporário, é explorado como seringueiro, castanheiro, vaqueiro, peão etc. Nesses casos, frequentemente é superexplorado pelo sistema de aviamento. Ao ser obrigado a abastecer-se de gêneros alimentícios, roupas e instrumentos de trabalho no armazém, ou barracão, do dono do empreendimento no qual trabalha, o índio "integrado" é obrigado a pagar pela sua compra o que o "patrão" estabelece e impõe. Como "lúmpen", "deculturado", passa a vegetar nos povoados, vilas e cidades, como biscateiro, alcoólatra, prostituta etc. Em todos os casos, é obrigado a organizar a sua vida, ou modo de ser, segundo as divindades dos cristãos: a propriedade e o dinheiro. Caso contrário, ou regressa à condição de índio, ou é simplesmente suprimido.

Em última instância, o índio não é considerado nacional pelo Estado brasileiro, porque funda a organização econômica, política e cultural da sua vida na propriedade tribal. Ele concebe a posse como algo coletivo, tribal, comunitário. É verdade que cada índio, individualmente, possui objetos, instrumentos de trabalho ou outras coisas. Algumas coisas são propriedade da família, como a maloca, por exemplo. Mas também há coisas que são de todos, da comunidade indígena. A terra, o rio, a mata, as aves, os animais, os peixes são como o ar, a chuva, o relâmpago e o trovão. Todos são de todos, segundo as determinações do seu modo de organizar social e culturalmente a vida. Por isso é que o índio é índio, outro, diferente. Não participa do mesmo modo "nacional" de organizar as atividades ou relações econômicas. É inegável que fala outra língua, acredita em outros deuses, não trabalha como profissão, castigo ou alienação. E tudo isso influi no porque ele é definido pela política indigenista da FUNAI e do Estatuto do Índio como outro, diferente, à parte, estranho, estrangeiro. Mas tudo adquire sentido e importância na medida em que implica um modo diferente de conceber e praticar o trabalho, o produto do trabalho ou a propriedade. A propriedade tribal é inconcebível, inaceitável, exótica, estrangeira, para um Estado que é o produto, a síntese e a condição da propriedade privada capitalista. A forma capitalista de propriedade tende a alcançar, envolver, absorver ou destruir quaisquer diferentes formas de propriedade, seja a terra, a força de trabalho ou outra força produtiva.

A forma singular da propriedade tribal implica necessariamente a forma singular do trabalho tribal. Ao produzir e reproduzir a sua vida, as suas condições de existência, a sua economia, organização social e visão do mundo, o índio desenvolve o seu trabalho de um modo singular. A sua atividade produtiva é sua, de sua família e da comunidade. A sua produção material e espiritual, enquanto indivíduo, grupo e comunidade, aparece, realiza-se, desenvolve-se ou modifica-se segundo as exigências de uma simples reprodução das suas condições de existência, materiais e espirituais.

É essa forma de ser, de trabalhar a natureza, a sociedade e o sobrenatural que toma o índio, de novo e outra vez, diferente, estranho, estrangeiro. O seu trabalho, enquanto modo de produzir-se, reproduzir-se ou ser, material e espiritualmente, estranha, incomoda, irrita, agride o "nacional" em sua sociabilidade. A sociabilidade do índio está fundada numa comunhão da terra, do trabalho e das coisas materiais e espirituais que não se coaduna com a sociabilidade capitalista da "sociedade nacional". O que é desconforme no "índio", para o "nacional", não são a sua língua, o seu traje ou os seus deuses. Tudo isso, e algumas outras peculiaridades do modo de ser do índio, tem alguma importância ou conotação para o nacional, para aqueles cujos interesses, ou modo de ser, a FUNAI e o Estatuto do Índio representam. E é a partir dessas peculiaridades que o índio tem sido distinguido, isolado, rechaçado ou desclassificado. Com frequência, também certas antropologias, sociologias, economias e histórias trabalham "cientificamente" apenas no nível desses "exotismos". Ficam no nível do singular, esquisito, exótico, folclórico, estranho, estrangeiro. Mas o que é mesmo desconforme, incômodo, irritante, agressivo no índio – para o nacional – é o seu modo de trabalhar a sua sociabilidade, a sua comunidade, a natureza, a organização social e o sobrenatural. Principalmente a sua maneira de conceber e praticar o trabalho, o modo de trabalhar e o produto do trabalho. A sua maneira de trabalhar a terra, de produzir e reproduzir a sua vida, material e espiritualmente, é isso que leva o "nacional" a classificar o índio como "índio", "silvícola", no sentido de diferente, esquisito, exótico. Mais estrangeiro do que o estrangeiro que está expulsando o índio das terras tribais. Esse, o estrangeiro que aparece na Amazônia como latifundiário, fazendeiro ou empresário, esse é conacional. Não fala a mesma língua, possui outros trajes, tem outros hábitos, mas tem a mesma noção do que é a terra, a propriedade privada, o trabalho produtivo, a acumulação etc. Está integrado nos mesmos padrões e valores, principalmente na propriedade privada e no dinheiro. E o índio somente passa a ser considerado como "integrado", "nacional" ou "brasileiro" quando abandona o seu modo de praticar a propriedade tribal das terras, dos meios de produção e das coisas produzidas pelo trabalho. O índio perfeito, ideal, aquele que se acha integrado, é aquele que foi expropriado da sua terra tribal e passou a vender a sua força de trabalho.

1979

10

RELIGIÕES POPULARES

Sob vários aspectos, a religião é um ângulo cultural e também político importante da sociedade brasileira. São muitos os brasileiros que professam duas religiões, em geral de modo velado, às vezes de modo aberto. O brasileiro é um povo que parece católico, mas também pode ser adepto do candomblé, umbanda, quimbanda, pajelança, xamanismo, espiritismo, protestantismo, seicho-no-iê ou outras modalidades de religião de origem africana, indígena, europeia ou asiática. Algumas vezes, uma confissão religiosa é muito mais um compromisso com a sociedade, com a sociabilidade governada pelo mercado, pelas exigências da "racionalidade" instituída pelo capital, pelos governantes. Ao mesmo tempo, sem prejuízo dessa religiosidade "externa", de conotação societária, a mesma pessoa, ou família, professa outra religião: compromisso muito mais profundo, às vezes, com o seu grupo racial, étnico, familiar, de parentesco, vizinhança, ocupação ou outro laço social e cultural de conotação comunitária. Nesse caso, a religião aparece como um produto e uma condição das relações primárias, face a face, de personalidades plenas.

É claro que a diversidade das religiões, configuradas em igrejas, sinagogas, mesquitas, seitas, cultos, templos, terreiros e outros lugares socioculturais tem algo, ou muito, que ver com a diversidade racial, étnica, cultural, educacional e outras. A história do negro e do mulato no Brasil, por exemplo, coloca vários problemas fundamentais. A escravatura marcou profundamente essa história e marca o presente da vida do negro e do mulato, em suas relações com brancos em geral, ou "brasileiros", "alemães", "poloneses", "italianos", "japoneses" e outros. Há áreas do país em que o candomblé, a umbanda, a quimbanda e outras manifestações da vida religiosa apresentam uma ampla identificação com o negro e o mulato. Da mesma forma, há terreiros de umbanda em Curitiba, Florianópolis e Porto Alegre, por exemplo, nos quais convivem mulatos, negros, "brasileiros", "alemães", "poloneses", "italianos" e outros. Em termos diversos, a história do índio e caboclo, na região amazônica ou outras regiões, coloca também problemas fundamentais. Há formas de pajelança, xamanismo, catolicismo rural, espiritismo e outras que apresentam traços, fortes ou não, de cultura indígena. Essas poucas indicações sugerem que é bastante complexa a gama das diversidades raciais, étnicas, culturais e outras que se tramam com as diversidades religiosas.

Junto com as várias e frequentemente combinadas diversidades religiosas, raciais e outras, há a gama e a trama das diferenças de classes sociais. As diferenças de classes sociais, fundadas nas posições diversas das pessoas e os seus familiares no processo de produção e apropriação, combinam-se com aquelas diversidades. Um operário metalúrgico do ABC, na área metropolitana de São Paulo, pode ser de origem rural ou urbana, migrante de outras áreas do Estado de São Paulo ou das regiões Nordeste, Sul ou Norte, imigrante chegado da Itália, Japão ou outro país, negro, mulato, caboclo, católico, umbandista etc. Da mesma maneira: o peão trabalhando no desmatamento de terras na Amazônia; o funcionário de órgão do poder público; o empregado de escritório de empresa privada nacional ou estrangeira; o militar; o estudante; o professor; e os outros. As diferenças de classes sociais e os desenvolvimentos dessas relações de classes mesclam-se com diferentes confissões religiosas, identidades étnicas, raciais e outras modulações da sociabilidade, cultura, economia, política e história da sociedade brasileira.

RELIGIÕES POPULARES 197

Como se depreende dessa maneira de colocar o problema das religiões populares no Brasil, os aspectos culturais e políticos logo se revelam e mesclam. Mas vale a pena observar um pouco melhor o significado político das religiões, conforme elas aparecem na prática do povo.

Devido às condições da vida política na sociedade brasileira nas últimas décadas, a religião tem muito que ver com a política. Às vezes pode ser uma forma de fazer política. Não política no sentido convencional do termo, mas no de organização, conscientização e luta na defesa ou conquista de reivindicações sociais: educação, saúde, transporte, habitação etc. Sob a metáfora do diálogo com Deus, os adeptos das diferentes igrejas, seitas, cultos, templos, terreiros etc. desenvolvem um diálogo importante: entre si, com os membros de outras confissões, com os agentes do mercado, com os políticos, partidos, administradores e governantes. Ainda que sejam pouco visíveis, é inegável que há uma conotação religiosa, assim como há a racial, étnica, profissional, corporativa e outras, em muito diálogo político de âmbito municipal, estadual e federal. Toda repartição pública no Brasil, em qualquer desses âmbitos, em geral exibe uma fotografia do governante da ocasião e um crucifixo; quando não um Sagrado Coração de Jesus, um Sagrado Coração de Maria, um São Jorge em seu cavalo na luta contra o dragão da maldade. De fato, o catolicismo é a religião oficial, de Estado, na medida em que o Estado nacional e a Igreja, no Brasil, formam-se e conformam-se juntos, no mesmo tempo e momento. Mas isso não impede que muito político, funcionário, burocrata ou tecnocrata, civil ou militar, seja também adepto do candomblé, umbanda, espiritismo ou outra confissão. Todos os governantes, federais ou municipais, civis, militares ou paisanos, democratas ou ditatoriais, repetem sempre a ideia de que o Brasil é uma sociedade "ocidental" e "cristã". Repetem, e precisam repetir, porque de fato é e não é.

Não é fácil obter um panorama objetivo, ainda que geral, sobre a gama e a distribuição das filiações religiosas da população brasileira. A questão religiosa, da mesma maneira que a racial e cultural, sempre preocupam muito as classes

198 RAÇAS E CLASSES SOCIAIS NO BRASIL | *Octavio Ianni*

dominantes no Brasil; de tal modo que há um curioso véu ideológico que recobre e encobre a riqueza da sociedade brasileira quanto a esses aspectos. São precárias as estatísticas oficiais brasileiras sobre cor, raça, etnia, língua falada em casa e religião. À primeira vista, a precariedade, a falta ou a insuficiência dos dados parece dever-se à "irrelevância" da questão, do ponto de vista do interesse dos governantes ou das classes dominantes. Não é provável que a precariedade dos dados seja precisamente uma forma de lançar um véu para recobrir, ou minimizar, a riqueza e multiplicidade de diferenças raciais, culturais, linguísticas e religiosas. No Brasil, as classes dominantes sempre "manipulam" as informações sobre aspectos da realidade social, de modo a criar a ilusão de que a sociedade é harmônica, homogênea, racialmente democrática, cordial, pacífica, ordeira etc.

> "Analisar a composição da população brasileira, segundo o critério de sua filiação religiosa, mostra-se empreendimento extremamente complexo não apenas devido à insuficiência quantitativa e qualitativa dos informes censitários, como também à distorção, ocasionada pela ideologia católica dominante, a qual tendia a obscurecer a participação de outros credos no cenário religioso do país."[1]

Mesmo assim, os dados precários e as experiências de cada um e de todos mostram que o maior país católico do mundo já não é tão católico; talvez nunca tenha sido. Há também muitos aspectos de candomblé, umbanda, quimbanda, espiritismo, budismo, adventismo, pentecostalismo, mórmons, teosofia, xamanismo, curandeirismo, muçulmanos, judeus e outros; sem esquecer as dualidades ou duplicidades de filiação religiosa. Naturalmente essas igrejas, seitas, cultos, templos, terreiros e outras modalidades de organizações da vida religiosa distribuem-se de forma bastante desigual,

---

[1] Cândido Procópio Ferreira de Camargo, B. Lamounier, J. C. Duarte, F. R. Madeira, C. R. Spindel, *Composição da População Brasileira*, São Paulo, CEBRAP, 1973, caderno nº 15, p. 5.

RELIGIÕES POPULARES 199

quanto ao meio urbano e rural, às áreas e regiões, às classes e grupos sociais, às raças e etnias. Mas há razoáveis indícios de que as religiões mediúnicas tendem a contar com adeptos principalmente entre trabalhadores assalariados: empregados, funcionários e operários. É óbvio que a distribuição das religiões por classes é bastante diversificada. Assim, por exemplo, o catolicismo está presente em todas as classes (e raças e etnias) urbanas e rurais. Entretanto, seria difícil dizer que se trata do mesmo catolicismo. Tanto assim que se distinguem vários catolicismos.

> "As várias formas de catolicismo devem ser entendidas como 'tipos ideais', no sentido weberiano, não representando, portanto, realidades empíricas. Nesse sentido, pode-se analisar o catolicismo brasileiro de acordo com os seguintes tipos, substancialmente distintos: catolicismo tradicional rural; catolicismo tradicional urbano; catolicismo internalizado rural; catolicismo internalizado urbano. Fundamenta-se essa tipologia na diversidade dos modos de orientação da conduta que a religião proporciona aos indivíduos, na origem dos conhecimentos religiosos e no grau de consciência de seus valores."[2]

Há indicações de que nas últimas décadas tem crescido o número dos adeptos de seitas pentecostais, centros espíritas, terreiros de umbanda, seicho-no-iê e outras religiões. Nos grandes centros urbanos, tais como Rio de Janeiro, São Paulo, Porto Alegre, Recife, Salvador e outros, multiplicam-se as adesões a igrejas, seitas, cultos, templos e terreiros não católicos. Também as seitas protestantes têm crescido no meio brasileiro, na cidade e no campo. Sem esquecer que os dados estatísticos oferecem apenas uma indicação limitada sobre as filiações religiosas.

Em certa medida, os indícios de crescimento das igrejas, seitas, cultos, templos e terreiros – à margem da Igreja

---

2   Cândido Procópio Ferreira de Camargo, Beatriz M. de Souza, José R. Prandi, Melanie B. Singer e Renata R. Nascimento, *Católicos, Protestantes e Espíritas*, Petrópolis, Vozes, 1973, p. 48.

Católica – têm algo, ou muito, que ver com o agravamento das condições sociais de vida das populações urbanas e rurais. À primeira vista, o crescimento das formas de religiosidade popular parece relacionar-se apenas, ou principalmente, com a urbanização, a expansão do mercado, a generalização do capital; ou com o aumento do poder econômico e político das classes dominantes. É inegável que as classes dominantes favorecem e orientam as mais diversas formas de religiosidade. Mais uma vez, na história das classes subalternas na sociedade brasileira, as classes dominantes e os governantes a seu serviço recolocam a religião no interior das lutas ideológicas. As igrejas, seitas, cultos, templos e terreiros, em escala cada vez mais larga, beneficiam-se da proteção ou apoio dos governos e setores das classes dominantes. Os terreiros de candomblé e umbanda, por exemplo, que na maior parte da sua história estiveram sob a suspeição dos donos do poder, em anos recentes passaram a ser considerados como toleráveis, úteis ou necessários. Podem servir como pontos de atração turística, isto é, fonte de divisas; e podem representar uma atividade "cultural" popular tolerável e conveniente. O pentecostalismo, os programas religiosos no rádio, os programas de música "sertaneja", o programa minerva (com base em música "folclórica"), a transformação do carnaval em uma operação turística programada, a transformação do futebol em uma atividade básica da política social fascistoide dos governos militares, tudo isso tem algo que ver com os interesses representados no âmbito do governo. Além do mais, a ditadura destruiu muitos meios de expressão política do povo. Entre 1968 e 1974, cresceram a repressão e a censura. Foi em 1974 que o povo começou a redefinir o Movimento Democrático Brasileiro (MDB) como um partido capaz de expressar uma parte do protesto popular. Nos anos seguintes, os movimentos operário, camponês e estudantil começaram a romper a ditadura. Mesmo assim, as religiões populares continuam a representar alguma forma de protesto. Independentemente das manipulações políticas das igrejas, seitas, cultos, templos e terreiros por parte dos governantes, dentro e fora do poder

RELIGIÕES POPULARES 201

estatal, é inegável que a religiosidade popular tem algo que ver com o protesto do povo.

"Observa-se em São Paulo uma presença crescente de diversas formas de religiosidade popular: a influência da umbanda e de sua concepção mágica do mundo ultrapassa de muito o contingente de seus adeptos formais; os seguidores do pentecostalismo representam hoje pelo menos 5% da população paulista; certas manifestações de piedade católica, como a devoção de santos tidos como poderosos protetores diante das dificuldades deste mundo, mostram seu desenvolvimento nas visitas aos santuários e até mesmo nos anúncios 'classificados' dos jornais. Das religiões chamadas populares – quer se trate da busca da intercessão dos santos, quer da adesão à estrita ética dos pentecostais, quer das devoções e ritos umbandistas – emergem padrões de convivência e auxílio mútuo que contrastam com as impiedosas regras de dominação da sociedade paulistana. Se essa densa religiosidade popular pode parecer excessivamente sacralizada, como não compreender que, para os oprimidos, a experiência da salvação constitui uma ruptura com a face mais desumana da sociedade? O sentido que terão no futuro as modalidades de religiosidade popular dependerá da própria evolução da sociedade brasileira e em particular do papel das igrejas e grupos religiosos na restauração da dignidade humana. No momento, a experiência da salvação cristã e a bênção protetora dos orixás expressam a busca de um encontro com essa dignidade".[3]

A verdade é que as religiões estão em todos os lugares, e não apenas nas igrejas, templos, terreiros. Os valores culturais e os padrões de comportamento específicos do catolicismo, protestantismo, umbandismo e outras religiões aparecem na família, escola, trabalho, recreação e outros círculos de

---

[3] C. P. F. de Camargo, F. H. Cardoso, F. Mazzuchelli, J. A. Moisés, L. Kowarick, M. H. T. de Almeida, P. Singer, V. C. Brant, *São Paulo 1975: Crescimento e Pobreza*, apresentação de D. Paulo Evaristo Arns, 5ª ed., São Paulo, Loyola, s. d., pp. 149-150.

convivência social. Em distintas gradações, são diversos os recantos da subjetividade das pessoas, famílias e grupos que têm muito que ver com os valores culturais e os padrões de comportamento ditados por doutrinas, bíblias, catecismos, evangelhos, orações, cânticos.

As noções e as práticas sobre sexo, família, maternidade, paternidade, prole, controle da natalidade, aborto, sexo e procriação, sexo e prazer, e outros aspectos da vida das pessoas, as noções e práticas sobre esses assuntos acham-se influenciadas por padrões e valores de cunho religioso. Ocorre que as religiões também influenciam ou "racionalizam" as condições de reprodução biológica e social das pessoas.

"Tradicionalmente natalista, a Igreja Católica só admitia o controle da natalidade efetuado através do método Ogino-Knauss e para casais com motivos justificados para pô-lo em prática. Atualmente esta continua sendo sua posição oficial, mas através da doutrina da 'paternidade responsável' não só admite o controle da natalidade em larga escala como o uso de outros métodos inclusive da pílula. Segundo essa doutrina, cabe aos pais decidir sobre o número de filhos que desejam ter e nessa decisão deve ser levada em conta a possibilidade em educá-los de modo conveniente dentro de padrões que são no geral os da classe média. Também o uso do método mais conveniente é decidido pelos pais e recomenda-se, na tomada dessa decisão, o aconselhamento médico.

As igrejas protestantes clássicas (Luterana, Presbiteriana e Metodista), as denominações pentecostais (Assembleia de Deus notadamente) e a Igreja Batista adotam uma posição semelhante à da Igreja Católica. Seus preceitos são em geral contrários ao controle da natalidade, mas muitos pastores são pessoalmente favoráveis e deixam o problema em aberto, isto é, para ser decidido a nível dos fiéis. As Igrejas Evangelistas Históricas em Santa Cruz do Sul são abertamente favoráveis e recomendam inclusive o uso da pílula mas, no geral, as igrejas e denominações protestantes não exercem uma política de pressão direta nem possuem canais de divulgação sistemática de seu ponto de vista, limitando-se ao aconselhamento individual, solicitado ou espontâneo.

De forma semelhante atuam as religiões espíritas, dentre todas as mais desvinculadas da problemática reprodutiva. Segundo seus agentes, raramente eles são solicitados a opinar sobre o assunto e quando o fazem é numa linha predominantemente realista. No geral as mães de santo – algumas acumulam as funções religiosas com as funções de parteira – insistem muito em sua posição contrária ao aborto, o que constitui um indício de sua prática, senão por elas próprias a nível de clientela. São também contrárias ao uso da pílula por seus efeitos colaterais que utilizam para reforçar a concepção fortemente naturalista que possuem do processo reprodutivo."[4]

No que diz respeito à ideologia do clero católico sobre a reprodução humana ou questões de sexo, casamento, prole, controle da natalidade e outros temas, tem havido razoável mudança, ao longo do tempo. Mesmo porque o clero padece com a influência múltipla e contraditória da doutrina da Igreja, ditada pelo Vaticano, o debate interno no seio da Igreja no Brasil, as sugestões e omissões dos governantes do país, os ensinamentos e as pressões da indústria médica e os problemas cotidianos, reais e prementes dos devotos e seguidores: mulheres, homens, jovens, velhos, casados, solteiros, urbanos, rurais etc.

"Observa-se, pois, em nível de episcopado, uma tomada de posição comum contrária a qualquer medida de inspiração neomalthusiana. Num episcopado notoriamente dividido por questões políticas e doutrinárias, essa convergência assume significação por se tratar de um elo dessa união persistentemente buscada, na qual, segundo Gramsci, reside a força das religiões, especialmente da Igreja Católica.

---

[4] Andrea Loyola Rios Leblond, *As Instituições Sociais na Pesquisa de Reprodução Humana*, São Paulo, CEBRAP, 1980, mimeo, pp. 33-35.

Já nos níveis inferiores do clero, a tendência é de manter-se à margem da questão e enfrentar o problema da limitação dos nascimentos em termos casuísticos de micromoralidade familiar. Enquanto uns preferem silenciar sobre a legitimidade ou não dos métodos, outros se lançam positivamente num trabalho de informação e esclarecimento. Nos cursos de noivos, por exemplo, ensinam-se todos os métodos, seu funcionamento e sua diversa eficácia e aponta-se – simplesmente se aponta – o Ogino-Knauss em suas variantes como o método aprovado pelo papa (evitando-se dizer 'pela Igreja'). Quando indagados por pessoas interessadas ou em dúvida, os padres ou remetem a solução à consciência individual, ou à orientação médica, procedendo-se desse modo a uma dupla transferência de competência: no plano das decisões quanto ao número de filhos, aos indivíduos; no plano dos meios oportunos e adequados, aos agentes de saúde."[5]

Em pesquisa realizada sobre a linha doutrinária da revista católica intitulada *Família Cristã*, quanto aos problemas relativos a sexo, casamento e prole, verifica-se a reiteração de uma ética fundada na ideia da sacralidade do matrimônio e procriação.

"Encontra-se, com relação ao planejamento familiar, uniformidade nos pontos de vista adotados, de modo geral contrários à prática de limitação da prole e do aborto, uma vez que a procriação constitui uma das finalidades fundamentais do matrimônio.

Nas décadas de 1940, 1950 e 1960, mantém-se a revista radicalmente contrária à utilização de qualquer método anticoncepcional, empregando argumentação de natureza estritamente religiosa e moral. Os argumentos assim são colocados: 'é contrário à lei de Deus'; 'sacrilégio contra as leis divinas'; 'pecado'. 'Outrora choravam as

---

[5]   Antonio Flávio de Oliveira Pierucci, *Igreja: Contradição e Acomodação* (Ideologia do clero católico sobre a reprodução humana no Brasil), São Paulo, CEBRAP, caderno nº 30, p. 83.

RELIGIÕES POPULARES 205

desventuradas esposas e faziam penitência e se julgavam
amaldiçoadas do céu quando não tinham filhos. Hoje, essas
criaturas mundanas, bonecas de salão e avenida, que se
dizem esposas e são na verdade mariposas, choram sim e
se descabelam furiosas, blasfemam contra Deus, quando
dão ao mundo mais um filho...'
Alguns artigos mostram que o controle da natalidade pode
trazer 'sérios prejuízos', quer à família, quer à sociedade.
Quanto a esta, privando-a de 'valorosos cidadãos' ou
'impedindo o aumento do número de cristãos'. Quanto à
família, argumenta-se que aquelas pobres, porém nume-
rosas, alcançam a prosperidade através da fé, pois contam
estas famílias com a 'bênção de Deus."[6]

Grande parte da força da Igreja Católica provavelmente
se deve à engenhosa combinação da sua "eternidade" com
o seu "casuísmo". Ao mesmo tempo que afirma e reafirma
a sua doutrina de envergadura supra-histórica, está aberta
às injunções do momento, da pompa e circunstância dos
interesses prevalecentes nesta ou naquela ocasião, sob este
ou aquele governo. Sem o sacrifício dos princípios universais
da sua doutrina, a Igreja se abre ora aos governantes, ora aos
governados. No Brasil, nas últimas décadas, ela se modificou
muito, se não no seu todo, ao menos em amplos segmentos
da sua organização e pessoal. Durante o período iniciado com
o final da Segunda Guerra Mundial e a queda da ditadura
do Estado Novo, em 1945, a Igreja Católica no Brasil passou
por "intensas mudanças em sua organização e em sua ideologia".[7] Tanto com relação à família como quanto à questão
indígena; seja com referência à escola ou quanto a questões
litúrgicas; no que diz respeito à ditadura militar que ela ajudou
a instalar em 1964 ou à controvérsia comunismo-capitalismo;
seja quanto aos rumos da "abertura" política esboçada pela

---

[6] José Reginaldo Prandi, *Catolicismo e Família: Transformação de uma Ideologia*, São Paulo, CEBRAP, 1975, caderno nº 21, p. 36.

[7] Cândido Procópio Ferreira de Camargo, Beatriz Muniz de Souza e Antonio Flávio de Oliveira Pierucci, *Igreja Católica: 1945-1970*, São Paulo, CEBRAP, 1980, mimeo, p. 1.

206 RAÇAS E CLASSES SOCIAIS NO BRASIL | *Octavio Ianni*

ditadura militar ou aos movimentos populares de protesto contra a ditadura.

Desde 1945 até 1968, boa parte do clero ficou bastante impressionada com a questão do comunismo, com a controvérsia capitalismo-comunismo, com a presença de forças de esquerda no cenário político brasileiro. Tanto foi assim que participou amplamente de uma espécie de indústria do anticomunismo. "Ao identificar no comunismo seu principal adversário, a Igreja desde logo reconhecia nele a grande força de atração que exerce sobre as massas pauperizadas, nas cidades, sobretudo, mas também no campo." Assim, "diante da escalada das forças comunistas", todos os católicos, padres e leigos são convocados a se "organizar para competir" com as forças de esquerda, nos mais diferentes meios em que trabalham, estudam, vivem. A Juventude Operária Católica (JOC), por exemplo, criada em 1948, nasce no contexto dessa luta ideológica.[8]

Ocorre que, ao longo de todos esses anos, os norte-americanos estavam desenvolvendo a diplomacia da guerra fria. Havia uma guerra ideológica de âmbito mundial, polarizada em termos do confronto capitalismo-comunismo, Washington-Moscou, que abarcava muitos interesses econômicos e políticos, além das disputas doutrinárias.

Ao mesmo tempo, no entanto, havia setores da Igreja que não podiam deixar de reconhecer que os trabalhadores da cidade e do campo, os índios e os posseiros, os operários da indústria e da agricultura viviam condições muito precárias de alimentação, saúde, habitação, escolarização, transportes etc. Compreenderam que a "marginalidade", a pobreza, a miséria ou o pauperismo eram reais. Assim, o anticomunismo da Igreja começa a aparecer "matizado pela crescente tomada de consciência, de parte dos bispos, da inoperância das soluções capitalistas para o 'estado de ignomínia', o 'pauperismo' e a 'fome' da população brasileira". Pouco a pouco, alguns setores da Igreja compreendem a farsa da indústria

---

[8] Cândido Procópio Ferreira de Camargo, Beatriz Muniz de Souza e Antonio Flávio de Oliveira Pierucci, *op. cit.*, p. 12.

RELIGIÕES POPULARES 207

do anticomunismo. "Volta a aflorar o anticapitalismo da Igreja."[9] Na década de 60, amplos setores da Igreja – se não em nível de episcopado, certamente nos níveis inferiores do clero – avançam para uma compreensão nova ou renovada do papel da Igreja.

"Em suma, se os esforços da hierarquia no sentido de se organizar em âmbito nacional (CNBB) e mesmo continental (o CELAM) ainda se achavam marcados por uma preocupação eminentemente defensiva frente aos seus mais perigosos inimigos – o espiritismo, o protestantismo, a maçonaria e o comunismo –, o impulso dado ao apostolado dos leigos, por um lado, que de alguma forma acompanhou a emergência popular como força política no processo de desenvolvimento industrial e urbano característico da segunda metade dos anos 50, e, por outro, a relação de intimidade palaciana com o Estado populista desenvolvimentista, arrastariam a Igreja rumo aos anos 60 em malhas tão contraditórias, que fariam dela uma força bem mais progressista do que se poderia supor na primeira metade dos anos 50 e, ao mesmo tempo, muito mais dividida em sua força, porquanto ela viria a significar ao mesmo tempo freio e estímulo à expressão das insatisfações de diferentes camadas da população, no campo e na cidade."[10]

Desde 1964, em certa escala, e a partir de 1968, em escala bem mais ampla, as relações da Igreja com o Estado alteram-se bastante. A ditadura militar instalada em 1964 – inclusive com apoio de amplos setores católicos – prescinde da Igreja. Na ideologia dos governantes e do bloco de poder que os mantêm no governo predominam largamente os valores da economia política, as razões do capital. Para atender à lógica do capital, a ditadura militar mostrava à sociedade "o rosto

---

[9] C. P. Ferreira de Camargo, B. Muniz de Souza e A. Flávio de Oliveira Pierucci, *op. cit.*, pp. 23 e 24.
[10] C. P. Ferreira de Camargo, B. Muniz de Souza e A. Flávio de Oliveira Pierucci, *op. cit.*, p. 32.

208 RAÇAS E CLASSES SOCIAIS NO BRASIL | *Octavio Ianni*

do terror".[11] Muitos membros da Igreja foram transformados em vítimas da brutalidade fascista que a ditadura aplicava no meio operário, camponês, estudantil, intelectual e outros. Avançou tanto o fascismo, que o governo foi levado a pôr de lado qualquer respeito, de conveniência ou não, à ideologia religiosa; fundou a sua "legitimidade" na política de "crescimento econômico e na doutrina de segurança nacional".[12] A ditadura militar entregou-se tanto ao deus-capital, que amplos setores da Igreja não tiveram mais dúvidas em identificar o capitalismo com o pecado, a miséria do povo.

> "É preciso vencer o capitalismo. É ele o mal maior, o pecado acumulado, a raiz estragada, a árvore que produz esses frutos que nós conhecemos: a pobreza, a fome, a doença, a morte da grande maioria. Por isso é preciso que a propriedade dos meios de produção (das fábricas, da terra, do comércio, dos bancos, fontes de crédito) seja superada. Enquanto uns poucos são os donos desses lugares e meios de trabalho, a grande maioria do povo está sendo usada e não tem vez. A grande maioria trabalhará para enriquecer uns poucos, e estes enriquecerão às custas da miséria da maioria. Enquanto, de um modo especial para nossa região, uns poucos são ou vão ficando donos da maior parte das terras, a maioria fica e ficará cada vez mais com menos chances de trabalho."[13]

É essa compreensão da sociedade, das relações entre o capitalismo e a pobreza, das relações entre o Estado, as classes dominantes e as dominadas, que fundamenta alguns desenvolvimentos surpreendentes de certos setores da Igreja. Já em 1948 havia se criado o "Movimento de Natal", que levava a Igreja, os católicos, os padres e os leigos a dedicarem-se a um

---

[11] C. P. Ferreira de Camargo, B. Muniz de Souza e A. Flávio de Oliveira Pierucci, *op. cit.*, p. 43.

[12] C. P. Ferreira de Camargo, B. Muniz de Souza e A. Flávio de Oliveira Pierucci, *op. cit.*, p. 49.

[13] Dom Fernando, Dom Epaminondas, Dom Tomás, Dom Pedro, Dom Estevão e Dom Celso, Bispos, "Marginalização de um Povo, Grito das Igrejas", citado por C. P. F. de Camargo, B. M. de Souza e A. F. de Oliveira Pierucci, *op. cit.*, p. 47.

RELIGIÕES POPULARES 209

trabalho de tipo comunitário. Tratava-se de ajudar os trabalhadores e os seus familiares, os pobres, a se organizarem e conscientizarem, de modo a resolver os seus problemas de trabalho, habitação, saúde, escola e outros. Desenvolveu-se o Movimento de Natal como um movimento de "catolicismo social", com vistas à conquista da "cidadania". Na prática, o "povo" da cidade e do meio rural estava sendo organizado e conscientizado de modo a ajustar-se às exigências de uma sociedade de mercado, em processo de democratização. Ao lado do populismo e de movimentos de esquerda, o "catolicismo social" desenvolvido na área de Natal passou a fazer parte de um amplo processo político, social, cultural e econômico destinado a apoiar e fazer avançar formas democráticas de organização da sociedade e da vida.[14]

Foram experiências como as do Movimento de Natal, combinadas com outras também notáveis, que fizeram com que amplos setores da Igreja passassem a trabalhar cada vez mais com o povo, os trabalhadores. A experiência da Igreja com as populações da periferia urbana, com as populações indígenas, os posseiros, os operários desempregados, as greves, a repressão policial, a brutalidade da ditadura militar contra o povo, o altíssimo comprometimento do Estado com o grande capital monopolista, foram todas essas experiências que levaram largos setores da Igreja a criar e multiplicar as comunidades eclesiais de base e a empenhar-se nas pastorais operária, indígena, da terra, família e outras. Tratava-se de somar os esforços de padres e leigos, junto às paróquias, de modo a resolver ou minorar problemas de emprego, habitação, saúde, educação e outros. Em escala crescente, sob a ditadura, as comunidades de base e as pastorais passaram a ser uma força social na organização das "classes populares", na "recristianização dos cristãos", no fortalecimento dos segmentos populares da sociedade civil, na formação de novos núcleos de luta pela democratização do poder estatal e das relações de produção. Há uma grande efervescência social,

---

[14] Cândido Procópio Ferreira de Camargo, *Igreja e Desenvolvimento*, São Paulo, CEBRAP, 1971.

210 RAÇAS E CLASSES SOCIAIS NO BRASIL | *Octavio Ianni*

política e cultural entre trabalhadores, "populações periféricas" ou "classes populares", que se deve ao movimento de certos setores da Igreja no sentido de reencontrar o povo, a partir do que o povo quer, propõe e pode fazer.

"Em princípio, as Comunidades Eclesiais de Base se constituem como uma unidade eclesial essencialmente leiga, cuja inspiração central é estabelecer o relacionamento solidário entre os homens, conforme a um modelo democrático de autogestão. Objetivamente, não dispensam o estímulo inicial do clero e a proteção institucional católica conveniente e necessária para legitimar a organização de movimentos populares e suas reivindicações face aos aparatos de repressão do Estado. Entre o ideal de plena autonomia dos leigos e a persistente autoridade clerical, surge um conflito que se encaminha, por diversos modos, dentro do amplo espectro do gradiente das Comunidades Eclesiais de Base. Nem sempre é o próprio clero que pretende reencontrar nas Comunidades o antigo poder exercido sobre as populações mais pobres do país. Por outro lado, leigos reclamam contra a proteção paternalista de base clerical; embora muitos integrantes da vivência comunitária interpretem a influência clerical em suas decisões como pedagogia crescentemente libertadora. Tanto leigos como sacerdotes enfrentam o difícil problema de redefinir seus papéis tradicionais, aprendendo novos padrões de relacionamento capazes de gerar uma dimensão futura na Igreja e construir alicerces para a sociedade civil que se quer forjar no Brasil contemporâneo."[15]

Sob vários aspectos, portanto, a religião é uma dimensão cultural e política importante da sociedade brasileira. As várias religiões expressam uma dimensão fundamental da sociedade civil. Os templos e os terreiros, as igrejas e as seitas, na cidade e no campo, entre os negros, índios e brancos, entre os operários e camponeses, empregados e funcionários, intelectuais e

---

[15] C. P. Ferreira de Camargo, B. M. de Souza e A. F. de Oliveira Pierucci, *Comunidades Eclesiais de Base*, São Paulo, CEBRAP, 1979, mimeo, pp. 17-18.

burgueses, civis e militares, em todos os contextos a filiação religiosa é uma dimensão significativa da sociedade civil. Em uma sociedade em que a Igreja e o Exército formam os dois principais "partidos políticos" do país, é inegável que as formas de organização e atuação do catolicismo têm muito que ver com a fisionomia e os movimentos da sociedade civil.

1980

11

O SAMBA DE TERREIRO

Realizava-se anualmente, em Itu (Estado de São Paulo), uma dança tradicional negra conhecida pelos naturais do lugar como "samba", "samba da negrada", "samba dos negros" ou "samba de terreiro". Essa dança fazia parte das cerimônias religiosas e profanas que os pretos dedicavam a São Benedito, por ocasião das comemorações em honra do santo negro, e a Santa Isabel, em homenagem à princesa Isabel, e em regozijo pela passagem do dia da libertação dos escravos.

Recentemente, contudo, verificou-se na cidade uma tentativa de fazer reviver o antigo samba. Em sua apresentação atual, a dança sofreu algumas alterações, com referência aos caracteres do samba de terreiro tradicional de Itu. Esse fato, associado com o interesse folclórico que o samba dos negros apresenta para os interessados, orientou nossa pesquisa no sentido de colher dados relativos à integração do samba de terreiro e suas manifestações na cultura local de Itu, tanto no passado quanto no presente.

Os dados relativos às atuais manifestações do samba de terreiro foram colhidos nos princípios de 1955. Houve uma tentativa para restabelecer essa festa da cultura local e nessa oportunidade pudemos acompanhar todas as fases de sua realização. Ao lado dos dados colhidos por observação direta, realizamos entrevistas com indivíduos de diversas idades, brancos e negros, principalmente aqueles que puderam

O SAMBA DE TERREIRO 213

participar, direta ou indiretamente, do samba de terreiro no período que termina por volta de 1940. Além dessa parte da pesquisa, tentamos explorar a documentação histórica acessível, com o fito de completar a descrição sociológica do fenômeno.

Afinal, por que durante cerca de quinze anos consecutivos não houve samba em Itu? Por que se relevou com caracteres diversos em 1955? Seria por causa do esquecimento provocado pela interrupção? Essas e outras questões nos preocupavam, enquanto realizávamos a pesquisa. Procurávamos saber, também, por que fora extinto o samba de terreiro em 1940. Seria consequência de uma hipertrofia da festa profana, em detrimento da religiosa? Seria decorrência de uma modificação da mentalidade dos negros? Teria havido uma modificação profunda na situação deles, na comunidade, alterando assim seus centros de interesse?

Essas são as questões que se nos apresentaram e que pretendemos esclarecer neste trabalho. Todavia, o samba de terreiro de Itu é um fenômeno social que pode ser analisado como fato folclórico e do ponto de vista sociológico. É como fato folclórico que vamos encará-lo adiante, quando pretendemos também fornecer algum material comparativo. Será como fenômeno social, porém, que procuraremos interpretá-lo. Os resultados da análise sociológica serão apresentados na parte final desta exposição.

O samba

Os dados que colhemos em Itu permitem apresentar descrições do samba de terreiro em duas épocas distintas. Numa delas, a dança é exposta conforme se realizava entre os anos de 1930 e 1940, período a que se refere a quase totalidade dos informantes. Na outra descrição, o samba é representado como o presenciamos na noite de 5 para 6 de janeiro de 1955, quando tentaram revivê-lo, depois de cerca de quinze anos de interrupção.

A. – Tem-se notícia de que a partir de 1888, quando a princesa Isabel proclamou a libertação dos escravos, os negros realizavam a sua dança tradicional – o samba – em diversos

214 RAÇAS E CLASSES SOCIAIS NO BRASIL | *Octavio Ianni*

lugares da região ituana: na cidade e nos arrabaldes. Entretanto, depois daquela data, um desses lugares logo sobrepujou aos outros, seja quanto ao interesse que despertava, seja quanto à repercussão da fama de seu samba. Tratava-se do terreiro fronteiro à igrejinha de São Luís, Bispo de Tolosa, situada no antigo largo de São Francisco, hoje praça D. Pedro I.[1] Esse logradouro público reunia dois elementos altamente favoráveis à realização do samba: possuía uma igreja, onde se encontrava também a imagem de São Benedito, o que levava a irmandade negra de mesmo nome a ter aí sua sede; e permitia aglomeração de gente, havendo chão batido suficientemente amplo para a dança e a assistência-participante. Reuniam-se, pois, num mesmo lugar, fatores favoráveis à festa religiosa e à profana. Aí se realizou o samba até a primeira década deste século. Dançava-se em duas épocas do ano, ambas particularmente importantes para o grupo negro. Sambavam no princípio do ano, nas chamadas festas do Ano Bom. Nessa ocasião dançavam todas as noites, do dia 1º, a partir de seus primeiros momentos, até a noite do dia 5 para o dia 6. Normalmente, o samba iniciava-se logo após a reza, que se celebrava na igreja. No dia 5, entretanto, realizava-se uma procissão ao entardecer, em honra de São Benedito. E à entrada da procissão celebrava-se a reza, depois da qual se iniciava o samba de terreiro à frente da igreja.[2]

Conforme se verifica pelo exposto, havia nessa época do ano uma perfeita conjugação de cerimônias religiosas e festas profanas. Aquelas incluíam missas, comunhões, rezas e a procissão, enquanto estas se resumiam em beber e sambar.

Em maio também se dava o mesmo. Nesse mês, nas noites dos dias 10, 11 e 12, havia samba no terreiro da mesma igreja. Nesses dias celebrava-se a reza em honra de Santa Isabel, mas a intenção era prestar uma homenagem *in memoriam* da princesa Isabel, que no dia 13 de maio de 1888 assinara a lei da Abolição da Escravidão no Brasil.

---

[1]   Conforme Francisco Nardy Filho, *A Cidade de Itu*, São Paulo, 1950, III vol., p. 204. Joaquim Luís Bispo, "Morreu o Samba Ituano", crônica publicada em *O Estado de S. Paulo*, 13.5.1954.

[2]   Francisco Nardy Filho, *op. cit.*, p. 205.

O SAMBA DE TERREIRO 215

Nessa época também reinava equilíbrio entre as cerimônias religiosas e as profanas. Tudo corria em perfeita ordem. Os negros respeitavam os ofícios religiosos e, em compensação, o clero e autoridades municipais respeitavam o samba.

Na primeira década deste século, contudo, um incêndio destruiu parte da igreja de São Luís.[3] E na mesma época foi inaugurada, à rua Santa Cruz, a igreja de São Benedito, dedicada ao padroeiro dos negros.[4] É para essa nova igreja que os pretos transferem os seus festejos, tanto os religiosos como os profanos, e com a mesma harmonia que se verificava anteriormente. Apesar de não estar situada numa praça como a outra, a igreja de São Benedito possuía um terreiro amplo ao lado e à frente, o que possibilitava a continuação do samba nas condições anteriores.

O samba que descrevemos a seguir é aquele que se realizava no terreiro que fica em frente a essa igreja, e possui os caracteres notados por nossos informantes entre 1930 e 1940.

Por ocasião do samba, o terreiro era tomado por uma *caieira* (fogueira), junto à qual se encontrava o recipiente com quentão.[5] Ao lado formava-se um círculo de negros e negras sambadores, em sua grande maioria, e alguns brancos e brancas, curiosos quase sempre. Esse círculo apresentava diâmetro extremamente variável, segundo o entusiasmo geral. Mas possuía geralmente cerca de 7 m de extensão. E era no interior desse círculo que se distribuíam tocadores e dançadores.

Os instrumentistas sempre eram indivíduos do sexo masculino. Localizavam-se no interior do círculo, mas próximos à assistência, e reunidos num grupo. Isso não os impedia, contudo, de participar da dança carregando seus instrumentos, conforme veremos adiante. Os instrumentos usados eram todos de percussão: *zabumba* (bumbo), pandeiro, reco-reco,

---

3 Francisco Nardy Filho, *op. cit.*, p. 206; Joaquim Luís Bispo, *op. cit.*
4 Francisco Nardy Filho, *op. cit.*, pp. 206-207.
5 Segundo nosso informante Henrique Maia, o quentão é uma mistura de pinga e água potável em quantidades iguais, onde se adiciona gengibre e pimenta ao gosto dos sambadores; a mistura completa passa por uma fervura antes de estar em condições de ser tomada.

cuíca, tamborim, guizo e *guaiá* (chocalho).[6] Às vezes encontrava-se mais de um instrumento do mesmo tipo no mesmo samba; mas nem sempre se reuniam todos os citados num mesmo samba.

Se entre os tocadores não havia mulheres, isso não significa que elas não participassem do samba, como dançarinas. Veja-se por exemplo a lista de sambadores fornecida por Joaquim Luís Bispo: Isaac, Filadelfo, Miguelzinho, Rafael, Juvêncio, João Pereira, nhá Vitalina, nhá Dita, nhá Júlia, nhá Inacinha, nhá Teolinda e nhá Maria Barriquinha.[7] Todos eram muito conhecidos na década a que nos referimos.

Considerando que os indivíduos se dispunham no terreiro da forma mencionada, o samba iniciava-se da seguinte maneira: reuniam-se tocadores e dançadores ao redor da zabumba e aí alguém cantava uma estrofe improvisada. Esse indivíduo cantava e passava a repetir seguidamente a mesma estância. Aos poucos os outros decoravam a parte do coro que lhes cabia. Quando os versos estavam suficientemente decorados, a melodia já perfeitamente delineada e o ritmo nitidamente marcado, entrava em cena a zabumba, acompanhado dos outros instrumentos. E assim se iniciava entusiasticamente o samba de terreiro. Dada a estrofe, que podia ser improvisada por um homem ou mulher, dançador ou tocador, realizava-se um trabalho de aprimoramento da mesma, enquanto ela era decorada, até que se pudesse iniciar a dança com versos perfeitamente "polidos" pelo grupo todo. Aliás, esse processo se repetia aproximadamente do mesmo modo para todo e qualquer samba,[8] pois na sua grande maioria eram improvisados pelos sambadores, o que exigia aquele mecanismo a fim de serem aceitos, sentidos e decorados por todos.

---

[6] Essa lista de instrumentos foi elaborada com base nos dados fornecidos por Joaquim Luís Bispo, *op. cit.*, e Francisco Nardy Filho, *op. cit.*, p. 205.

[7] Joaquim Luís Bispo, *op. cit.*

[8] A expressão samba é utilizada pelos participantes tanto para designar o samba de terreiro como um todo, como para designar cada dança em si ou o conjunto dos sambadores.

O SAMBA DE TERREIRO 217

Quanto à coreografia, esse samba de terreiro apresenta poucos elementos fundamentais. Não são numerosos os passos característicos nem as figurações. Além do processo de introdução da estrofe improvisada no seio do grupo, o que já deve ser considerado um elemento coreográfico importante, poucos são os que se lhes acrescentam. Senão, vejamos: tomando-se os indivíduos dispostos no terreiro, conforme já mencionamos, temos um círculo que é formado pelo que chamamos de assistência-participante. No interior do círculo encontram-se os dançadores, dispersos, e os instrumentistas a um canto.[9] Como nos referimos a um samba já em execução, verifica-se que, enquanto os instrumentistas repetem seguidamente as mesmas frases musicais, os dançarinos fazem, individualmente, circunvoluções pelo interior da roda. Estes não dançam numa direção pré-fixada; parecem sambar a esmo, tendo como único ponto de referência o conjunto de tocadores, particularmente a zabumba. Dançam com os braços levantados, seja na altura do tórax, seja para cima. A não ser em algum dançarino improvisador, os passos se reduzem a passadas irregulares, em que se nota nitidamente a marcação do ritmo; os pés parecem ser usados principalmente para a marcação rítmica. São, contudo, os braços, as cadeiras e o corpo todo que nos dão o modo característico de cada um dançar. Os quadris, em particular, são grandemente usados pelas mulheres, em requebros.

Outro elemento coreográfico característico do samba de terreiro de Itu é a umbigada. Apresenta-se, contudo, de forma relativamente estilizada, pois raramente se verifica o contato real entre os dançadores. Há apenas a menção de um dançarino encostar seu ventre no de outro. Em dois casos, no entanto, a umbigada atinge aspectos novos e mobiliza a atenção de grande parte da assistência. Num deles, ela se dá entre um dançarino e uma dançarina. Ambos se acham sambando e começam a se enfrentar frente a frente, a pouca distância um do outro. Nesse caso, a disputa parece iniciar-se por uma

---

[9] Tanto tocadores como dançadores são designados conjuntamente como sambadores.

provocação, um negaceio, entre os dois. Essa negaça, e isto se nota claramente, é altamente carregada de sensualidade, o que provoca o interesse de todos. Um pretende atingir o ventre do outro com o seu, mas, enquanto a mulher foge e se oferece, o homem procura e recusa ao mesmo tempo. Nisso consiste o negaceio, que é realizado no ritmo certo do samba. Geralmente, essa situação atinge seu clímax com a umbigada propriamente dita, onde muitos dos nossos informantes viam manifestações sexuais e até mesmo figurações do coito. Outro caso em que a umbigada apresenta aspectos curiosos, coreograficamente, é aquele no qual participam uma dançarina e o tocador de zabumba, com seu instrumento. Desta vez a disputa é também carregada de sensualidade, mas acrescida de um elemento cômico, que é a zabumba interpondo-se entre os dançarinos. Aliás, agora o aspecto luxurioso torna-se ainda mais notório devido ao verdadeiro poder mágico que o instrumento (o som evidentemente) exerce sobre todos. O clímax do negaceio, a umbigada, é conseguido por meio da zabumba, que toca muitas vezes fortemente o ventre da dançarina.

A assistência-participante também deve ser considerada elemento coreográfico conforme a própria expressão o sugere. Os indivíduos que formam a roda, homens e mulheres, não formam uma assistência impassível. São negros e negras, mulatas e mulatos prontos para entrar no samba, seja pela umbigada que um dos dançàdores lhes dirige, seja por uma simples insinuação dessa umbigada, seja espontaneamente. Muitas vezes, um dançarino permanece alguns segundos em frente de uma sambista que está na roda e esta já se sente convidada a entrar no samba. Outras vezes verifica-se a menção de atingi-la com a umbigada. Em outros casos, nenhuma sugestão é necessária – apenas o entusiasmo que a música provoca.

Quanto às estrofes cantadas no samba de terreiro, no período que antecede 1940, verifica-se que podem ser dísticos ou quadras, onde encontramos uma parte para solo e outra para coro, conforme podemos constatar pelos exemplos colhidos:

O SAMBA DE TERREIRO **219**

1 – solo – Lá vem a roda
    coro – Quem tem faca com ponta qu'esconda.[10]
2 – solo – Capim fino virô catinguero
    coro – Minha gente, cadê campinero.[11]
3 – solo – Piriquito, cadê papagaio?
    coro – Hoje é dia treze de maio.[12]
4 – solo – ....
    coro – Delegado mandô pará.[13]
5 – solo – Eu tenho pena
             Eu tenho dó
    coro – Da novia preta
             De minha avó.[14]
6 – solo – Uá, uá
             Uê, uê
    coro – Só trabaio
             P'ra bebê.[15]
7 – solo – Meu São Benedito
             Já foi cozinheiro
    coro – Agora ele é
             Nosso pai verdadeiro.[16]

Evidentemente essas são apenas algumas das muitíssimas estrofes que os negros criavam continuamente no samba de terreiro.

Geralmente um samba (uma estrofe) durava longo tempo, cantado numa monotonia enervante para os que ouviam, mas num ritmo envolvente para os que sambavam. Alguns informantes chegam a falar em uma hora e até mais de duração de um samba; aliás, todos são unânimes em afirmar que durava longo tempo, o que pode ser indício do elevado grau de participação que os negros revelavam no samba de terreiro.

---

[10] Informante: Anísio Belcofine.
[11] Informante: Anísio Belcofine.
[12] Informante: Corintho Galvão de Toledo.
[13] Informante: Attilio Ianni.
[14] Joaquim Luís Bispo, *op. cit.*
[15] Joaquim Luís Bispo, *op. cit.*
[16] Francisco Nardy Filho, *op. cit.*, p. 205.

220 RAÇAS E CLASSES SOCIAIS NO BRASIL | *Octavio Ianni*

E quando se cansavam demais, era lícito aos sambadores retirarem-se para descansar, seja entre os que assistiam, seja nos bancos da igreja, que permanecia aberta e iluminada por toda a noite.[17]

Esses foram os elementos que conseguimos colher a respeito do samba de terreiro que era dançado em Itu, na década que medeia os anos de 1930 e 1940. Nesse período, aliás, já se constatavam elementos perturbadores do samba, como manifestação exclusivamente negra. Os brancos passaram a participar da dança ativamente. Não havia mais, conforme se verificava anteriormente, a preocupação dos negros e mulatos de manter o samba isento daqueles elementos. E os brancos, por sua vez, não o evitavam. Ou melhor, já o procuravam os indivíduos brancos da mesma camada social que os negros, principalmente os caboclos. E assim, pouco a pouco, o samba foi deixando de ser de negros, *foi clareando.* Foi secularizando-se, perdendo os caracteres mágico-religiosos. Já não era uma festa profana associada a cerimônias religiosas. Aquele passou a ser a exclusiva preocupação da maioria dos sambadores. Assim, o samba de terreiro ganhou novo significado para o branco, que o integrou.

Muitos descendentes de antigos sambadores não participavam da dança, pois viam nela um fator de desprestígio para si. Preferiam dedicar-se, por esse motivo, a outros divertimentos. Aliás, isso era possível por causa do calendário anual de festas, que abrangia outros divertimentos. Passaram a divertir-se principalmente nos dias de carnaval, para o que fundaram dois clubes em Itu, depois de 1920. Nesses clubes, da mesma forma que os brancos nos seus, os descendentes de escravos e velhos sambadores faziam baile nos mesmos dias que aqueles: o baile do Ano Bom, o baile de Aleluia, o baile da Primavera, os bailes pré-carnavalescos, os carnavalescos etc. E assim o samba de terreiro foi sendo esquecido pelos negros e mulatos já antes de 1930. Alguns saudosistas, velhos e ex-escravos, juntamente com alguns brancos, conseguiram levá-lo até cerca de 1940, quando algumas medidas tomadas

---

[17] Francisco Nardy Filho, *op. cit.*, p. 205.

O SAMBA DE TERREIRO 221

pelo clero e pelas autoridades policiais ajudaram a apressar sua extinção. O clero proibiu-o nas proximidades da igreja e a polícia impediu a sua realização dentro da cidade.

B. – Na noite de 5 de janeiro de 1955, após a reza na igreja de São Benedito, dançou-se novamente o samba em Itu. Não foi diante da igreja, que hoje não é mais terreiro de chão batido, mas coberto de lajes. Esse samba realizou-se no quintal do Mercado Municipal, que se encontra no quarto quarteirão acima daquela igreja, na mesma rua.

Dessa vez, contrariamente ao samba de terreiro realizado anteriormente a 1940, era maior o número de brancos, entre os que assistiam. E poucos eram os negros e mulatos, todos também curiosos.

O terreiro estava tomado por uma *caieira* (fogueira), de um lado, e uma barraca de quentão, do outro. Entre a caieira e a barraca postaram-se os tocadores – todos mulatos – com seus instrumentos de percussão: uma *caixa* (caixa surda), um *guaiá* (chocalho) e duas *zabumbas* (bumbos).[18] Ao lado dos tocadores colocaram-se os dançadores. E, cercando a todos, formou-se um círculo de aproximadamente 5 m de diâmetro, com a assistência. Sim, agora temos apenas uma assistência, e não mais uma assistência-participante como anteriormente.

Encontravam-se no terreiro somente oito sambadores (tocadores e dançadores), um dos quais do sexo feminino: Juvenal de Campos, Maria Faustina, Lupércio Freitas, Osvaldo Caetano, João Ramos, João Barulho, Roque Galvão e Sebastião Peitudo. Eram negros e mulatos. Todos tinham sambado nos sambas de antes de 1940, em Itu mesmo. Quanto à dançarina, que era jovem, não pudemos confirmar esse detalhe.

Antes de irem para a roda, os sambistas já haviam tomado uns goles de quentão, "para esquentar". Já no interior do círculo passaram a conversar, tomando providências. A seguir ouve-se algumas batidas fortes na zabumba, pedindo silêncio à assistência e a atenção dos sambistas. Entraram novamente

---

[18] O *guaiá* é uma caixa cilíndrica, de folha-de-flandres, com cerca de 30 em de comprimento e 15 de diâmetro; possui duas alças também de folha de cada lado, e no seu interior pedrinhas. O instrumento era pintado de amarelo e preto, em faixas longitudinais de cerca de 3 em de largura.

a conversar, já agora procurando saber quem iria começar o canto. Logo em seguida ouve-se uma estrofe que diz:

Eh! Campina, eh! Sorocaba
Ó zóio da minina
Ôi tá quenem jabuticaba.

Os versos são repetidos diversas vezes por todos, até que começa a estabelecer-se um diálogo entre o cantador que deu o "ponto" e os dançadores, que fazem o coro, repetindo a frase "Ôi tá quenem jabuticaba". Quando esses versos parecem já bem delineados e decorados por todos, quando a melodia está bem gravada e o ritmo patente a todos, o bumbo entra em cena na marcação certa, acompanhado pelos outros instrumentos. E assim se inicia o samba, com entusiasmo dos sambadores, e sob os olhares curiosos da assistência.

Os que estavam dançando faziam-no individualmente, sempre orientados para os instrumentistas, onde se reuniam cada vez que o samba era "cortado".[19] Davam os passos que entendiam, fazendo trejeitos próprios, e requebravam como podiam, principalmente a mulher presente. Não presenciamos nenhuma figuração que lembrasse a umbigada, estilizada ou não, encontrada no samba descrito anteriormente.

Aliás, o samba de terreiro presenciado nesse dia apresentou alguns caracteres diferentes do antigo e desagradou aos próprios sambadores. Um deles foi a curta duração de cada samba. Conforme sabemos, antes de 1940 cada estrofe era cantada por muito tempo – mais de uma hora, muitas vezes –, o que evidentemente deveria corresponder às exigências do grupo. No samba que presenciamos, entretanto, isso não se verificou. Durante toda a noite não houve samba que durasse mais que 5 minutos. E, além disso, o "ponto" foi dado, na sua quase totalidade, por um só indivíduo, que os tinha de memória, decorados. Esse indivíduo era o que tocava zabumba e que, ao mesmo tempo, orientava os outros instrumentistas.

---

[19] "Cortar" significa interromper o samba que está sendo dançado, quando está esmorecendo, a fim de se iniciar outro.

O SAMBA DE TERREIRO 223

Esses aspectos, associados com a ausência de mulheres sambistas, a distância da igreja que tanto se ligava aos festejos negros, e outros, revelavam marcantes diferenças entre o samba de terreiro de 1955 e o de 1940. Aliás, os próprios sambadores presentes demonstravam não estar satisfeitos com a dança, pois mostravam-se desorientados, interrompendo o samba a cada instante e bebendo quentão em grande quantidade logo de início. Veja-se outro exemplo ilustrativo dessas diferenças: a assistência não era composta, conforme já o dissemos, de indivíduos participantes, integrados no grupo. Eram curiosos: brancos, mulatos ou negros. Não se encontravam entre eles pessoas dispostas a entrar na dança, como antigamente. Não havia, portanto, possibilidade de manutenção do entusiasmo do grupo sambador, por meio do revezamento. Não precisamos lembrar, pois, que toda a noite somente sambaram aqueles oito já mencionados, revezando-se entre si e refazendo o entusiasmo através do quentão.

Quanto à vestimenta, usavam trajes domingueiros. A mulher vestia um vestido branco e os homens, calça, camisa e paletó sem gravata. Posteriormente, alguns tiraram o paletó.

Conforme dissemos acima, as estrofes eram dadas sempre pelo mesmo indivíduo, que as tinha de memória. Tratava-se de um velho sambador que decorara muitos dísticos, tercetos e quadras nos sambas de antes de 1940. Eis o que conseguimos registrar:

8 – solo – Sambá comigo é melhó.
    coro – Sambá comigo é melhó.
9 – solo – Eh! Campina, eh! Sorocaba
              Ó zóio da minina
    coro – Ôi tá quenem jabuticaba.
10 – solo – Eu tenho pena
              Eu tenho dó
    coro – Do galo preto
              Apanhá do carijó.
11 – solo – Ai papai
              Ai papai

    coro – Eu quero fazê bunito
           Porque sô feiô demais.
12 – solo – Eu não sô criança
           P'ra enganá cum ovo
    coro – Pois, a gente casado véio
           Tá quenem casado novo.
13 – solo – Verdura é serráia boa
           P'ra quem qué comê
    coro – Quem tem dente não morde
           Quem não tem qué mordê.
14 – solo – Até um dia
           Até um dia
    coro – Sereno cái
           No cabelo de Maria.
15 – solo – No arto da samambáia
           Viram o roxo da semente
    coro – Não façá carinho p'rosotro
           Sabe bem que a gente sente.
16 – solo – Assim não é
           Assim não é
    coro – Que dança com muié.
17 – solo – Pisei na pedra torta
           Essa pedra balançô
    coro – O mundo que tava tôrto
           A Rainha endireitô.

A seguir transcreveremos os textos das estrofes colhidas por nosso informante Henrique Maia, cuja grafia será mantida:

18 – Ôi, abra a roda
           prá Ema dançar!...   Bis
19 – Oi, Campinas! Ôi Limeira
           Pisei na ponta da linha,
           balancei, Campina inteira!...
20 – D. Maria, saia fora
           venha vê, no seu terrero
           corre água, sem chuvê,
           corre água, sem chuvê...

O SAMBA DE TERREIRO 225

```
21 – Ai, eu chorei
        eu chorei, logo ao nascer,
        se mecê não acredita,
        eu choro para mecê vê!...
22 – Mataram o meu carnêro,
        na Fazenda Chapadão,
        não quero sabê de nada...
        Quero meu carnêro, são!...
23 – Adeus, adeus,
        adeus, que eu já vou mimbora...
        Quem fica, fica com Deus,
        eu vou com Nossa Senhora!...[20]
```

Os textos de números 8 a 23, portanto, são de estrofes cantadas no samba de terreiro realizado em 5 de janeiro de 1955. Conforme já dissemos, somente algumas foram improvisadas; a grande maioria foi fornecida pelo tocador de zabumba, que as tinha de memória, guardadas de sambas anteriores. Tivemos o cuidado de transcrever todas as estâncias colhidas, para que os especialistas interessados nessa parte de nossa pesquisa tivessem o máximo de material comparativo. Aliás, na parte seguinte esboçaremos uma análise dessas composições com relação a modas e trovas do folclore caboclo paulista.

Samba ou batuque?

Apesar de não ser nossa preocupação principal realizar uma análise folclórica do material recolhido, faremos algumas indicações que permitam situar adequadamente o samba de terreiro de Itu, tanto no plano de suas origens africanas, como no das relações com as diversas manifestações suas já estudadas em nosso meio. Vamos estabelecer algumas conexões entre os estudos realizados por Arthur Ramos, Oneyda Alvarenga, Renato de Almeida e outros, a respeito do samba e do batuque, e o samba estudado por nós em Itu. Nosso intuito é fornecer ao leitor elementos que lhe permitam

---

[20] As estâncias nºs 18, 19, 20, 21, 22 e 23 foram colhidas por Henrique Maia e publicadas em *A Gazeta de Itu*, 16.1.1955.

226 RAÇAS E CLASSES SOCIAIS NO BRASIL | *Octavio Ianni*

obter uma noção clara do que pode representar o samba de terreiro de Itu no quadro das danças brasileiras, particularmente com referência ao samba e ao batuque estudados por aqueles autores.

Conforme nos afirma sugestivamente Renato de Almeida, o negro "já vinha sambando lugubremente nos navios negreiros" enquanto era trazido da África para o Brasil. E "aqui chegando, nas horas vagas, ia batucar e sambar".[21]

É Arthur Ramos, no entanto, quem nos fornece indicações documentadas sobre a origem africana de diversas danças do folclore brasileiro.[22] Segundo esse autor, o batuque é de origem angola-conguês e é a dança africana trazida pelos escravos que maior influência exerceu sobre as danças populares afro-brasileiras.[23] Assim, o samba é considerado um dos desenvolvimentos que sofreu o batuque quando entrou em contato com as condições socioculturais do meio brasileiro. Conforme a região do país, ou seja, de acordo com as condições sociais e culturais encontradas, o batuque teria sofrido transformações neste ou naquele sentido. Posteriormente, o samba, por sua vez, também sofreria transformações, o que viria dar diversos tipos regionais do mesmo.[24] Em linhas gerais, o batuque – uma dança trazida pelos negros da África – teria como uma das suas características a "umbigada", que os negros chamavam de *semba*. No Brasil, essa palavra ter-se-ia transformado em *samba*, expressão esta que passou a ser usada como sinônimo de batuque. Mas somente mais tarde é que o samba teria adquirido feição própria, não perdendo, contudo, certos caracteres de dança de roda, comuns também ao jongo, além do batuque.[25]

Em que consiste, afinal, o batuque africano? Para Alfredo Sarmento, citado por A. Ramos,[26] em Angola "o batuque consiste também num círculo formado pelos dançadores,

---

[21] Renato de Almeida, *História da Música Brasileira*, Rio de Janeiro, 1942, p. 151.
[22] Arthur Ramos, *O Folclore Negro do Brasil*, 2ª ed., Rio de Janeiro, 1954, cap. V.
[23] Arthur Ramos, *op. cit.*, p. 124.
[24] Arthur Ramos, *op. cit.*, p. 127.
[25] Arthur Ramos, *op. cit.*, p. 127.
[26] Arthur Ramos, *op. cit.*, p. 124.

indo para o meio um preto ou preta, que, depois de executar, vários passos, vai dar uma umbigada, a que chamam *semba*, na pessoa que escolhe, a qual vai para o meio do círculo, substituindo-o". Para Luciano Gallet, que Arthur Ramos utiliza grandemente nessa parte de trabalho, tanto o batuque como o samba conservaram no Brasil esses caracteres, apesar das variantes regionais. Aliás, L. Gallet nos fala na improvisação da estrofe e no diálogo entre o solo, que é feito por quem fornece a estrofe, e o coro, que é cantado por todos os dançadores, como elementos comuns ao jongo, batuque e samba. "O cantador improvisa a estrofe, o coro responde enquanto ao lado estão os músicos com seu instrumental ruidoso." "Essas danças prolongam-se dia e noite; desde que circule a 'pinga' e que os ânimos se mantenham exaltados."[27] Note-se, contudo, que a descrição de L. Gallet se refere a material colhido no Brasil e em data recente, pois sua obra *Estudos de Folclore* foi editada em 1934.

Renato de Almeida, que já mencionamos acima, adota o mesmo ponto de vista de A. Ramos: o samba foi por muito tempo usado como sinônimo de batuque, e dele se desenvolveu, posteriormente. E afirma, "o *batuque* tem o significado genérico das danças de roda afro-brasileiras, como sinônimo de *samba*. Este se faz no terreiro ou no interior, em pequeno espaço. Enquanto a negrada em roda batuca e canta, um dançarino ou dançarina, às vezes um par, dança ao centro, numa coreografia primária, de requebros e meneios, abaixando-se ou erguendo-se, ora em movimentos lânguidos ora frenéticos, sempre sensuais, e terminando com a umbigada. Quando, ao centro, está um dançarino, ele dá a umbigada numa mulher, de fronte da qual para e faz vários floreados. Dada a umbigada, vem ela para o centro, conclui a sua dança e acaba dando a umbigada num homem e assim, sucessivamente, vão se alternando homens e mulheres. Quando dança um par, a umbigada é sinal do fim e novo par deve substituí-lo ao centro da roda."[28] Evidentemente, essa descrição parece

---

[27] Arthur Ramos, *op. cit.*, p. 127.
[28] Renato de Almeida, *op. cit.*, p. 158.

228 RAÇAS E CLASSES SOCIAIS NO BRASIL | *Octavio Ianni*

ser um adendo à anterior; parece completar a descrição da coreografia fornecida por A. Ramos, deixando de lado o canto.

Oneyda Alvarenga, da mesma forma que Renato de Almeida, é uma estudiosa que se preocupa principalmente com os aspectos musicais das danças brasileiras. Coloca-se, no entanto, como defensora da mesma tese deste autor e A. Ramos.

Para ela o samba "é outro nome dado no Brasil a essa mesma coreografia",[29] isto é, ao batuque. E, numa descrição sucinta, nos diz que o batuque "consiste em uma roda na qual tomam parte, além dos dançadores, os músicos e os espectadores. No centro da roda fica um dançador solista, ou um ou mais pares, ao cargo dos quais está de fato a coreografia. A dança consiste em movimentos violentos dos quadris, sapateados, palmadas e estralar de dedos, e apresenta, como elemento específico, a umbigada, que o dançarino ou dançarinos dão nos componentes da roda que escolhem para os substituir."[30] A palavra batuque, informa-nos ainda a autora, é corrente no Brasil como designativo genérico do tipo coreográfico que ela representa, ou das danças acompanhadas por grande instrumental de percussão, ou, ainda, como designativo desse próprio instrumental.[31] Mas tem estado a cair em desuso em favor do samba, principalmente em São Paulo, Bahia e Rio de Janeiro.[32]

No Estado de São Paulo, o samba é realmente mencionado por diversos autores e, segundo estes, apresenta características próprias. É a mesma Oneyda Alvarenga quem nos informa que o samba paulista das zonas rurais não apresenta a umbigada e está passando dos negros para os caboclos. Em Tietê, diz ela, existe um samba em que os dançadores se dispõem em duas filas, uma de homens e outra de mulheres, os quais fazem uma série de meneios; do lado dos homens ficam os instrumentistas. Entre as duas filas fica um solista

---

[29] Oneyda Alvarenga, *Musica Popular Brasileña*, México, 1947, p. 113.
[30] Oneyda Alvarenga, *op. cit.*, p. 112.
[31] Oneyda Alvarenga, *op. cit.*, p. 113.
[32] Oneyda Alvarenga, op. *cit.*, p. 114.

O SAMBA DE TERREIRO 229

(dançarino), que vai sendo substituído sucessivamente por outros das filas.[33]

É Mário de Andrade, no entanto, quem nos dá uma das melhores descrições do samba no Estado de São Paulo. Em seu trabalho intitulado "O Samba Rural Paulista"[34] nos fornece excelentes indicações a respeito de uma das manifestações típicas do que ele chama o *samba rural paulista*. Trata-se do samba estudado por ele em Pirapora, em 1937. Coreograficamente, essa dança apresenta-se do seguinte modo: os tocadores ficam de um lado, em fila, e as dançadoras (todas eram mulheres) situam-se também em filas (três filas sucessivas), de frente voltada para os tocadores. Quando dançam verifica-se um avançar e recuar constante dos instrumentistas e das dançarinas. "Na aparência", diz Mário de Andrade, "a coreografia é precária": rebolar de ancas, passos improvisados, o inclinar e erguer do torso e uma marcha pesada, para frente e para trás. Aliás, o que predomina esteticamente é o ritmo. É a este que os indivíduos se entregam com maior intensidade, deixando para segundo plano a letra, a melodia, e mesmo os passos do samba. Quanto ao texto das estrofes, pode ser dado por homem ou mulher, desde que pertençam ao grupo de sambadores (tocadores e dançadores). Esse texto é introduzido no seio do grupo por meio do que M. de Andrade chama a "consulta coletiva", que pode ser considerado um momento coreográfico. Essa consulta consiste no seguinte: todos os sambadores se reúnem em volta do bumbo, donde emerge um texto recitado indistintamente, que aos poucos vai se firmando e polindo, até atingir uma forma nítida, marcada e decorada por todos. Somente nesse ponto o bumbo e os outros instrumentos entram em cena. Além de outros aspectos do samba que estudou, o autor lembra ainda a duração de cada samba, que era de cerca de 5 a 6 minutos.[35]

Em seu trabalho intitulado *Descrição da Festa de Bom Jesus de Pirapora*, resultante de uma pesquisa realizada em 1936, em

---

[33] Oneyda Alvarenga, *op. cit.*, p. 116.
[34] Mário de Andrade, "O Samba Rural Paulista", *in Revista do Arquivo Municipal*, São Paulo, novembro de 1937, vol. XLI, ano IV.
[35] Mário de Andrade, *op. cit.*, pp. 39-47.

230 RAÇAS E CLASSES SOCIAIS NO BRASIL | *Octavio Ianni*

Pirapora, Mário Wagner Vieira da Cunha nos oferece também uma descrição do samba. Não podemos, contudo, afirmar que seja o mesmo samba descrito por Mário de Andrade, que o estudou no ano seguinte, pois a festa de Pirapora apresenta certas peculiaridades que não nos permitem essa constatação. Alias, conforme nos informa o próprio Mário Wagner,[36] os sambadores que se encontravam em Pirapora nos dias de festa pertenciam a *batalhões* distintos quanto à procedência: batalhão de Campinas, de São Paulo, de Itu etc., cada um com seu chefe. Sabemos que o samba estudado por Mário de Andrade foi aquele apresentado pelo batalhão de São Paulo; mas não sabemos a que batalhão pertencia o samba descrito por Mário Wagner. Isso não nos impede, contudo, de aproveitar, para fins comparativos, a descrição fornecida por esse autor.

O samba estudado por Mário Wagner apresenta os seguintes elementos coreográficos: geralmente os dançadores se compõem de homens e mulheres (estas em maior número) que dançam voltados para os tocadores, em direção dos quais avançam e recuam, ao compasso do samba. Os requebros não são uniformes nem constantes, havendo grande improvisação de gestos e passos. As mulheres utilizam em seus meneios principalmente os quadris. Os instrumentistas, que são sempre indivíduos do sexo masculino, tocam: tamborim, pandeiro, guaiá, bumbo, cuíca, reco-reco e tambor médio. O chefe é quem toca o bumbo e oferece, geralmente, a primeira estrofe para o samba. Verifica-se, contudo, a improvisação nos moldes descritos por Mário de Andrade na parte referente à "consulta coletiva", de onde emergem dísticos, tercetos e quadras.[37]

Finalmente, Mário Wagner faz algumas considerações a respeito da decadência do samba em Pirapora, decadência essa constatada por ele mesmo, no ano seguinte ao da pesquisa, em 1937. Segundo seu parecer, o samba estaria em decadência no lugar em consequência do desequilíbrio verificado entre a festa religiosa, que era o motivo da concentração de forasteiros

---

[36] Mário Wagner Vieira da Cunha; "Descrição da Festa de Bom Jesus de Pirapora", *in Revista do Arquivo Municipal*, São Paulo, novembro 1937, vol. XLI, ano IV.

[37] Mário Wagner Vieira da Cunha, *op. cit.*, pp. 20-30.

O SAMBA DE TERREIRO 231

em Pirapora, e a festa profana, na qual predominava o samba. Naturalmente, esse desequilíbrio passou a favorecer o samba, o que levou a uma ação repressiva por parte do clero, que se estribou na licenciosidade reinante no seio do samba.[38]

Evidentemente, o leitor já verificou em que pontos o samba de terreiro de Itu se assemelha ou diverge das diversas manifestações de samba e batuque apresentadas acima. Entretanto, para que os aspectos que julgamos significativos fiquem suficientemente destacados, convém esboçar uma análise comparativa.

Muitas são as contingências sociais e culturais que separam o batuque encontrado por Alfredo Sarmento em Angola e o samba de terreiro em Itu.[39] Entretanto, apesar dessas contingências, o que perdurou neste, tendo provindo daquele? Manteve-se a roda, ou seja, o círculo formado pela assistência-participante que envolve os sambadores e a umbigada. Se aquele elemento, contudo, permaneceu relativamente intacto, a umbigada transformou-se, estilizou-se, saiu da roda para fazer parte da dança propriamente dita. Em Itu, a disputa coreográfica entre os componentes do casal que dança é realizada dentro do círculo e está fortemente carregada de sensualidade. E essa disputa, ou melhor, negaça, é ainda mais intensa quando entra em jogo a zabumba e seu tocador. Mas a umbigada já não é obrigatória nem generalizada no samba ituano. Muitos dançadores saem da roda sem deixar substituto, enquanto outros convidam seus substitutos de formas diversas: com a umbigada, batendo com as costas da mão direita no ventre de quem aguarda, atingindo o indivíduo que está parado com o corpo todo etc. Transformou-se. Não se extinguiu como em Tietê e Pirapora, mas perdeu a antiga significação para os sambadores. A umbigada em Itu não tem aquela essencialidade para a dança, conforme assinalam A. Ramos, Renato de Almeida e Oneyda Alvarenga, tanto para o samba quanto para o batuque. É apenas um dos elementos

---

[38] Mário Wagner Vieira da Cunha, *op. cit.*, pp. 30-33.

[39] Sempre que nos referirmos ao samba de terreiro de Itu, estaremos nos reportando ao samba existente nessa localidade antes de 1940. Tornaremos explícitas as referências que fizermos ao samba encontrado por nós em 1955, nessa cidade.

232 RAÇAS E CLASSES SOCIAIS NO BRASIL | *Octavio Ianni*

coreográficos. Ela somente polariza o entusiasmo coletivo, conforme dissemos, quando se verifica uma disputa entre dois dançarinos de sexos opostos ou quando entra em cena o tocador de zabumba com seu instrumento. Mas, nesses casos, insinuam-se elementos cômicos e eróticos, os quais despertam as atenções gerais. Por outro lado, no samba de terreiro presenciado por nós em 1955 já não ocorre a umbigada, o que vem confirmar a importância relativa que lhe era atribuída antes de 1940.

Aliás, nos seus aspectos coreográficos, e ressalvado o papel atribuído à umbigada em Itu, o samba de terreiro é semelhante ao descrito por Oneyda Alvarenga em sua *Música Popular Brasileña*. Não se constatam as filas de dançadores, como em Tietê, nem a disposição em filas de dançarinas e fila de tocadores, como encontrou Mário de Andrade em Pirapora.

A "consulta coletiva", que Mário de Andrade descreve e Mário Wagner também registra (sem essa denominação), é encontrada no samba de terreiro ituano de forma semelhante àquela encontrada por esses dois autores em Pirapora. Apesar de não ocorrer no samba de 1955, o samba ituano anterior a 1940 apresenta manifestações bastante semelhantes ao que aquele autor chama consulta coletiva. Aliás, as três manifestações apresentam os mesmos caracteres gerais no conjunto do samba: a consulta coletiva visa congregar o grupo em torno das mesmas expressões poético-musicais, que são, geralmente, compostas de elementos da experiência comum dos indivíduos componentes do grupo.

E que dizer das estrofes em si? O que nos revelam essas composições quanto às formas que assumem e quanto aos temas que utilizam como motivos? De acordo com Amadeu Amaral,[40] a poesia popular brasileira divide-se em dois ramos distintos: o canto e o recitativo. Do cancioneiro, ele distingue o do campo daquele da cidade, ou seja, o rural do urbano. No quadro do cancioneiro rural, Amadeu Amaral distingue a "moda" da "trova". Deixando de lado as considerações que faz acerca das origens das mesmas, o que não nos interessa no

---

[40] Amadeu Amaral, *Tradições Populares*, São Paulo, 1948.

O SAMBA DE TERREIRO 233

momento, verifiquemos o que ele nos diz a respeito da forma e dos motivos dessas composições caboclas. "Quanto à forma, predominam geralmente na *moda* o verso setissílabo e a rima única, ora soante, ora toante, alternando com versos brancos. Mas também aparecem de quando em quando versos menores, como o de cinco sílabas, e as rimas variadas."[41] Quanto aos temas, na "moda" predominam os seguintes: misérias do caboclo, aventuras, trabalhos, brincadeiras, humorismos, pura fantasia, "os mais diversos acontecimentos da vida social".[42] Apesar de nada dizer a respeito das motivações da "trova", deixa implícito que as desta são as mesmas daquela. Aliás, a coleção que ele nos oferece o demonstra. Quanto à forma, entretanto, as "trovas" "constam geralmente de quatro versos de sete sílabas, rimando o segundo com o quarto, e quase sempre se dividem, quer quanto ao ritmo, quer quanto à ideia e quanto à estrutura oracional, em duas metades destacadas".[43] "Frequentemente a primeira das duas metades de uma quadrinha não têm relação lógica com a segunda, resolvendo-se em puro enchimento."[44]

Uma análise da forma e dos motivos das estrofes mencionadas neste trabalho revelam o seguinte fato: o samba de terreiro de Itu incorporou, ainda que imperfeitamente, modas e trovas do folclore caboclo. Quanto à forma, enquanto nas composições referentes ao samba anterior a 1940 encontramos somente a "moda", no de 1955 temos ao mesmo tempo a "moda" e a "trova". Quanto aos motivos, por outro lado, todas as composições citadas por nós enquadram-se no conceito de cancioneiro rural, de Amadeu Amaral. Em resumo, glosando-se as estâncias fornecidas por esse autor[45] e aquelas apresentadas neste trabalho, conclui-se que o samba de terreiro ituano, já no decênio 1930-1940, incorporara elementos do folclore caboclo paulista.

---

[41] Amadeu Amaral, *op. cit.*, p. 76.
[42] Amadeu Amaral, *op. cit.*, p. 72.
[43] Amadeu Amaral, *op. cit.*, p. 79.
[44] Amadeu Amaral, *op. cit.*, p. 80.
[45] Amadeu Amaral, *op. cit.*, pp. 71-93.

234 RAÇAS E CLASSES SOCIAIS NO BRASIL | *Octavio Ianni*

Um fator que nos chamou a atenção logo a princípio foi a duração de cada samba. Enquanto em Itu falam os informantes em mais de uma hora de duração de cada canto, não vimos nada semelhante em outras pesquisas. Mário de Andrade refere-se à duração de um samba de 5 a 6 minutos, em média. Mesmo em Itu, em 1955, durava poucos minutos cada samba. A que se pode atribuir esse fenômeno? Por que durava tanto tempo um samba, em Itu? Seria inovação cantar apenas poucos minutos, como se verificava em outras localidades?

A nosso ver, a duração temporal de um samba constitui um caráter que pode servir de pista para se avaliar o grau de "pureza" da dança, como manifestação cultural de origem africana. No plano da emotividade, a duração do samba seria um dos fatores que revelariam o grau de integração das personalidades no grupo. Os negros, individualmente, estariam mais integrados quanto maior fosse o entusiasmo que dedicassem à dança. Assim, o samba de terreiro duraria até horas seguidas, porque seria uma manifestação integral e espontânea do grupo, tanto no que se refere à estrofe como à melodia e ao ritmo. Aliás, como criação específica dos negros, é lícito ajuizar-se do alto grau de interesse que a dança lhes despertava.[46]

Em outras localidades, e mesmo em Itu em 1955, a pequena duração das estâncias poderia ser atribuída à influência de padrões dos brancos, entre os quais podemos destacar, por exemplo, a imitação da duração das danças de salão. Ou então, seria consequência da integração do negro na sociedade, o que evidentemente alterou as suas disposições psicossociais, o seu sistema de respostas, mesmo com relação a situações sociais semelhantes às que enfrentava quando em regime de escravidão.[47]

---

[46] Somente em Florestan Fernandes se encontra referência à longa duração do canto, ao se referir ao batuque: "note-se", diz ele, "que cantam apenas um dos versos noite adentro" (p. 256). "Congadas e Batuques em Sorocaba", *in Sociologia*, São Paulo, 1943, nº 3, vol. V.

[47] Considere-se a explicação dada a respeito da duração de cada samba como sugestão que necessita de novas pesquisas para confirmação.

Em resumo, o samba de terreiro ituano pode ser interpretado, em seus aspectos gerais, como uma variedade local assumida pelo samba, mas mantendo ainda, antes de 1940, alguns caracteres que o assemelham ao batuque transportado pelos negros de Angola.

Análise sociológica

Nesta parte de nosso trabalho, vamos fazer algumas considerações sobre os dados colhidos em Itu, a fim de evidenciar as implicações socioculturais mais significativas.[48] Pretendemos principalmente mostrar: a) quais as condições que levaram o samba de terreiro a se manter por muitos anos após a extinção da escravatura; b) quais os fatores que levaram o samba de terreiro a perder o interesse para os negros e seus descendentes, a partir de determinada época.

Contrariamente ao que supúnhamos inicialmente, a análise dos textos das estrofes citadas poucos elementos nos fornece para a compreensão do processo sociocultural que levou o samba a manter-se por muitos anos e, em seguida, decair rapidamente. Após a extinção da escravatura, com o passar dos anos, as motivações que o grupo negro possuía foram se transformando rapidamente com as mudanças que ocorreram na estrutura social da comunidade. Tinham deixado de vigorar aquelas barreiras de castas do período escravocrata. O negro agora livre, cidadão como qualquer branco, trabalhando lado a lado com este e recebendo também o seu salário. As restrições do regime escravo foram sendo esquecidas, e aqueles que não tinham sido escravos não chegaram a senti-las diretamente, não tendo, portanto, muito o que recordar. A nova situação social dos negros era a mesma dos brancos: lavradores, artesãos, serviçais, operários etc. – assalariados, enfim. É por isso que não encontramos nas estrofes citadas[49] senão motivos cotidianos. Não revelam as tensões sociais dos

---

[48] Evidentemente, o material apresentado na parte II não satisfaz totalmente as considerações deste tipo. Daremos, contudo, na medida do necessário, as informações acessórias essenciais à interpretação.

[49] Para efeito dessas considerações, estamos levando em conta as estrofes do segundo grupo (referentes a 1955) como fazendo parte do primeiro.

tempos da escravidão. Há apenas referências a experiências cotidianas: a dança, a mulher, o trabalho, a bebida, a polícia, enfim, os componentes fundamentais da vida social que os negros passaram a viver. Somente em três de todas as estâncias citadas encontramos indicações significativas com relação à ascensão social do negro: nas de números 3 e 17 constatamos o regozijo pelo término da escravidão, e a número 7 sugere metaforicamente a aquisição do novo *status*.

Ascender na escala social foi, aliás, uma preocupação fundamental dos negros após a extinção da escravatura. A própria luta antiescravagista é uma manifestação marcante do desejo de igualar-se aos brancos. Por que, no entanto, os negros mantiveram o samba de terreiro por tantos anos – uma dança que os levava a distinguir-se dos brancos, a lembrar sua recente condição escrava, origem africana etc.? A nosso ver, o samba[50] teve, a despeito disso, o mérito de ajudar a restaurar o equilíbrio social do grupo negro, tanto quanto a função de preservar o equilíbrio psíquico e o autorrespeito de seus componentes nas condições de rápida mudança social e econômica, que sobrevieram. Por quê? Sabemos que durante a escravidão, apesar das lutas que muitos negros mantiveram pela libertação, eles encontravam um grau mínimo de segurança material na sua dependência dos senhores, e certa segurança e estabilidade emocional no plano dos ajustamentos sócio-psíquicos dentro do próprio grupo. Com a libertação, todavia, tiveram que se defrontar com novas condições de existência social. Cada indivíduo ou família devia procurar o próprio interesse; devia-se, agora, entrar no mercado de trabalho nas mesmas condições que o branco (o brasileiro ou o imigrante recém-chegado), que geralmente estava mais socializado para esse mercado. Isso tudo provocava no negro sérios desajustes sociais, que em alguns casos foram letais, conforme nos informa a História. Entretanto, como enfrentar as novas condições? Lançando mão dos recursos disponíveis, a fim de que não fosse demasiado violenta e nociva a passagem

---

[50] E isto acreditamos que possa ser atribuído também a outras danças negras, em outros lugares do país, desde que houvesse escravidão.

O SAMBA DE TERREIRO 237

brusca do *status* de escravo para o de cidadão.[51] É isto que os leva a fortalecer a unidade e a harmonia grupais por meio de todos os recursos disponíveis, donde destacamos o culto de suas tradições comuns. Assim, o samba assume novo significado para os negros: enquanto as danças das senzalas eram um meio de resistir ao poderio e à opressão da casa grande, o samba de terreiro é um fator que colabora na manutenção da vida grupal, por meio do culto das tradições comuns. E assim ele se mantém por muitos anos.

Entretanto, de acordo com todos os depoimentos obtidos em Itu, o samba já vinha decaindo como cerimônia negra antes de 1930. Enquanto muitos negros já não lhe davam a importância habitual, indivíduos de cor branca passaram a imiscuir-se no mesmo, colaborando assim na transformação do significado e da finalidade que os negros lhe atribuíam. Ao lado desses fatores, outros entram em jogo no processo em curso. Os descendentes dos escravos, conforme já dissemos, não comungam dos mesmos ideais que os pais. Primeiro, porque não haviam participado da experiência escravocrata. Depois, porque estavam em melhor situação social que os antepassados para enfrentar a luta pela vida ao lado dos brancos, pois tinham nascido em outras condições sociais. Por isso, as tradições que os ex-escravos tiveram necessidade de cultuar não encontraram apoio nos seus descendentes. Temos ainda que considerar devidamente a intromissão do branco no samba de terreiro, o que provocou a introdução da licenciosidade no mesmo, para o que colaboraram grandemente a pinga e o quentão. Houve negros jovens que passaram a considerar o samba da mesma forma que os brancos. E é a licenciosidade que justifica a ação da polícia e do clero, este proibindo-o no pátio da igreja, e aquela impedindo a sua realização em qualquer parte da cidade.[52]

Por conseguinte, o negro vai, pouco a pouco, abandonando o samba de terreiro em consequência de sua luta para

---

[51] Veja Roger Bastide e Florestan Fernandes, "Relações Raciais entre Negros e Brancos em São Paulo", *in Anhembi*, nºs 30, 31, 32, 33 e 34, São Paulo, 1953; cap. I.

[52] O terreiro em frente da igreja já não é mais de chão batido; está agora coberto de lajes.

igualar-se socialmente ao branco. Mais ainda, procurava subir na escala social da mesma forma que o assalariado branco o fazia. Uma diferença fundamental entre um e outro, contudo, é o fato de que o negro enfrenta o problema da linha de cor, que lhe era adversa; isto sem lembrar outros fatores mencionados acima. Aliás, há outros elementos que ressaltam mais ainda a amplitude da luta dos negros. É assim que vamos encontrar como componentes de grande significação social nesse processo os clubes dos negros e mulatos. Quando os filhos dos escravos e descendentes deixavam de comparecer ao samba de terreiro, abandonando-o ao branco, em algum lugar deveriam estar se divertindo. Não era nos clubes dos brancos. Mesmo aqueles proletários brancos não permitiam o ingresso dos pretos e mulatos; e quando o permitiam, estes não se sentiam à vontade, sentiam a barreira que lhes tolhia a espontaneidade – o preconceito dissimulado. Portanto, quando o negro não ia ao samba de terreiro, estava em *seu* clube, dançando com seu par, da mesma forma que os brancos faziam em seus clubes. A cidade de Itu possui dois clubes de pretos e mulatos.[53] E é neles que os jovens negros e mulatos encontram, há diversos anos, o ambiente para a sua dança, o seu baile. O *samba de salão* substitui o *samba de terreiro*. Abandona-se o samba na forma tradicional pela valsa, pelo tango, pelo *swing*.

Assim, paralelamente à secularização do samba de terreiro, verificou-se a acaboclização do mesmo, com sua transferência para a cultura regional do tipo caboclo, o que, aliás, já ficou indicado na análise das composições. Houve uma evasão do

---

[53] Segundo nos informa Francisco Nardy Filho (*op. cit.*, pp. 205-206), já antes de 1900 os negros tinham fundado dois clubes: o "21 de Abril" e o "Fuzileiros" para "dançar baile". Cerraram suas portas em consequência principalmente da febre amarela, que dizimou muitos negros em 1892, 1893 e 1897.

Entretanto, depois de 1920, foram fundados novamente dois clubes, os quais têm tido vida intermitente até nossos dias; atualmente têm se manifestado com os nomes de "Paz e Amor" e "Flor de Maio". Sabemos, contudo, que a partir de 1930 é nos dias de carnaval que esses clubes se manifestam intensamente, organizando desfiles e bailes pomposos. A respeito desses clubes, aliás, estamos projetando nova pesquisa.

elemento humano, que suportava anteriormente o samba, mantendo seu clima moral.

Conclusões

Examinando detidamente tudo que foi exposto, podemos concluir que:

a) O samba de terreiro de Itu é uma dança que deve ser incluída no quadro das danças brasileiras desenvolvidas do batuque.

b) O samba ituano manteve-se em atividade enquanto o grupo social negro, recém-egresso da escravidão, sentiu nele um fator a mais no processo que o levava a adaptar-se às novas condições de existência social. Nesse sentido, o samba de terreiro ajudou a atenuar o desnível existente entre as condições sociais anteriores, aparentemente definidas, e as novas, mas inseguras.

c) Os descendentes dos escravos abandonaram o samba de terreiro porque ele perdeu sua antiga significação sociocultural, pois não tiveram que enfrentar os mesmos problemas decorrentes do ajustamento a novas condições de existência e pretendiam ascender na escala social da mesma forma que o branco, procurando segui-lo na esfera da recreação.

1955

12

EDUCAÇÃO E MOBILIDADE SOCIAL

Dentre os característicos da formação histórica da sociedade brasileira, destaca-se a composição étnica e racial bastante diferenciada. O brasileiro pode ser branco, negro, mulato, índio, cafuzo, caboclo, de origem alemã, italiana, espanhola, portuguesa, síria, libanesa, turca, polonesa, ucraniana, russa, japonesa e outras. Note-se que essa heterogeneidade implica disparidades ou diferenças culturais e linguísticas. Nem todos falam os mesmos idiomas, adoram os mesmos deuses ou identificam-se da mesma forma com os valores e símbolos do país. Mais importante que isso, no entanto, é o fato de que as diferentes etnias e raças não se distribuem de modo homogêneo nem no território nacional nem nas diversas classes sociais. Há cidades em que os negros e mulatos concentram-se em maior percentagem do que a média nacional, ao passo que em alguns centros a sua presença é reduzida. Outras em que os imigrantes ou seus descendentes, de origem europeia, parecem quase ausentes, enquanto em algumas eles são bastante visíveis. No que diz respeito à presença relativa e absoluta dos diferentes grupos na estrutura social brasileira, também se verificam desigualdades acentuadas. Há localidades nas quais os alemães ou seus descendentes estão relativamente dispersos pelas várias classes sociais, enquanto os poloneses, ucranianos, russos, italianos ou os seus descendentes tendem a concentrar-se entre os trabalhadores manuais e de classe média. Da mesma forma, há lugares em

EDUCAÇÃO E MOBILIDADE SOCIAL 241

que a dispersão social dos negros e mulatos é mais ampla, ao passo que em outras eles estão mais concentrados entre os operários e a classe média baixa.

É evidente que essa heterogeneidade, conforme aparece concretamente na estrutura de classes da sociedade brasileira, possui alguma identificação para o entendimento de algumas das peculiaridades dessa mesma sociedade. Vejamos principalmente dois aspectos dessa questão.

Em primeiro lugar, o componente étnico ou racial não coincide, mas também não é indiferente à hierarquia das classes sociais. Enquanto sistema de valores e padrões de comportamento, esse componente possui alguma especificidade, diante dos valores e padrões que singularizam cada classe social. Há elementos linguísticos, religiosos e outros, além dos traços genotípicos, que parecem organizar-se na ideologia particular de cada grupo. Isso cria a aparência de que a heterogeneidade da população brasileira independe ou transcende as diferenças de classe. Ao mesmo tempo, no entanto, observa-se que a ideologia deste ou daquele grupo pode inserir-se mais ou menos fundamentalmente nesta ou naquela classe social. Em Curitiba, por exemplo, o "loiro" que se acha na burguesia pode ser "alemão". Ao mesmo tempo, o "loiro" que se acha no proletariado pode ser "polaco". Em São Paulo, um negro tende geralmente a ser tomado como operário, salvo se algum traço social marcante, como por exemplo o modo de falar ou o vestuário, indicar algo diferente. Em suma, na medida em que o componente étnico ou racial nem coincide nem é indiferente à hierarquia das classes sociais, ele aparece diretamente nas condições socioculturais de circulação e mobilidade sociais das pessoas, famílias e grupos.

Em segundo lugar, e em decorrência do que foi observado acima, essa heterogeneidade étnica e racial pode relacionar-se mais ou menos diretamente as condições de democratização da sociedade brasileira. É inegável que as diferentes etnias e raças que compõem a população do país encontram-se distribuídas de modo variável, conforme os setores produtivos, a condição de empregado, empregador e autônomo, a filiação religiosa, a participação em organizações sindicais e partidárias, o acesso aos círculos político-administrativos, o ingresso na carreira militar e assim por diante. É provável, no entanto, que essa distribuição (variável) não seja simplesmente ocasional. Isto é, além de estar basicamente determinada pela *situação de classe* das pessoas, ela pode estar mais ou menos influenciada pelos valores e padrões socioculturais que caracterizam a *situação racial* no país. Com isso não queremos sugerir que a situação racial não se manifesta também no nível das relações econômicas. Queremos apenas sublinhar o nível sociocultural como aquele em que as relações parecem configurar-se mais abertamente. Na prática, da mesma forma que a situação de classe, a situação racial implica relações econômicas, socioculturais e políticas.

A ideologia racial predominante

Conforme revela a maioria dos estudos sociológicos e antropológicos sobre a situação racial brasileira, as variações na distribuição econômico-social das pessoas e grupos étnicos e raciais não é nem ocasional nem função estrita da hierarquia de classes. Isto é, os elementos étnicos e raciais – traços genotípicos, idioma, religião e outros – tendem a identificar as pessoas de um grupo entre si e nas suas relações com as pessoas dos outros grupos. A verdade é que o preconceito, a discriminação e a barreira social de base étnica ou racial pode manifestar-se nas relações de trabalho e familiares, na escola, igrejas e seitas, em círculos políticos e assim por diante.

A despeito desses característicos da situação racial, no entanto, há um elemento que mantém preeminência sobre todos os outros. Na sociedade brasileira tende a prevalecer o mito da igualdade étnica e racial. Em todos os círculos de relações sociais em que o branco é predominante persiste e está presente o mito de que a sociedade é uma democracia racial. Aliás, esse mito é tão arraigado e difundido, que todos os grupos são fortemente influenciados por ele. Ninguém pode compreender a ideologia racial do negro e do mulato sem tomar em conta esse elemento essencial da ideologia racial do branco. Essa ideologia predomina e impõe suas tonalidades às ideologias de todos os outros grupos, inclusive os brancos

EDUCAÇÃO E MOBILIDADE SOCIAL 243

de origem europeia, os japoneses e os seus descendentes. Tanto assim é que todas essas ideologias apresentam-se primeiramente como contra-ideologias. Em alguns casos, como entre os negros e os mulatos, a ideologia racial pode revelar-se acentuadamente ambígua e contraditória, além das ambiguidades e contradições inerentes à situação social particular deles. Isso se deve, em boa parte, ao fato de que frequentemente são levados a pensarem-se no espelho dos brancos. Pensam-se a partir dos estereótipos inerentes ou explícitos na ideologia do branco. Daí o fato de que às vezes se defrontam com um profundo hiato entre as suas condições reais de vida e os seus modos de pensar. Em muito menor grau, naturalmente, as ambiguidades e as contradições aparecem também na ideologia do índio acaboclizado, do polonês definido socialmente como "polaco".

Vejamos um pouco melhor alguns aspectos da ideologia racial do branco.

A ideologia racial predominante no Brasil é, naturalmente, parte essencial da ideologia da classe dominante. Independentemente da facção que esteja no governo, os donos do poder raramente deixam de propalar que o Brasil é uma democracia racial; que o brasileiro é essencialmente pacífico; que a história brasileira é uma história sem violência; que as relações do Brasil com os países vizinhos são de fraternidade e assim por diante. Essa ideologia exige desdobramentos vários, quanto às relações econômicas e políticas e quanto às condições de convivência social nas agrupações culturais, recreativas, religiosas, de ensino etc.

Os principais elementos dessa ideologia aparecem nas constituições brasileiras. Vejamos alguns exemplos:

"A publicação de livros e periódicos não dependerá de licença do poder público. Não será, porém, tolerada propaganda de guerra, de processos violentos para subverter a ordem política e social, ou de preconceitos de raça ou de classe."[1] "Todos são iguais perante a lei, sem distinção de

---

[1] Constituição da República Federativa do Brasil, de 18.9.1946, art. 141, § 5º.

sexo, raça, trabalho, credo religioso e convicções políticas. Será punido pela lei o preconceito de raça."[2]

Note-se, entretanto, que as mesmas normas constitucionais que afirmam a democracia racial reconhecem a sua inexistência. A própria necessidade de afirmar está fundada no reconhecimento implícito de preconceitos, discriminações e barreiras entre pessoas e grupos étnicos e raciais. Ao afirmar-se a igualdade, afirma-se também a desigualdade. Tanto assim que esses princípios constitucionais são acompanhados de leis específicas destinadas a reprimir as manifestações de antagonismo entre pessoas e grupos sociais pertencentes a etnias e raças distintas.

> "Constitui-se contravenção penal, punida nos termos desta lei, a recusa, por parte de estabelecimento comercial ou de ensino de qualquer natureza, de hospedar, servir, atender ou receber cliente, comprador ou aluno, por preconceito de raça ou de cor."[3] "Não será tolerada a propaganda de guerra, de processo de subversão da ordem política e social ou de preconceitos de raça ou classe."[4]

Como vemos, a heterogeneidade étnica e racial da sociedade brasileira entra na ideologia predominante como uma dentre outras esferas de antagonismos. Ou melhor, a ideologia predominante no país, enquanto ideologia da classe dominante, não pode deixar de reconhecer as disparidades, desigualdades e contradições econômicas e políticas que permeiam as relações das pessoas, grupos e classes sociais.

Nem por isso, no entanto, as pessoas e os grupos étnicos e raciais deixam de se comportar como se a sociedade fosse realmente aberta. A ideia de que a sociedade é aberta para todos está presente nos trabalhos e nos dias de muitos. No Brasil, o mito da sociedade aberta, que está no núcleo ideológico da sociedade capitalista, reaparece em outras tonalidades

---

[2] Constituição da República Federativa do Brasil, de 17.12.1969, art. 153, § 1º.
[3] Lei nº 1.390, de 3.7.1951, art. 1º.
[4] Lei nº 5.250, de 9.2.1967, art. 1º, § 1º. Consultar também o art. 39, VI, da Lei de Segurança Nacional, nº 898.

também nas relações sociais que envolvem pessoas e grupos de diferentes etnias e raças.

A educação é uma dentre as várias esferas nas quais se revela o caráter da heterogeneidade étnica e racial brasileira. Diferentemente dos outros círculos de relações sociais, dentre os quais se destacam a família, o clube, a fábrica, o escritório, a loja e o quartel, a escola aparece no horizonte das pessoas como uma esfera especialmente aberta. No sistema de ensino, mais do que em outras esferas de relações sociais, as oportunidades parecem ser maiores. Em outros termos, numa sociedade em que predomina o mito da democracia racial, o sistema de ensino é apresentado como aberto ou democrático.

Na prática, entretanto, as barreiras econômicas e sociais, veladas e abertas, governam as possibilidades de acesso de pessoas pertencentes aos diferentes grupos. Afinal de contas, não é por mero acaso que o sistema brasileiro de ensino está dividido em distintos segmentos: público e privado, leigo e religioso, voltado para funções técnicas e orientado para universidade, gratuito e pago. É óbvio que essa diferenciação não é produto do acaso nem de razões puramente pedagógicas. Sem menosprezar esses e outros motivos, é evidente que o sistema brasileiro de ensino está estruturado segundo as concepções e os interesses daqueles que dispõem das condições de decidir sobre essas questões; ou das concepções e interesses que essas pessoas representam. Nesse sentido, reproduz as disparidades, as desigualdades e os antagonismos básicos da sociedade.

O negro, o mulato e a escola

É bastante reduzida a presença do negro e mulato na escola brasileira. Se tomarmos a percentagem deles no conjunto da população do país, verificaremos que aparecem na escola em proporção muito menor que o branco. Isso é verdade para todo o sistema escolar, assim como para cada um dos seus níveis.

É inegável que o negro e o mulato têm maior acesso à *escola elementar*. Por vários motivos, esse segmento do sistema brasileiro de ensino oferece o maior número de vagas; é em sua maior parte público e gratuito. Isso significa que o ensino elementar é mais aberto, ou seja, pode ser alcançado também por setores do operariado. Nem por isso, no entanto, está igualmente acessível aos filhos dos trabalhadores rurais como para os dos urbanos. A escola primária brasileira ainda é predominantemente urbana, se tomarmos as proporções da população que vive na cidade e no campo.

Essa situação pode ser apreciada em suas linhas mais gerais, quando observamos alguns dados censitários. Tomemos, por exemplo, os de 1950. Confrontando os percentuais de negros, mulatos, amarelos e brancos na população brasileira e no ensino elementar, constatamos acentuada desproporção entre as oportunidades abertas aos vários grupos "de cor". Na população nacional, os negros e mulatos perfazem 38% do total. Entretanto, aparecem numa proporção de apenas 14,51% entre aqueles que obtiveram diplomas do curso elementar.

Examinando melhor os dados, verificamos que a desproporção se mantém acentuada nos Estados da Bahia e São Paulo. Na Bahia, onde os negros e mulatos perfazem 70% da população estadual, aparecem na escola elementar com 45,52%. No Estado de São Paulo, por outro lado, onde esses grupos representam 11% da população, surgem com 7,9% dos diplomados.

A situação é diferente na *escola de nível médio.* Aí diminui a presença dos negros e mulatos, tanto com relação à população total, como no confronto com a sua presença na escola primária. Proporcionalmente, esses grupos aparecem na escola média do país com 4,89% do total, ao passo que representam 38% da população nacional. A mesma tendência pode ser observada nos Estados da Bahia e São Paulo. Nota-se que a desproporção aparece também no confronto com os dados relativos à escola elementar.

Ocorre que o ensino médio apresenta característicos bastante diversos do elementar. Em comparação com este, oferece menor número de vagas, seu segmento privado é bem maior. Portanto, é menor o número de vagas gratuitas. Além do mais, o ensino médio estava na época (do censo de 1950) muito mais voltado para o ensino superior, como fase preparatória aos cursos de cunho universitário. Por fim, é

EDUCAÇÃO E MOBILIDADE SOCIAL 247

conveniente recordar que o estudante da escola secundária é adolescente. Isso significa que numa parte da classe média e em todo proletariado ele representa força de trabalho a ser lançada no mercado, para complementar o orçamento da família. É claro que além de tudo entra em conta aqui o custo do ensino médio para o aluno, em termos de livros, cadernos, uniformes etc.

A tendência revelada pelos dados relativos aos níveis elementar e médio do ensino aparece obviamente mais acentuada no superior. Dentre os que tinham diplomas de cursos superiores no Brasil, em 1950, apenas 2,54% eram negros e mulatos. No mesmo sentido, tanto na Bahia como em São Paulo, eram poucos os diplomados nesses cursos. A despeito de São Paulo contar com 11 % de negros e mulatos em sua população, apenas 0,6% eram os diplomados.

A rigor, os dados dos vestibulares de 1970, na cidade de São Paulo, não podem ser incluídos nessa discussão senão com alguns cuidados. Em primeiro lugar, referem-se a uma parte, e não a todos os estudantes que fizeram exames vestibulares para cursos universitários naquele ano. Os dados não incluem os candidatos a cursos de Ciências Sociais, Letras, Filosofia, Direito e Administração. Portanto, não temos elementos para saber qual foi a participação relativa de negros e mulatos nos vestibulares para esses cursos. Em segundo lugar, não dispomos de dados censitários sobre as proporções desses grupos na população brasileira, da Bahia e de São Paulo, em 1970.

Tomadas essas precauções, poderíamos afirmar que os dados indicam certa melhora na posição relativa dos negros e mulatos. Eles perfazem 2,1% do total dos inscritos naqueles vestibulares. Note-se, no entanto, que não temos informações sobre o sucesso desses candidatos, pois que os dados se referem apenas às inscrições efetuadas nos vestibulares e não aos que foram aprovados ou admitidos nas faculdades.

Observa-se, no entanto, que a presença dos amarelos é relativamente bem maior, tanto com relação aos que estavam diplomados em curso superior em 1950, como com referência ao conjunto da população amarela e brasileira naquele ano.

Note-se que em 1950 os amarelos representavam 1% da população nacional e 3% da do Estado de São Paulo. Entretanto, eles aparecem com 12,3% nos vestibulares.

Para situar o problema, devemos levar em conta as condições socioeconômicas dos negros e mulatos, em comparação com os brancos e os amarelos. Todos os dados e as pesquisas disponíveis sobre as condições de existência social dos negros e mulatos revelam que eles se acham, em proporção maior, entre os trabalhadores assalariados. E dentre estes eles são, em muito maior proporção, parte do proletariado. É a partir daqui que se deve iniciar a interpretação da situação desses grupos. Em seguida e ao mesmo tempo, cabe interrogar as manifestações de preconceito e discriminação. Só então começaremos a compreender por que os negros e os mulatos aparecem mais na escola pública que na privada, na leiga que na religiosa, na elementar que na superior.

O imigrante e a universidade

A análise dos dados relativos à nacionalidade, ou origem étnica, dos candidatos inscritos nos vestibulares em 1970 precisa iniciar-se com algumas aclarações. Estas nos permitem inclusive colocar problemas.

Em primeiro lugar, denominaremos *imigrante* a todo estrangeiro, ou seu descendente, no suposto de que ele revela traços ou influências culturais e linguísticas de origem não brasileira; ou diversos dos vigentes no Brasil. *Imigrante de primeira geração* é o nascido no exterior, ao passo que o de *segunda geração* é aquele cujos pais são estrangeiros. O neto de estrangeiros é o de *terceira geração.* O imigrante pode revelar esses traços ou influências no idioma ou idiomas que fala, lê e escreve; na religião ou seita que adota ou pratica; na forma pela qual valoriza as atividades intelectuais e manuais; no discernimento sobre as condições econômicas, políticas e culturais de mobilidade social e assim por diante. Nesse sentido é que podemos distinguir os vários imigrantes ou grupos étnicos que serão considerados neste estudo: brasileiro, japonês, português, italiano, sírio-libanês e espanhol.

Em segundo lugar, precisamos ter em mente que os cursos universitários apresentam característicos distintos que precisam ser retidos pela análise. Esses cursos apresentam diferenças intrínsecas e externas, tais como as seguintes: dificuldade de ingresso, tendo em conta as proporções entre os candidatos e as vagas, as matérias exigidas no exame etc.; o custo, quanto aos livros e materiais exigidos ou ao tempo integral ou parcial das aulas e trabalhos; a duração em quatro, cinco ou seis anos; o mercado de trabalho real e o percebido pelo estudante; o prestígio profissional e social dos cursos superiores. Todos esses característicos, além de outros, afetam as opções dos candidatos aos vestibulares e podem ou não afetar diversamente as diferentes etnias.

Em terceiro lugar, os dados disponíveis para a discussão que vamos realizar apresentam várias limitações, impedindo o aprofundamento da análise. Note-se que não podemos obter cruzamento entre situação econômica, etnia e ramo de ensino escolhido pelo estudante. Também não sabemos quais foram as proporções das várias etnias nos vestibulares aos outros ramos universitários. Isto é, nada sabemos sobre a composição étnica dos que se candidataram aos cursos de Ciências Sociais, Letras, Filosofia, Direito, Administração e Comunicações. Além do mais, os dados dos censos nada nos dizem sobre imigrantes de segunda e outras gerações.

Em quarto lugar, os dados e análises permitem extrair sugestões sobre alguns aspectos da assimilação de imigrantes no Brasil. É inegável que o exame da composição étnica dos candidatos a cursos superiores pode suscitar indicações ou hipóteses de alguma utilidade para aqueles interessados na pesquisa sobre a heterogeneidade étnica e racial da sociedade brasileira.

Vejamos, pois, o que nos sugerem os dados.

Dentre os candidatos inscritos nos vestibulares, parece ser relativamente alta a presença de imigrantes de primeira, segunda e terceira gerações. Antes de apresentarmos os dados disponíveis, julgamos conveniente fazer uma pequena digressão sobre a população imigrante no Brasil.

250 RAÇAS E CLASSES SOCIAIS NO BRASIL | *Octavio Ianni*

Como é do conhecimento geral, a entrada de imigrantes teve o seu período de auge nas décadas que precedem a Primeira Guerra Mundial. No período entre as duas guerras mundiais, já foi bem menor o contingente de estrangeiros entrados no país. Depois da Segunda Guerra Mundial, foi ainda menor a quantidade de imigrados. É óbvio que essa tendência decrescente sofreu flutuações, em função de crises econômicas e políticas nos países de emigração e maior ou menor receptividade dos governos brasileiros. Não foi somente a demanda e oferta de mão de obra no mercado internacional de trabalho que comandou a imigração para o Brasil. O que geralmente é reconhecido, no entanto, é que no conjunto e ao longo das décadas foi decrescendo a entrada de estrangeiros no Brasil. Esse processo pode ser indicado pelos dados relativos ao ano em que houve maior entrada de imigrantes em cada um dos três períodos apontados. Em 1891, por exemplo, ingressaram no Brasil 215.239 estrangeiros; em 1926, o total foi 118.686; e em 1952 entraram 88.150.[5]

Não dispomos de dados relativos à presença de imigrantes de primeira, segunda e terceira gerações nos anos recentes. Em geral, os dados referem-se apenas a estrangeiros. Nota-se, todavia, que em 1950 a população de imigrantes de primeira geração existente no Brasil correspondia a 2% dos habitantes do país. Precisamente, havia 107.234 estrangeiros numa população total de 51.976.000.[6] E é pouco provável que esse percentual tenha crescido. Ao contrário, continuou a decrescer.

Dentre os inscritos nos vestibulares, no entanto, é razoavelmente elevada a presença de estrangeiros. Eram 4,9% os estudantes não brasileiros, isto é, imigrantes de primeira geração.

Quando observamos a nacionalidade dos pais dos estudantes inscritos nesses vestibulares, verificamos que alcançam de 20 a 25% do total dos candidatos. Seriam 24,7% os estudantes com pai estrangeiro e 19,6% os que indicaram

---

[5] *O Brasil em números, p. 12.*
[6] *O Brasil em números, pp. 5 e 11.*

EDUCAÇÃO E MOBILIDADE SOCIAL 251

mãe estrangeira. Esses são os percentuais de estudantes que podem ser definidos como imigrantes de segunda geração. Conforme nos indicam ainda os dados, os estudantes imigrantes de terceira geração são ainda em maior número. Eles alcançam mais de 50%, salvo quanto à avó materna, cujo índice é ligeiramente inferior.

Podemos supor que as diferentes etnias que compõem o total de estudantes inscritos no vestibular não se distribuem igualmente pelos vários tipos de cursos secundários. Os dados disponíveis, no entanto, revelam pequenas variações entre as preferências de brasileiros, japoneses, portugueses, italianos, sírio-libaneses e espanhóis. São principalmente os japoneses e os sírio-libaneses que se destacam dos outros, preferindo o curso científico. Se somarmos as preferências pelos cursos científicos e o técnico, verificamos que os japoneses colocam-se em primeiro lugar, vindo em seguida os sírio-libaneses. Os dados não nos permitem qualquer reflexão sobre o significado das preferências apontadas. Pode haver alguma valorização de tipo cultural sob essas preferências. Mas também pode haver preferências definidas em função de grau de competição nos vários tipos de curso secundário.

O sucesso do estudante no exame vestibular tem sido associado, pelo próprio estudante, à realização ou não de cursinho. O estudante mais bem informado sobre o que se ensina no cursinho e o que se pede no exame para ingresso em faculdades sabe que o cursinho funciona, em última instância, como uma agência de transmissão de técnicas de exames. Além do mais, os custos do cursinho para o estudante ou sua família são elevados. Às vezes, representam uma sobrecarga para o orçamento doméstico da família que já mantém o estudante em curso secundário pago. Portanto, a frequência a cursinho é também um indicador indireto da situação econômica do estudante. Os japoneses, os espanhóis e os brasileiros lideram os que não frequentaram cursinho para prepararem-se para os exames vestibulares. Ao passo que os sírio-libaneses, os portugueses e os italianos lideram os que frequentam cursinho por dois anos ou mais.

252 RAÇAS E CLASSES SOCIAIS NO BRASIL | *Octavio Ianni*

É claro que uma pequena percentagem de estudantes não frequenta cursinho porque se considera em condições de preparar-se por conta própria. Supomos, no entanto, que um motivo importante para a não frequência ao cursinho é a situação econômica difícil do candidato ou sua família.

Entretanto, são relativamente poucos os estudantes inscritos nos vestibulares que se declaram trabalhando nessa ocasião. No total perfazem pouco mais de 20%, sendo que a maior parte deles trabalha em tempo parcial. São os japoneses que lideram o grupo dos estudantes que trabalham, tanto em tempo integral como parcial. Em seguida vêm os espanhóis, os italianos e os brasileiros, nessa ordem. Na categoria dos que não trabalham, os sírio-libaneses acham-se em melhor posição.

Os estudantes inscritos nos vestibulares de 1970 tinham diante de si cinco grupos de opções: 1º) medicina; 2º) veterinária, farmácia, odontologia e biologia; 3º) enfermagem e paramédica; 4º) psicologia; e 5º) outras. É óbvio que essas especialidades têm prestígio social distinto, seja pelo significado social da profissão envolvida, seja pelas perspectivas econômicas abertas àqueles que fazem cursos universitários. Esses motivos sempre pesam decisivamente nas opções dos candidatos. Além desses motivos, que parecem estar presentes nas decisões de todos os candidatos, com frequência entram em conta também motivos particulares relacionados a atividades dos pais ou membros da família. Um filho de fazendeiro, por exemplo, não escolherá necessariamente veterinária ou agronomia, mas essas opções estarão mais presentes no seu horizonte que no de outros candidatos sem qualquer vínculo com o mundo agrário.

No conjunto, no entanto, o curso de medicina parece ser o de maior prestígio social e econômico para os estudantes que se inscreveram nos vestibulares organizados em 1970. Mais de 50% dos candidatos optaram preferencialmente por medicina. Todos os grupos étnicos oscilam em torno dos 50%, quanto à preferência por medicina. São os sírio-libaneses, no entanto, que sobressaem. Chegam a 62,4% dos membros desse grupo que preferem medicina. É curioso observar, por outro lado, que os japoneses revelam menor interesse por essa especialidade. Ao mesmo tempo, eles estão em primeiro lugar entre os que escolheram os cursos de veterinária, farmácia, odontologia e biologia.

Convém anotar que a preferência dos candidatos não é de todo congruente com o sucesso nos vestibulares dos cursos escolhidos. Se é verdade que os japoneses preferem os cursos de veterinária, farmácia, odontologia e biologia, isso não significa que o seu desempenho seja na mesma proporção. Os dados relativos aos candidatos do sexo masculino que optaram por veterinária etc. mostram que os italianos e os portugueses tiveram melhor classificação. E verificamos que os japoneses se colocaram em quarto lugar depois dos italianos, portugueses e sírio-libaneses.

Fenômeno mais ou menos semelhante ocorre com os sírio-libaneses do sexo masculino quanto à medicina. Eles se acham precisamente entre os que obtiveram menor sucesso. Os italianos estão em melhor posição. E é curioso observar que os japoneses classificam-se em segundo lugar dentre os que optaram por medicina, a despeito de que era a sua preferência mais baixa.

Considerações finais

Os dados apresentados neste trabalho, pela sua natureza fragmentária, não permitem reflexões mais consistentes sobre os problemas reais aos quais se referem. Podem ser tomados apenas como indicações, que a reflexão organiza segundo quadros empíricos e teóricos de referência que não lhes dizem respeito ou que com eles se relacionam de modo tênue.

Duas ordens de problemas parecem estar sob os dados apresentados neste trabalho. Uma diz respeito à relação entre a escola e a mobilidade social dos grupos étnicos e raciais que compõem a sociedade brasileira. Outra ordem de questões diz respeito à relação entre cor, etnia e classe social. Vejamos alguns aspectos dessas duas ordens de questões, que são necessariamente dimensões de uma mesma realidade.

Podemos estabelecer alguma relação entre a procura da escola, ou a luta pelo ingresso na universidade, e a composição

254 RAÇAS E CLASSES SOCIAIS NO BRASIL | *Octavio Ianni*

étnica e racialmente heterogênea da população brasileira. É evidente que os imigrantes europeus e asiáticos (brancos e amarelos, loiros e morenos) buscam a universidade numa proporção elevada. Numa discussão desse tema, Bertram Hutchinson diz o seguinte:

> "Parece haver tendência bastante clara de a Universidade atrair uma proporção anormalmente alta de pessoas nascidas no estrangeiro. (...) Pode ser que os imigrantes aproveitem a oportunidade de proporcionar educação universitária a seus filhos por considerá-la um meio importante para conseguir êxito econômico e social em um novo ambiente social."[7]

Inclusive, é evidente a preferência de certos grupos de imigrantes – de primeira, segunda ou terceira gerações – por um outro campo de estudo. Conforme já observou Aparecida Joly Gouveia:

> "... judeus e japoneses apresentam percentagens de inscrição em ciência e tecnologia bem mais altas que as registradas no grupo brasileiro."[8] "... existe uma associação estatística entre a origem étnica e a matrícula em certas áreas de estudo..."[9]

Os nossos dados parecem indicar a mesma direção. Entretanto, nada permitem dizer quanto às condições econômicas e socioculturais que determinam as preferências distintas dos diversos grupos de imigrantes. Parece evidente que os imigrantes que buscam a universidade encontram-se principalmente nas classes alta e média. O que está em jogo, no caso dos imigrantes, é um processo amplo de assimilação na sociedade adotiva. A luta pela ascensão social é apenas um aspecto desse processo mais geral, no meio do qual o imigrante

---

[7] *Mobilidade e Trabalho – Um Estudo na Cidade de São Paulo*, São Paulo, MEC, 1960, p. 141.

[8] "Origem étnica e situação socioeconômica dos universitários paulistas", *Revista de Administração de Empresas*, 12(1): 78, jan/mar 1972.

[9] *Op. cit.*, p. 79.

busca também o reconhecimento de uma identidade social e política com os valores, as normas e os poderes dominantes.

Quanto aos negros e mulatos, sobre os quais os estudos sociológicos, antropológicos, históricos e econômicos já acumularam maior quantidade de dados e interpretações mais elaboradas, fica evidente que continuam em sua grande maioria no proletariado urbano. Apenas uns poucos ingressaram ou estão ingressando na classe média. Esta é a classe de onde alguns começam a buscar a universidade. Mesmo porque a significação social, econômica e cultural da universidade não a define como uma instituição aberta ao proletariado. Para o operário, como classe, a universidade é por natureza inacessível. Ela é concebida como uma esfera da sociedade que existe para as outras classes, da mesma forma que a alta hierarquia militar, eclesiástica, política e econômica. Na medida em que organiza uma visão própria da sociedade na qual vive, o proletário sabe que o sistema de ensino – salvo o curso elementar – é principalmente um sistema de peneiramento social, de seleção e "qualificação" de pessoas, jamais uma agência de mobilidade social aberta a grupos sociais inteiros da classe operária. Seria ilusório pensar que o proletariado imagina, como diz a ideologia dominante, que a sociedade capitalista é aberta ou democrática. O cotidiano da vida operária, do operário negro, mulato ou branco, é uma negação cotidiana dessa ilusão.

Além do mais, é óbvio que o proletário negro, inclusive mulato e "baiano", em São Paulo, por exemplo, é duplamente operário. Ele é alienado como classe e como raça, duas condições distintas e interligadas.

1973

TERCEIRA PARTE

POVO E NAÇÃO

13

O ESTUDO DA SITUAÇÃO RACIAL

Vários desafios têm contribuído para o desenvolvimento dos estudos sobre as relações raciais no Brasil. São desafios que se colocam em diferentes épocas ou conjunturas da história social brasileira. E dizem respeito à dinâmica das próprias relações raciais.

Seria difícil examinar esses desafios de uma só vez, em um texto breve. Mas é possível apontar alguns agora.

Inicialmente, destaca-se a necessidade de conhecer as condições de formação de uma sociedade que contém em seu bojo, além de outros elementos básicos, uma população "mestiça". Aliás, o problema se coloca, principalmente, em consequência do entrecruzar de uma ordem populacional etnicamente heterogênea com uma estrutura econômico-social progressivamente complexa. São dois planos de realidade social brasileira que se cruzam em níveis diversos, em dado momento, provocando a emergência e conscientização de fenômenos sociais. Além disso, outro elemento deve ser levado em conta no desenvolvimento desse processo. Referimo-nos às transformações das relações econômicas, sociais e culturais com outras nações, exigidas pelas novas condições da ordem capitalista internacional. As necessidades de ajustamento da nação brasileira a outros países punham em evidência certos problemas sociais que se desenvolviam no seu interior e que poderiam interferir naquele ajustamento.

260 RAÇAS E CLASSES SOCIAIS NO BRASIL | *Octavio Ianni*

Naturalmente, esse processo não foi rápido e homogêneo em todo o país. Seria desnecessário lembrar que ele se tornou visível somente em determinadas áreas. E não se pense que a consequência imediata do seu desenvolvimento tenha sido a inauguração de estudos monográficos. Inicialmente ensaístas, historiadores e outros, preocuparam-se com o assunto, defendendo posições distintas em face do problema.

Um exemplo típico e ilustrativo do desenvolvimento de uma certa consciência do "problema racial" brasileiro encontra-se nos depoimentos de Gilberto Freyre, quando fala do modo pelo qual se lhes despertaram as preocupações em face da formação social do Brasil. Teria sido a necessidade de compreender as possibilidades e os limites de uma sociedade mestiça que o levou a iniciar os seus estudos. Segundo afirma, foram sugestões de Oliveira Lima e John Casper Branner que teriam "concorrido para nos desembaraçar, ainda na Universidade de Baylor, do complexo de inferioridade brasileira em que resvaláramos, quer sob os preconceitos dominantes nos Estados Unidos – especialmente no Sul – a respeito de povos mestiços, quer sob o prestígio de escritores e cientistas ilustres norte-americanos, europeus e mesmo brasileiros lidos na adolescência".[1] E, reforçando ainda mais a significação do seu depoimento, acrescenta: "Só por efeito de sugestões de estudos científicos, inclinamo-nos para o relativo otimismo que consiste simplesmente em reconhecer-se no mestiço e no africano capacidade para tornarem-se iguais ao branco quando favorecidos pelas mesmas oportunidades e condições sociais e de cultura. Iguais em aptidões gerais".[2]

Havia aqueles que, em seus estudos, se preocupavam em constatar o progressivo *branqueamento* da população brasileira. Outros tinham a sua atenção fixa nas relações de tipo de população com as condições e possibilidades do desenvolvimento do país, estabelecendo correlações entre mestiçamento e *atraso* sociocultural. Um grupo, entretanto, que cresce progressivamente, está preocupado em diagnosticar

---

[1] Gilberto Freyre, *Sociologia*, 2ª ed., Rio de Janeiro, José Olympio, 1957, vol. I, p. 74.
[2] Gilberto Freyre, *op. cit.*, p. 74.

O ESTUDO DA SITUAÇÃO RACIAL 261

objetivamente a situação racial brasileira, eliminando tanto quanto possível as prenoções sobre as "raças brasileiras", e procurando verificar qual o estado efetivo da situação racial, em diferentes regiões e no conjunto do país.

Enfim, podem-se ver, nas condições e fatores que deram origem ao processo de conscientização da situação racial brasileira, os elementos fundamentais que levaram à inauguração de estudos sobre o assunto. Tanto os trabalhos de Tavares Bastos (*Cartas do Solitário*, 1863; *A Província*, 1870) e Perdigão Malheiro (*A Escravidão no Brasil*, 1866), como os de Donald Pierson (*Brancos e Pretos na Bahia*, 1945, edição norte-americana, 1942), Emílio Willems (*Assimilação e População Marginais no Brasil*, 1940) e outros enquadram-se nesse processo. Esses estudos visam à compreensão das condições presentes e perspectivas futuras, por meio do conhecimento do sentido do desenvolvimento, das condições de formação etc. do passado.

Em seguida, e em conexão com o que ficou exposto, devemos ressaltar a importância do processo de democratização da sociedade brasileira, em curso em diversas áreas. Tal processo, que está sendo levado avante em consequência do jogo de elementos dinâmicos que atuam no interior da sociedade industrial que se forma, somente se realizará plenamente na medida em que forem abandonados valores e padrões culturais do passado escravocrata, quando a sociedade se encontrava organizada em moldes patrimoniais, isto é, antidemocráticos. A nosso ver, esse é outro aspecto da interpenetração dos dois planos distintos da realidade brasileira: a heterogeneidade étnica da população e a complexidade progressiva da estrutura econômico-social. Se considerarmos que as estruturas passadas, no interior das quais aqueles valores e padrões foram elaborados, fundavam-se na estratificação econômica e racial, compreenderemos então o elevado interesse dos estudo das formas das relações raciais e as funções dos seus produtos sociais, em diversos momentos das transformações da sociedade brasileira.

Em resumo, o processo de democratização encontra no Brasil, além das barreiras ligadas a uma estrutura econômico-social mista, que contém elementos estruturais do passado no seu interior, também um conjunto de normas e ideais discriminatórios que dificultam especialmente a integração e mobilidade social das populações negras e mestiças. Segundo Florestan Fernandes, a propósito dos negros, "nas condições em que se operou estruturalmente a transição para o regime de classe, o *trabalho livre* não serviu como um meio de revalorização social do negro".[3] Paralelamente àquelas transformações, perpetuaram-se as representações coletivas sobre o negro e o mestiço, bem como os padrões de comportamento. "Na etiqueta das relações raciais conserva-se o antigo padrão de tratamento recíproco assimétrico",[4] continua aquele autor. Enfim, perpetuam-se as medidas discriminatórias vigentes nos setores econômico, político e social. São essas condições, pois, que também conduzem às investigações científicas dos valores e padrões socioculturais que interferem nas relações raciais no país.

Em seguida, colocam-se as necessidades de integração e desenvolvimento da Sociologia nos meios acadêmicos brasileiros, depois de 1930. Segundo afirma Whitehead, o caráter universal da ciência permite-lhe "transferir-se de país a país, de raça a raça, onde quer que haja uma sociedade organizada."[5] Em consequência da criação de cursos de Ciências Sociais, pois os *modelos* de pesquisa desenvolvidos pelos sociólogos estrangeiros tais como o estudo de comunidade, o estudo da situação de contato inter-racial e outros, começaram a ser difundidos no Brasil. Concomitantemente, foram aplicados em investigações empíricas, tais como *Cunha, Tradição e Transição em uma Cultura Rural do Brasil* (1948), de Emílio Willems, e *Brancos e Pretos na Bahia*, de Donald Pierson, que inauguraram esses estudos monográficos nos respectivos setores. Além disso, dadas as condições de funcionamento das instituições

---

[3] Roger Bastide e Florestan Fernandes, "Cor e Estrutura Social em Mudança", *in Relações Raciais entre Negros e Brancos em São Paulo*, São Paulo, Anhembi, 1955, p. 109.

[4] Roger Bastide e Florestan Fernandes, *op. cit.*, p. 112.

[5] A. N. Whitehead, *A Ciência e o Mundo Moderno*, trad. de Aires da Mata Machado Filho, São Paulo, Brasiliense, p. 13.

O ESTUDO DA SITUAÇÃO RACIAL 263

de ensino superior no Brasil, a relativa neutralidade política imediata do assunto permitiu o seu rápido florescimento. Ao lado desses fatores, convém lembrar a viabilidade prática e teórica das pesquisas sobre relações raciais, mesmo quando realizadas por especialistas isolados.

Finalmente, as iniciativas da UNESCO e outras instituições estrangeiras colaboraram no desenvolvimento das investigações sobre o assunto. Note-se que dizemos "colaboraram" e não "iniciaram". Na verdade, esses institutos encontram condições favoráveis à sua realização, inclusive nos meios acadêmicos, sendo mesmo chefiadas por especialistas brasileiros (Florestan Fernandes, Thales de Azevedo, Oracy Nogueira, L. A. da Costa Pinto e outros). Note-se que foram as preocupações *humanitárias* da UNESCO que a levaram a favorecer essas pesquisas, pois que se havia difundido, também no exterior, que no Brasil remava a "democracia racial". Recordemos, entretanto, que, antes das iniciativas da Universidade de Chicago e da UNESCO, já se realizavam no país investigações científicas a respeito das relações raciais em geral, desde alguns aspectos da integração sociocultural dos indígenas, ou as técnicas de *infiltração* social dos mulatos, até a análise dos produtos marginais da assimilação dos alemães.[6]

São esses, em resumo, os fatores fundamentais que explicam o interesse dos cientistas sociais brasileiros pelos problemas ligados à situação racial. A conscientização de determinados processos sociais, por parte dos membros da sociedade, pode muitas vezes resultar do contato entre sociedades distintas. Esse é um fenômeno comum e liga-se às transformações resultantes do contato cultural. Podemos admitir, contudo, que a difusão de certas preocupações, técnicas, normas, teorias etc. não se realiza plenamente se não se encontram condições concretas favoráveis à sua integração,

---

6   Conforme, respectivamente, Herbert Baldus, *Ensaios de Etnologia Brasileira*, São Paulo, Nacional, 1937, esp. os caps. intitulados "O professor Tiago Marques e o caçador Aipobureu" e "A mudança de cultura entre índios no Brasil"; Gilberto Freyre, "Ascensão do Bacharel e do Mulato", *in Sobrados e Mucambos*, 2ª ed., Rio de Janeiro, José Olympio, cap. IX, 3º vol., 1951; 1ª ed., São Paulo, 1936; Emílio Willems, *Assimilação e Populações Marginais no Brasil* (estudo sociológico dos imigrantes germânicos e seus descendentes), São Paulo, Nacional, 1940.

isto é, reinterpretação. Elas não podem operar se não encontram condições para uma interação dinâmica com os outros componentes da organização sociocultural.

Enfim, os estudos brasileiros sobre as relações interétnicas baseiam-se principalmente em determinadas preocupações básicas, desenvolvidas no interior da própria sociedade brasileira. Naturalmente contam-se aquelas vinculadas ao processo de incorporação do *corpus* teórico da Sociologia pela ciência brasileira, com todas as implicações dessa operação, ou seja, com a incorporação de conceitos, métodos e teorias elaborados a propósito dos estudos de contatos socioculturais, da divisão social do trabalho, da urbanização etc. em outros países. Mas elas se ligam especialmente às necessidades de se passar do conhecimento do senso comum ao científico, no que se refere às condições e fatores histórico-sociais de formação da sociedade brasileira. O desenvolvimento da consciência social e, consequentemente, histórica, em determinados grupos brasileiros, tem levado à valorização de sistemas de pensamento entre os quais se destaca o conhecimento sociológico. A sociologia pode ser vista como uma técnica de consciência social, que tem larga aplicação numa sociedade formada por contingentes raciais distintos e miscigenados; ou melhor, heterogênea, étnica, social e culturalmente, e que se torna cada vez mais complexa.

1958

14

RAÇA E SOCIEDADE

Os cientistas sociais brasileiros voltam-se para o estudo das relações raciais com finalidades eminentemente práticas. Trata-se de utilizar o pensamento científico para esclarecer a situação real dos diferentes grupos étnicos e raciais, em face da sociedade brasileira. Toma-se consciência de que certas possibilidades de desenvolvimento da sociedade passaram a depender do estudo científico das condições e orientações das relações raciais. Tornava-se necessário esclarecer problemas como os seguintes: por que alguns grupos *coloniais* alemães, italianos e poloneses, nas partes meridionais do Brasil, prosperaram mais que certas comunidades vizinhas de *brasileiros;* por que outras comunidades de alemães, italianos e poloneses não progrediram ou mesmo acaboclizaram-se; em que medida se deu a participação de italianos e sírio-libaneses e seus descendentes na expansão industrial em São Paulo, ao mesmo tempo que amplos contingentes de italianos e descendentes se tornaram sitiantes, proletários, artesãos etc.; por que o processo de destribalização continuava a ser geralmente desastroso para a cultura e a pessoa do índio; em que escala a experiência escravocrata marcou a futura situação do negro e do mulato, em face do branco, nas áreas urbanas, nos núcleos em industrialização e nas zonas agrícolas; de que modo está ocorrendo a formação do proletário industrial e agrícola, com a participação de descendentes de italianos, alemães, poloneses, negros, mulatos, índios, japoneses etc. Esses são alguns dos inúmeros problemas que desafiaram os estudiosos no momento em que o pensamento científico começou a ser incorporado de modo sistemático pela sociedade brasileira.

Todavia, paralelamente a essas preocupações, o estudo das relações raciais no Brasil foi incentivado por outras cogitações. Tratava-se de desfazer as falsas imagens sociais entre os diferentes grupos étnicos e raciais, e na sociedade como um todo. A trama das representações ideológicas, sobre os atributos positivos e negativos de uns e outros, dificultavam sobremaneira a elaboração de uma interpretação correta e construtiva da sociedade brasileira. Muitas pesquisas iniciaram-se em consequência dessas preocupações. E outras foram prejudicadas exatamente pelas falsas concepções correntes na sociedade. Os mitos dominantes de uma sociedade são sempre os mitos convenientes à preservação da estrutura presente de interesses materiais e conveniências sociais.

Por isso, a necessidade de conhecer e desfazer algumas falácias ideológicas levou a pesquisa sobre as relações raciais a adquirir estatura científica. Nesse sentido, os estudos tiveram sempre uma dupla finalidade prática: conhecer as condições e as orientações da realidade, e desfazer a trama ideológica e em que se fundamenta parcialmente a manutenção de distinções econômicas, sociais e políticas. Por essas razões, esses estudos são uma contribuição importante à formação da democracia do Brasil.

É inegável que a situação racial brasileira sempre esteve marcada por profundas ambiguidades. Dentre elas, destacam-se as seguintes: a idealização do passado indígena e a miséria real e presente do índio; o exotismo das religiões (candomblé, batuque, umbanda, quimbanda etc.) e a classificação ideológica do negro como africano, descendente de escravo ou outras verbalizações de conotação negativa; o mito da democracia racial e a doutrina da inferioridade do mestiço. As obras de Euclides da Cunha, Nina Rodrigues, Arthur Ramos, Oliveira Vianna, Gilberto Freyre, Roger Bastide não estão isentas dessas ambivalências. Em certo sentido, essas contradições estão na base das pesquisas sobre a realidade social do país. Elas operam como desafio aos cientistas sociais, na medida em que

RAÇA E SOCIEDADE 267

exprimem os desencontros entre o comportamento real e o imaginário. Por isso, o estudo científico das relações raciais no Brasil são uma contribuição ao desmascaramento ideológico de padrões que obstam o processo da sociedade na direção da democracia. A formação da personalidade democrática depende necessariamente de uma cultura democrática. Isso é tanto mais importante quando a própria ordem política permanece nas cercanias do autoritarismo.

Não se imagine, contudo, que as contribuições dos cientistas sociais ao conhecimento da situação racial brasileira estejam isentas de falácias. Ainda persistem representações ideológicas nessas investigações, seja em suas motivações, seja em seus resultados interpretativos. Em particular, essas pesquisas não estão imunes ao fascínio do exotismo e do insólito, confundindo as dimensões significativas do real. Ou então, ainda persiste a influência do mito da democracia racial, subjacente às reflexões de etnólogos e sociólogos. Em outros casos, encara-se o índio com uma elevada dose de romantismo. Em certas ocasiões, toma dramaticamente os sofrimentos do negro e do mulato. Em todos esses casos, é evidente a dificuldade de utilização plena do pensamento científico. Em outras palavras, a cultura brasileira ainda oferece barreiras poderosas ao esclarecimento de algumas de suas contradições secundárias.

Raça, cultura e sociedade

Essas falácias, no entanto, não impediram nem impedem que os pesquisadores abordem temas fundamentais. Aliás, os estudos sobre a situação racial brasileira evoluíram sempre no sentido de explicitar os seus sentidos e destruí-las. Mesmo quando as falácias não estão explicitadas, ou não são conscientizadas pelo cientista social, as obras inserem-se de algum modo na sequência dos focos ideológicos dominantes. Também neste campo, e neste caso em particular, o pensamento científico surge como técnica de autoconsciência científica da realidade social. A incorporação do pensamento científico pela sociedade no Brasil está realizada no âmbito do processo mais geral de transformação das estruturas produtivas, das

268 RAÇAS E CLASSES SOCIAIS NO BRASIL | *Octavio Ianni*

relações de produção e da organização política. Em particular, destina-se a atuar na criação das condições do processo social e, em consequência, na destruição dos mitos convenientes apenas à parcela dominante da sociedade agrário-exportadora.

No quadro desse processo, os aspectos positivos da atividade científica aparecem com clareza quando examinamos os temas fundamentais dos estudos sobre relações raciais no Brasil. Dentre as esferas da realidade que atraem maior interesse, conforme o revelam as obras publicadas, destacam-se as seguintes: os processos aculturativos em geral, as condições e as orientações da mobilidade social, as manifestações de marginalidade, o processo de proletarização, em concomitância com as situações de pauperismo, as manifestações de preconceito racial, as relações entre a estrutura das relações raciais e a política.

Em lugar de examinar as possibilidades de pesquisa abertas na sociedade brasileira no presente, vejamos alguns característicos marcantes da problemática das obras publicadas sobre os diferentes aspectos da situação racial no país. Desse modo, estaremos retomando alguns temas fundamentais. Em concomitância, algumas sugestões para novas pesquisas e interpretações surgirão no desenrolar da discussão.

Os processos aculturativos

Os estudos brasileiros sobre aculturação abrangem indígenas, negros, alemães, italianos, japoneses, poloneses, sírio-libaneses, judeus, espanhóis. A despeito de sua heterogeneidade, quanto ao rigor científico das descrições e interpretações, inegavelmente já é abundante a produção científica sobre esses grupos. A maior soma de contribuições concentra-se na área dos índios e caboclos. Em seguida, estão as obras sobre os negros, os alemães, os italianos, os japoneses e outros grupos.

Os contatos e mudanças culturais mereceram o interesse do etnólogo numa sequência muito significativa. Um dos temas que mais cedo atraiu as atenções gerais foi o da miscigenação. Tratava-se de investigar as peculiaridades do povo, a partir de sugestões da antropologia física e cultural do século XIX. Nessa linha de preocupações situam-se: Euclides da Cunha, com *Os*

Sertões, Nina Rodrigues, com *As Coletividades Anormais*, Oliveira Vianna, com *Raça e Assimilação*. Também Gilberto Freyre não escapou a essas motivações. "E dos problemas brasileiros, nenhum que me inquietasse tanto como o da miscigenação. Vi uma vez, depois de mais de três anos maciços de ausência do Brasil, um bando de marinheiros nacionais – mulatos e cafuzos – descendo não me lembro se do *São Paulo* ou do *Minas* pela neve mole de Brooklyn. Deram-me a impressão de caricaturas de homens."[1] Vendo-se no espelho da Europa e dos Estados Unidos da América do Norte e pensando com categorias das ciências sociais formuladas na Europa e nos Estados Unidos, o cientista social brasileiro nem sempre ficava imune aos valores e problemática europeus e norte-americanos. Particularmente porque a incorporação do pensamento científico pela sociedade brasileira era um processo que se encontrava apenas em seus primórdios. A pobreza das tradições de pensamento autônomo no país facilitava, e ainda facilita, a transposição ingênua de problemáticas de permeio com sistemas conceptuais.

Em outros termos, os estudos sobre mestiçagem estavam diretamente vinculados ao *complexo de inferioridade* difuso na cultura nacional, constituído no longo período de escravização de índios e negros e de total ou ampla dependência externa. No processo civilizatório brasileiro, o problema da inferioridade do mestiço se colocara como um tema importante, em particular devido às doutrinas criadas na segunda metade do século XIX, época de intensa ação imperialista europeia nos vários continentes. Em certo sentido, as obras de Gabineau, Lapouge e outros exprimem esse aspecto do processo de *europeização* do mundo.

Além do mais, a doutrina da inferioridade do mestiço, do negro e do índio convinha à camada dominante na sociedade brasileira, interessada na manutenção do *status quo*. Essa doutrina teve e ainda tem no Brasil um papel muito importante na preservação das estruturas de dominação. "Apesar

---

[1] Gilberto Freyre, *Casa Grande & Senzala*, 7ª ed., Rio de Janeiro, José Olympio, 1952, 1º vol., p. 17, 2 vols.

270 RAÇAS E CLASSES SOCIAIS NO BRASIL | *Octavio Ianni*

da copiosa legislação que lhe diz respeito, o índio brasileiro, em face da lei, é cidadão por omissão e tem uma situação jurídica imprecisa, que dá lugar a uma série de problemas."[2] Essa imprecisão não é ocasional. Ela opera em benefício dos que dominam as organizações e os instrumentos de mando. Trata-se de preservar estruturas constituídas, em detrimento de mudanças sociais. No caso do negro, "a própria situação existente nasce, em larga parte, do fato da desigualdade racial ser percebida, explicada e aceita socialmente como *algo natural, justo e inevitável*, como se a ordem social competitiva não alterasse o antigo padrão de relação entre o *negro* e o *branco*. A única fonte dinâmica de influência corretiva irrefreável vem a ser, portanto, a própria expansão da ordem social competitiva."[3] Assim, as representações ideológicas surgem nitidamente como técnicas de dominação; ou seja, de preservação de estruturas estabelecidas.

Paralelamente, desenvolveram-se pesquisas sobre a aculturação religiosa. Desde Nina Rodrigues até René Ribeiro, realizaram-se muitos estudos sobre as manifestações de sincretismo religioso afro-brasileiro. A obra mais ambiciosa nessa área é *Les Religions Africaines au Brésil*, de Roger Bastide. Às vezes, as obras revelam apenas um interesse descritivo pela vida religiosa dos negros, no candomblé, na umbanda, no batuque etc. Outras vezes, no entanto, essas pesquisas procuram apanhar a maneira pela qual se retém no Brasil um segmento importante da cultura africana. Ou então, buscavam verificar qual é o papel da vida religiosa na definição e evolução dos contatos com os outros grupos e a sociedade global. Em outros casos, ainda, as manifestações da vida religiosa são tomadas em termos de uma *subcultura* das camadas populares no Brasil urbano e rural.

Outros estudiosos, como Herbert Baldus, Egon Schaden e Eduardo Galvão, interessaram-se pela vida religiosa do índio e do caboclo. Em alguns casos, as pesquisas mostram

---

[2]   Darcy Ribeiro, *A Política Indigenista Brasileira*, Rio de Janeiro, Serviço de Informação Agrícola, 1962, p. 114.

[3]   Florestan Fernandes, *A Integração do Negro à Sociedade de Classes*, São Paulo, USP, Faculdade de Filosofia, Ciências e Letras, 1964, p. 736.

RAÇA E SOCIEDADE 271

como se dá a acaboclização do catolicismo. "A história do desenvolvimento da moderna religião cabocla, como da cultura a que pertence, não é a de um processo uniforme e gradual da difusão de conceitos de nossa civilização ocidental, que teriam se transmitido dos grandes centros urbanos, daí para as sedes das comunidades regionais e destas para as freguesias e sítios. Ao contrário, a períodos de mudança acentuada interpuseram-se outros de relativa estabilidade ou de transformação pouco apreciável. As modificações na cultura regional foram provocadas em grande parte por fatores como a catequese religiosa, a escravização do índio, a política colonial e a corrida da borracha, fatores que tiveram sua origem e forma desencadeados por forças localizadas fora da região amazônica, isto é, na metrópole portuguesa, na Capital Federal e nos grandes centros internacionais de comércio e indústria. Contudo, a resultante da atuação dessas forças adquiriu características, condicionadas pelo ajustamento que se fazia necessário ao ambiente geográfico em função das técnicas utilizadas para sua exploração."[4] Nesse caso, a interpretação da aculturação religiosa está apoiada numa compreensão científica da sucessão das totalidades históricas que lhe dão sentido.

Mas a vida religiosa dos indígenas foi estudada também sob outros aspectos. Os movimentos messiânicos no meio indígena atraíram a atenção de alguns etnólogos, como pista para o conhecimento de estruturas *invisíveis*, nas crises decorrentes do contato com a sociedade global. Nesse campo, destaca-se a obra de Egon Schaden, intitulada *A Mitologia Heróica de Tribos Indígenas do Brasil*. O estudo da mitologia heroica permite, ao mesmo tempo, aprofundar o conhecimento com a cultura da sociedade dominante. "O milenarismo Tukuna não pode ser explicado sem que recorramos à mitologia da tribo, mas apenas a mitologia não explica o movimento. Não pode ser analisado sem que levemos em conta a situação de penúria ou *deprivation*, mas esta não constitui causa suficiente. Não pode ser entendido senão em termos do contato com

---

[4] Eduardo Galvão, *Santos e Visagens*, São Paulo, Nacional, 1955, p. 185.

272 RAÇAS E CLASSES SOCIAIS NO BRASIL | Octavio Ianni

a civilização, mas não é o contato propriamente dito que determina o movimento: são condições socioeconômicas que dele decorrem, em particular o domínio e a espoliação dos índios por parte dos seringalistas que se apossaram das terras tribais e procuram impor-lhes um comércio altamente lesivo. O milenarismo Tukuna constitui uma *praxis* mediante a qual buscam os índios, consciente ou inconscientemente, livrar-se da dependência, domínio e sujeição por parte dos *civilizados*. Esse objetivo é compreendido claramente pelos seringalistas, os quais nunca deixaram de intervir por meio da violência física, as ameaças e o apelo às autoridades."[5] Em interpretações como essa, as relações entre raça, cultura e sociedade são esclarecidas pelas manifestações das relações de produção. Desse modo, a integridade do *objeto* da investigação surge em sua plenitude.

Outros estudos sobre as condições de aculturação concentram-se na pesquisa da esfera tecnológica, em alterações da organização ecológica, em processos linguísticos, na vida artística. Em certo sentido, uma parte importante da arte popular brasileira, especialmente nos campos da música, do teatro, do romance, da poesia e do cinema, está relacionada ao processo mais amplo de aculturação negra, indígena, italiana etc.

O colonialismo interno

O estudo dos processos aculturativos não esgota a gama dos problemas focalizados por etnólogos e sociólogos interessados nas populações indígenas. Ao lado das pesquisas de caráter convencional, sobre as culturas indígenas, sobre as modificações devidas aos contatos com outros grupos, ou a sociedade como um todo, desenvolveram-se também investigações mais ambiciosas.

Esses estudos geralmente se iniciaram pela crítica aberta ou velada, mais ou menos profunda, ao Serviço de Proteção aos índios. A análise da atuação desse órgão, associada aos

---

[5] Maurício Vinhas de Queiroz, "Cargo Cult na Amazônia" (observações sobre o milenarismo "Tukuna") *in América Latina*, Rio de Janeiro, ano 6, nº 4, pp. 43-61; citações das pp. 58-59.

RAÇA E SOCIEDADE 273

dados colhidos no contato direto com as populações indígenas e caboclas, levou etnólogos e sociólogos a uma atitude científica menos romântica e mais larga. Daí o aparecimento de obras importantes como *A Política Indigenista Brasileira*, de Darcy Ribeiro, e *O índio e o Mundo dos Brancos*, de Roberto Cardoso de Oliveira. Em sentido semelhante, mas ampliado pela preocupação de apanhar o espírito da civilização no trópico, situa-se *Tristes Trópicos*, de Lévi-Strauss. "De sua experiência efêmera de civilização, os índios só guardaram as roupas brasileiras, o machado, a faca e agulha de costura. Em tudo mais, foi o malogro. Tinham-se-lhes construído casas, e eles dormiam ao relento. Procurou-se fixá-los nas vilas e continuaram nômades. Quanto aos leitos, queimaram-nos para fazer fogo e dormiam no chão. Os rebanhos de vacas enviados pelo governo vagavam ao acaso, pois aos indígenas repugnavam a sua carne e o seu leite. Os pilões de madeira, movidos mecanicamente pelo enchimento e esvaziamento alternados de um recipiente preso a um braço de alavanca (dispositivo frequente no Brasil, onde é conhecido sob o nome de *monjolo*, e que os portugueses importavam talvez do Oriente) apodreciam inutilizados, a moagem a mão permanecendo a prática geral."[6] Essa situação explode em toda a sua grandeza trágica nas andanças do índio Uirá, que em vão andou à procura de Deus.[7]

Pouco a pouco o cientista social inclui na sua investigação *novas* dimensões da realidade. Descobre que os processos culturais não se dão abstratamente. No âmago da problemática das pesquisas sobre os contatos do índio e do caboclo com a sociedade global, inserem-se necessariamente as relações de produção. "A sociedade nacional apresenta-se aos índios com faces profundamente diversas, conforme assuma a forma de economia extrativa, pastoril ou agrícola. Cada uma delas é movida por interesses diversos na exploração do ambiente, organiza-se segundo princípios estruturais próprios e impõe

---

6 C. Lévi-Strauss, *Tristes Trópicos*, trad., de Wilson Martins (revista pelo autor), São Paulo, Anhembi, 1957, p. 160.

7 Darcy Ribeiro, "Uirá Vai ao Encontro de Maíra", *in Anhembi*, São Paulo, nº 76, março de 1957, pp. 21-35.

compulsões diferentes aos grupos tribais com que se defronta."[8] Como vemos, à medida que se acumulam as experiências científicas, ocorre um alargamento do horizonte interpretativo do etnólogo. Quando se recupera a integridade do *objeto* da investigação, em termos propriamente científicos, as falácias perdem sentido.

Desse modo desenvolvem-se os estudos sobre o colonialismo interno. Aliás, esse colonialismo já se transformara em doutrina oficial, quando começou a ser estudado e denunciado por meio de pesquisas científicas. Todavia, convém examinar uma das suas formulações. "O programa de *Rumo ao Oeste* é o reatamento da campanha dos construtores da nacionalidade, dos bandeirantes e dos sertanistas, com a integração dos modernos processos de cultura. Precisamos promover essa arrancada, sob todos os aspectos e com todos os métodos, a fim de suprimirmos os vácuos demográficos do nosso território e fazermos com que as fronteiras econômicas coincidam com as fronteiras políticas. Eis o nosso imperialismo. Não ambicionamos um palmo de território que não seja nosso, mas temos um expansionismo, que é o de crescermos dentro das nossas próprias fronteiras."[9] Essa é a concepção da Marcha para o Oeste, governada pelas exigências da expansão capitalista. Entretanto, ela se realizou e está se realizando sem a cooperação das ciências sociais. "A despeito dos esforços do Serviço de Proteção aos Índios e das missões religiosas no sentido de proteger o índio contra os espoliadores e chacinadores, há, ainda, no Brasil, bastantes tribos isoladas, indefesas e ameaçadas de extermínio."[10] Em verdade, os servidores do SPI não estão à altura das suas tarefas. "Não tendo aprendido a vencer os próprios preconceitos etnocêntricos, fecham-se num complexo de superioridade que, no melhor dos casos, os deixa considerar os índios, ao

---

[8] Darcy Ribeiro, "Culturas e Línguas Indígenas do Brasil", *in Educação e Ciências Sociais*, Rio de Janeiro, ano II, vol. 2, nº 6, 1957, pp. 5-102; citação das pp. 21-23.

[9] Getúlio Vargas, *As Diretrizes da Nova Política do Brasil*, Rio de Janeiro, José Olympio, 1942, p. 285.

[10] Herbert Baldus, "Métodos e Resultados da Ação Indigenista no Brasil", *in Revista de Antropologia*, São Paulo, vol. 10, nºs 1-2, 1962, pp. 27-42; citação da p. 37.

RAÇA E SOCIEDADE   275

modo dos missionários, como *crianças*. Assim, o encarregado de um Posto não consegue ambientar-se e se não é levado e elevado por algum ideal religioso ou científico, facilmente chega a cobiçar dinheiro ou entregar-se à bebida."[11]

Em face dessa situação, etnólogos e sociólogos se voltaram para outros problemas ou redefiniram os temas convencionais. Isto é, procuraram recuperar a integridade do *objeto* dos seus estudos. Abandonam a postura acadêmica convencional e buscam a cooperação da economia política e outras ciências sociais, para alargar o horizonte da interpretação científica. É nessa linha de desenvolvimento que se colocam as obras que estão sendo realizadas em torno do projeto de estudo sobre as áreas de fricção interétnica. "Qualquer estudo sobre índios no Brasil que objetive revelar a sua verdadeira situação não poderá deixar de focalizar o caráter das frentes desbravadoras que os alcançam, hoje, nos seus mais distantes redutos. O papel variado desempenhado por essas frentes de expansão da sociedade nacional, segundo a intensidade e qualificação do contato entre os índios e brancos, torna relevantes quaisquer dados que permitem traçar um perfil compreensivo – pois fundado em evidências estratégicas – das formas de ocupação civilizada e das modalidades de exploração do trabalho indígena e não indígena regional." [12]

Em seus desenvolvimentos sucessivos, a problemática relativa aos grupos indígenas e caboclos evolui na direção da globalização crescente. Os diferentes processos passam a ser focalizados tendo-se em vista também as determinações *externas*, dadas pela sociedade nacional. Em concomitância, as investigações começam a apanhar melhor as dimensões históricas das relações culturais, econômicas e políticas entre o mundo indígena e a civilização capitalista.

---

[11] Herbert Baldus, "Tribos da Bacia do Araguaia e os Serviços de Proteção aos Índios", *in Revista do Museu Paulista*, nova série, São Paulo, 1948, vol. II, pp. 137-168; citação das pp. 167-168.

[12] Roberto Cardoso de Oliveira, *O Índio e o Mundo dos Brancos*, São Paulo, Difusão Europeia do Livro, 1964, p. 31. Veja também o projeto de pesquisa publicado em apêndice dessa mesma obra: "Estudo de Áreas de Fricção Interétnica no Brasil".

O preconceito racial

Em escala variável, a maioria das obras sobre as relações raciais no Brasil têm abordado os aspectos mais importantes do preconceito. Os estudos sobre aculturação alemã, italiana, polonesa, japonesa etc. apresentam contribuições de valor variável para a descrição e a interpretação das manifestações do preconceito. Como essas pesquisas geralmente abordam os processos aculturativos em associação com a mobilidade social em suas múltiplas manifestações e possibilidades, o problema do preconceito se impõe sempre. Também as obras sobre as populações indígenas e caboclos já oferecem subsídios nesse sentido.

Entretanto, é no campo dos estudos sobre as relações entre negros e brancos que aparecem as contribuições mais sistemáticas sobre esse tema. Depois de passarem por diferentes etapas, as investigações sobre o negro e o mulato começaram a incluir discussões mais elaboradas sobre os mecanismos de mobilidade social e discriminação. Inicialmente, os etnólogos e sociólogos estavam preocupados com os problemas de mestiçagem. Depois, voltaram-se para as religiões e as diferentes manifestações de sincretismo. Somente depois de 1945 é que os cientistas sociais se voltaram mais sistematicamente para os estudos sobre as condições, as manifestações e os significados do preconceito racial. As obras já publicadas apresentam contribuições importantes sobre os característicos do preconceito em situações sociais definidas pelo trabalho, as atividades lúcidas, o casamento, a escola etc.

São várias as motivações que conduziram à realização desses estudos. Em primeiro lugar, coloca-se a contradição insuportável entre o mito da democracia racial e a discriminação efetiva, dirigida contra negros e mulatos. Em outro plano, e com característicos diversos, coloca-se o preconceito contra índios e caboclos, poloneses, italianos etc. Portanto, impunha-se aos cientistas sociais examinar as condições reais de contato racial em contraposição à ideologia predominante, cantada também pelos poetas.

"Aqui democracia quer dizer, sem nenhum preconceito de origem, credo e cor; é flor social que aconteceu. (*Mélange, melting pot, una tinga piranga*). Se nasce, aqui, outra vez, como no Pentateuco."[13]

À medida que se desenvolve a consciência dos problemas nacionais, impõe-se aos cientistas sociais desfazer falsas representações. O progresso do conhecimento da realidade social depende também da capacidade do cientista enfrentar criticamente as doutrinas e representações que cercam e participam da própria existência dos acontecimentos.

Em segundo lugar, os estudos sobre a situação real do negro e do mulato foram estimulados pelo clima político e intelectual gerado com a Guerra Mundial de 1939-1945. Essa guerra projetou na mente dos povos um novo desafio sobre a trama dos antagonismos, discriminações e ódios raciais. Em certo sentido, problemas étnicos e raciais graves surgiram como ingredientes dos conflitos econômicos e políticos que alimentaram a guerra. Em consequência, os cientistas sociais das diferentes nações interessaram-se abertamente pelas tensões raciais. Inicialmente, foi a UNESCO que estimulou no Brasil um programa especial e amplo de pesquisas sobre a estrutura das relações raciais entre negros e brancos. No âmbito desse programa, realizaram-se obras importantes, tais como as seguintes: *Races et Classes dans le Brésil Rural*, por Charles Wagley, Marvin Harris, Harry W. Hutchinson e Ben Zimmerman; *O Negro no Rio de Janeiro*, por L. A. da Costa Pinto; *As Elites de Cor*, por Thales de Azevedo.

Esses estudos tiveram andamento, em escala diversa, nas pesquisas de um grupo de sociólogos reunidos em torno do projeto de estudo intitulado *O Preconceito Racial em São Paulo*, de autoria de Florestan Fernandes e Roger Bastide. A partir desse projeto, ou inspiradas inicialmente nele, foram publicadas as seguintes obras: *Brancos e Negros em São Paulo*, por Roger Bastide e Florestan; *A Integração do Negro à Sociedade de Classes*, por Florestan Fernandes; *As Metamorfoses do Escravo*,

---

[13] Cassiano Ricardo, "Carta de D. Pedro II a Gobineau", Suplemento Literário de *O Estado de S. Paulo*, 6.7.1967, p. 3.

por Octavio Ianni; *Capitalismo e Escravidão*, por Fernando Henrique Cardoso; e *Cor e Mobilidade Social em Florianópolis*, por F. H. Cardoso e O. Ianni.

Com a realização dessas pesquisas sobre a estrutura das relações entre negros e brancos, em várias regiões do Brasil, constituiu-se um acervo de valor inestimável sobre a realidade nacional. As obras já publicadas oferecem explanações sobre temas, tais como os seguintes: processos aculturativos, sociais, ecológicos e demográficos; em particular, são importantes as contribuições ao conhecimento do preconceito racial, das ideologias raciais e da própria estrutura da consciência social. Em todos eles aparece, em várias tonalidades, a questão das relações entre raça e classe social. Aliás, esse tema já fora colocado em *Brancos e Pretos na Bahia*, de Donald Pierson. Nessa obra pioneira, cuja primeira edição em inglês é de 1942 e que se edita no Brasil em 1945, é evidente a luta do autor com as falácias.

Tomadas como um todo, no entanto, as pesquisas sobre as relações entre negros e brancos no Brasil contribuem poderosamente para elucidar algumas facetas fundamentais da sociedade brasileira. Revelam um esforço sério no sentido de apanhar o específico dessa sociedade. "O progresso das ciências sociais no Brasil vem se refletindo de modo extenso e profundo no volume e na qualidade das investigações sobre relações étnicas e raciais. Semelhante tendência é muito natural, pois constitui, como se diz vulgarmente, um *cadinho de raças e de culturas*. Ainda que tais investigações se proponham móveis empíricos e teóricos – até o presente, todas elas foram empreendidas com o objetivo de aumentar nossos conhecimentos sobre as diferentes situações de contato interétnico ou racial, caracterizáveis na sociedade brasileira – indiretamente elas satisfazem necessidades práticas de alcance coletivo. Ninguém ignora o quanto a heterogeneidade cultural e racial afetou, está afetando e continuará a afetar as possibilidades de desenvolvimento da *civilização ocidental* no Brasil. Sob esse aspecto, as questões pertinentes ao assunto possuem o caráter de *problema nacional*, o que confere às investigações realizadas

RAÇA E SOCIEDADE **279**

ou em curso um interesse prático iniludível."[14] Como vemos, tendo partido de motivações práticas e imediatas, às vezes, e científicas, outras, a problemática das pesquisas sobre a estrutura das relações raciais adquiriu ambição e profundidade. Em especial, as obras já publicadas são uma contribuição notável ao conhecimento da realidade nacional.

A proletarização

À medida que progridem e multiplicam-se os estudos científicos sobre as relações raciais no Brasil, a problemática se torna mais rica. Em especial, alarga-se o horizonte intelectual do cientista. Em um país como o Brasil, em processo de industrialização, essas pesquisas não puderam desconhecer o papel dos processos econômicos dominantes. Por isso, as investigações sobre as relações raciais envolvem a mobilidade social, em geral, e particularmente o processo de proletarização. Aliás, a análise e interpretação desse processo concentrou-se e desenvolveu-se bastante nos estudos sobre o negro. Mas surge também nas obras sobre os outros grupos.

A história do negro, depois da Abolição da Escravatura, ocorrida em 1888, é, em boa parte, a história da sua proletarização. Egresso da escravatura, viu-se numa situação nova e desconhecida. Devido às condições históricas pelas quais se estava verificando a formação do capitalismo no Brasil, o negro não pôde ser absorvido imediata e amplamente. Décadas se passaram, antes que ele pudesse sentir-se seguro de um salário. Foi preciso que atravessasse várias fases, antes que começasse a ser aceito como trabalhador. Portanto, o dilema que cerca a existência do negro, depois de 1888, se resume nos seguintes termos: nem ele estava preparado para vender a sua força de trabalho nem o empresário estava preparado para comprá-la. Além do mais, a industrialização brasileira sempre contou com amplas reservas de força de trabalho.

No processo de formação do capitalismo no Brasil, a criação do proletariado também baseou-se nas regras inerentes à lei

---

[14] Florestan Fernandes, "Prefácio", em *Cor e Mobilidade Social em Florianópolis*, de F. H. Cardoso e O. Ianni, São Paulo, Nacional, 1960, pp. xi-xxiii; citação da p. xi.

da oferta e da procura, em que o mais forte sempre procura obter o máximo de vantagens. Por isso, no jogo das preferências, fundado em razões econômicas, e segundo as condições culturais herdadas da escravatura, o negro foi preterido, em benefício do imigrante. Assim, é o negro que formará o exército dos desocupados, dos sem-trabalho. Como a oferta de braços era maior que a procura, situação criada deliberadamente com a política oficial e privada de imigração, o negro viu-se à margem das atividades produtivas. No jogo dos excedentes, cabia-lhe a pior posição. Acresce que o excesso de força de trabalho deveria exercer efeitos depressivos sobre o nível dos salários ou formas disfarçadas de remuneração. Por isso, numa fase importante da formação do capitalismo no Brasil, o pauperismo dos assalariados foi garantido pela condição anômica dos desocupados. "Onde a produção atingia níveis altos, refletindo-se no padrão de crescimento econômico e de organização do trabalho, existiam reais possibilidades de criar um autêntico mercado de trabalho: aí, os ex-escravos tinham de concorrer com os chamados 'trabalhadores nacionais', que constituíam um verdadeiro exército de reserva (mantido fora de atividades produtivas, em regiões prósperas, em virtude da degradação do trabalho escravo) e, principalmente, com a mão de obra importada da Europa, com frequência constituída por trabalhadores mais afeitos ao novo regime de trabalho e às suas implicações 'econômicas e sociais'."[15] Nos centros mais industrializados do país, essa situação somente começou a alterar-se com a dinamização e a diferenciação econômica iniciada a partir de 1930. Em outras regiões, esse movimento iniciou-se depois de 1945.

Portanto, ao ser convertido em cidadão, o negro conheceu de modo brutal a condição alienada da liberdade que lhe ofereciam. "A sociedade brasileira largou o negro ao próprio destino, deitando sobre seus ombros a responsabilidade de reeducar-se e de transformar-se para corresponder aos novos padrões e ideais de homem, criados pelo advento do trabalho

---

[15] Florestan Fernandes, *A Integração do Negro à Sociedade de Classes, op. cit.*, p. 5.

livre, do regime republicano e do capitalismo."[16] Nesse sentido é que o estudo da situação racial precisa encaminhar-se progressivamente das manifestações abertas e imediatas às estruturas globais. Somente desse modo se pode compreender plenamente as flutuações da situação social do negro e do mulato. Nesse contexto é que o processo de proletarização adquire significado especial para o estudo das relações raciais. Para compreender a condição do negro e do mulato, no longo período que medeia a abolição e a industrialização, é necessário compreender as transformações correntes então nas formas de organização das atividades econômicas, na estrutura demográfica etc. Nessa sequência, a pesquisa científica pode "considerar a proletarização não como uma descida, mas, ao contrário, como uma promoção coletiva."[17]

Também a propósito dos índios e caboclos, os estudos dos etnólogos e sociólogos começaram a levar em conta o processo de constituição da sociedade de classes, de mercantilização da força de trabalho etc. Em boa parte, as obras relacionadas ao colonialismo interno e às áreas de fricção interétnica apresentam contribuição importante nesse sentido. Além destas, livros como *Os Parceiros do Rio Bonito*, de Antônio Cândido, e *O Demônio no Catulé*, de Cario Castaldi, Eunice T. Ribeiro e Carolina Martuscelli, também são contribuições notáveis à descrição e interpretação de algumas fases críticas do processo mais geral de mercantilização da força de trabalho.

Cultura e política

Como não poderia deixar de ocorrer, à medida que se desenvolveram os estudos sobre as relações raciais no Brasil, multiplicaram-se os problemas abordados. Ao mesmo tempo, ampliou-se o horizonte interpretativo dos cientistas. A formação de um padrão científico de pesquisa e o esforço deliberado no sentido de tornar útil o conhecimento conduziram os especialistas a uma temática substantiva. Em consequência dessa evolução positiva, as falácias relativas à

---

[16] Florestan Fernandes, *op. cit.*, p. 8.
[17] Roger Bastide, *Sociologie du Brésil*, Paris, Centre de Documentataion Universitaire, s. d., p. 19.

situação racial no Brasil foram sendo abandonadas ou examinadas e destruídas.

O problema das relações entre raça, cultura e política pode ser colocado nesse movimento de renovação e aprofundamento dos estudos sobre as relações raciais no país. Em certo sentido, ele está subjacente à maioria das contribuições. Surge nas discussões sobre as diretrizes do Serviço de Proteção aos Índios, bem como nos estudos sobre os jovens judeus. Em graus diversos, essas obras abordam o problema das relações entre as relações políticas, os contatos culturais e as relações raciais.

Quanto aos negros, esses estudos tiveram seu maior desenvolvimento nas obras de Roger Bastide e Florestan Fernandes. Em suas pesquisas, esses autores examinaram com rigor as reações políticas dos negros à situação racial constituída após a Abolição e em consequência da urbanização e industrialização. E revelaram os papéis desempenhados pelos movimentos sociais e políticos no meio negro. Roger Bastide estudou, de modo particular, a função da imprensa negra em São Paulo, apanhando manifestações dos processos de mobilidade social, de conscientização etc. no seio dos grupos negros e mulatos. A proletarização geral e o ingresso incipiente nas classes médias favoreceram o estudo das condições e tendências da integração social desses grupos.

No caso dos alemães, italianos, japoneses, poloneses etc., o problema político se coloca em outros termos. É óbvio que as implicações entre cultura e mobilidade social traduzem-se em organizações ou comportamentos com significação política. Então, surgem, por exemplo, associações e clubes desempenhando simultaneamente papéis recreativos e políticos. Muitas vezes, essas organizações funcionam como bases eleitorais de candidatos políticos representando *alemães, poloneses, italianos, sírios* etc.

Além disso, esses grupos imigrados sempre foram alvo de atenções especiais por parte dos governantes e organizações econômicas, políticas, culturais e religiosas dos países nativos. Em geral, essas atenções estão relacionadas com o interesse em *amenizar* as condições da aculturação. Todavia,

RAÇA E SOCIEDADE   283

na prática, operam como mecanismos de preservação de fidelidade aos países de origem. Nesse sentido, são até mesmo antiaculturativos. Algumas questões importantes, relativas às conexões entre mudanças culturais, relações raciais e comportamentos e organizações políticos, estão referidas nas obras de Constantino Ianni, *Homens Sem Paz*, e José Arthur Rios, *Aspectos Políticos da Assimilação do Italiano no Brasil*. Dentre as não científicas, mas de grande valor documental, destacam-se *A Ofensiva Japonesa no Brasil*, de Carlos de Souza Moraes; *A quinta-Coluna no Brasil*, de Aurélio da Silva Py; e *Hitler Guerreia o Brasil Há Dez Anos*, de Mário Martins. São obras que revelam algumas das tendências dos vínculos entre as nações emigratórias e os grupos imigrados no Brasil. Em particular, oferecem indicações importantes sobre as relações entre raça, cultura e política. "O colonialismo italiano, malogrado na África, procurou encontrar substância econômica e política nas comunidades criadas no exterior pelos emigrados, de modo que a Itália nos apresenta o caso único – hoje reproduzido, pelo menos no que diz respeito ao Brasil, pela emigração portuguesa e japonesa – de os expatriados serem considerados pelos governos e por certos grupos econômicos de seu país de origem com os mesmos critérios que as metrópoles habitualmente encaram as suas possessões coloniais. As colônias são classificadas em três tipos: de povoamento, de desfrutamento e comerciais. As comunidades italianas no exterior têm sido claramente consideradas, por certos interesses predominantes na Itália, como colônias comerciais (pela abertura de novos escoadouros, para a exportação) e de desfrutamento (pelas remessas, no que o problema não difere muito do típico desfrutamento colonial exercido por outras metrópoles sobre as suas possessões de além-mar). Mas as mesmas comunidades também se apresentam com uma configuração *sui generis*, ou seja, como colônias de despovoamento, no sentido de que têm ajudado a aliviar o que se costuma chamar pressão demográfica interna."[18] Aí estão

---

[18]   Constantino Ianni, *Homens Sem Paz*, São Paulo, Difusão Europeia do Livro, 1963, p. 27.

as variáveis *externas* dos processos aculturativos. Em especial, essas reflexões demonstram como raça, cultura e política relacionam-se às determinações econômicas.

Entretanto, há uma obra que merece destaque especial aqui. Trata-se de *Guerra e Relações de Raça*, de Arthur Ramos. Esse livro assinala uma fase importante na transformação da problemática dos estudos sobre as relações raciais no ambiente brasileiro. A despeito de não ter sido continuada, na mesma orientação, ela assinala um movimento importante no sentido do alargamento do horizonte do cientista social. Em especial, ressalta a necessidade de que as contribuições dos etnólogos e sociólogos, sobre a estrutura das relações raciais, não podem desconhecer as conexões entre cultura e política. Diretamente inspirada pela luta contra as várias formas de fascismo, essa obra de Arthur Ramos coloca problemas importantes aos cientistas sociais. Em particular, recoloca o cientista social em face da sua responsabilidade, como intelectual e como cidadão. Ou melhor, mostra que o estudo das relações raciais envolve sempre estruturas de dominação. Em plano mais estritamente antropológico, os mesmos problemas são abordados em *A Aculturação dos Alemães no Brasil*, de Emílio Willems. Tanto no caso dos italianos, como no dos alemães, dos poloneses, dos japoneses e outros, os estudos sobre as condições e as tendências da aculturação devem sempre envolver uma análise das formas pelas quais os governantes e as organizações dos países originários interferem e cooperam nos processos aculturativos.

A problemática científica

Em boa parte, o desenvolvimento dos estudos sobre as condições e as transformações das relações raciais estão relacionados com a própria formação do padrão científico nas ciências sociais no Brasil. Mais ainda, a formação da etnologia e da sociologia científicas no país realizou-se e está se realizando com base na incorporação de contribuições de diferentes escolas científicas da França, dos Estados Unidos, da Inglaterra, da Alemanha. Por isso, algumas vezes os estudos exprimem temáticas ou tonalidades que não têm

RAÇA E SOCIEDADE 285

correspondência com as tradições intelectuais brasileiras, ou com a verdadeira problemática do país. Entretanto, nem sempre essas contribuições são irrelevantes. Muitas vezes, elas trazem uma contribuição importante, seja à reformulação da problemática, seja ao tratamento teórico dos assuntos.

Algumas das principais críticas à problemática e às tendências teóricas dos estudos brasileiros de etnologia e sociologia foram formuladas em *A Etnologia* e a *Sociologia no Brasil*, de Florestan Fernandes. Essas reflexões, associadas aos artigos e ensaios de Herbert Baldus, Egon Schaden, Charles Wagley, Marvin Harris, Thales de Azevedo e outros, oferecem um quadro bastante amplo sobre a formação geral e os aspectos particulares das pesquisas etnológicas e sociológicas no Brasil. Nesses estudos estão examinados os problemas metodológicos, os temas e as orientações interpretativas envolvidas também em obras sobre as relações raciais. Todavia, cabe ainda apontar alguns aspectos importantes nessas investigações.

Em parte, as pesquisas nesse campo ainda esbarram com as dificuldades criadas pela persistência das falácias sobre a situação racial no Brasil. O mito da democracia racial, por exemplo, continua a operar como obstáculo e desafio ao desenvolvimento de certos estudos. A discussão dos aspectos mais dramáticos da vida do índio, do caboclo, do negro ou do polonês encontra resistências veladas ou abertas. Não raro, essas preocupações são definidas socialmente como não científicas. Por exemplo, a crítica do SPI ainda não se realizou de modo completo, precisamente por causa dos obstáculos que esse órgão criaria ao desenvolvimento das próprias pesquisas científicas. Muito menos, a etnologia e a sociologia tiveram condições de envolver o SPI numa interpretação científica do mundo indígena e caboclo. Como os burocratas desse órgão dominam os meios de acesso aos grupos indígenas, a crítica das atividades e da orientação desse órgão não pode nunca ultrapassar certos limites.

Em plano teórico, os estudos sobre as relações raciais às vezes padecem de postura insatisfatória, quanto à natureza real do *objeto* de estudo. Não são raras as obras em que ocorre uma verdadeira *desumanização* da problemática, perdendo-se

286 RAÇAS E CLASSES SOCIAIS NO BRASIL | *Octavio Ianni*

de vista o papel relevante do homem como criador de cultura, ou como objeto das próprias criações culturais. Ao empenhar-se em aprimorar a delimitação do seu tema de estudo, alguns estudiosos fragmentam completamente a realidade, isolando cultura, sociedade, economia, demografia etc., como se as operações de laboratórios fossem válidas no âmbito das ciências do homem. Em consequência, perde-se a integridade do objeto, reduzindo-se este a fragmentos inarticulados.

Por essas razões, muitos estudos sobre as relações raciais no Brasil não apanham essas relações como estruturas significativas ou como processos. O esforço de realizar pesquisas *objetivas* tem levado inclusive a uma completa destruição da historicidade do real. Como alguns especialistas têm verdadeiro preconceito em considerar e incorporar as contribuições das outras ciências sociais, e devido à compreensão inadequada da divisão do trabalho no campo científico, algumas obras revelam uma perda total no sentido de historicidade do mundo da cultura.

Por essas razões, as ciências sociais não trataram adequadamente alguns temas importantes. Por exemplo, ainda merecem pesquisa e interpretação problemas tais como os seguintes: estrutura social e estrutura de personalidade; a marginalidade do caboclo e do mulato, por exemplo, como eventos heurísticos; relações raciais e relações de produção, nos setores primário, secundário e terciário; raça e classe social, no mundo urbano-industrial e no ambiente rural; as condições de produção e os caracteres da consciência social do negro; a consciência infeliz do índio e os fundamentos do fatalismo do caboclo. Em outro plano, cabe realizar estudos sobre as relações entre os messianismos e as estruturas das culturas em contato; ou sobre as configurações dos sincretismos religiosos, em face da civilização capitalista. Outra ordem de temas coloca-se quando o cientista social procura investigar a realidade em conexão com as representações coletivas e as próprias doutrinas correntes sobre os mesmos processos e acontecimentos. Assim, caberia estudar as ideologias raciais, como dimensões fundamentais dos processos atinentes às relações raciais.

Civilização tropical?

As pesquisas sobre as relações raciais no Brasil ou estão relacionadas ou suscitam a ideia de uma "civilização nos trópicos". Charles Wagley e Roger Bastide são alguns dos autores abertamente preocupados com essa ideia. Em escala variável, já deram contribuição importante à elucidação desse problema. Além disso, os estudos sobre a estrutura das relações raciais, nos termos amplos em que os consideramos aqui, são contribuições à discussão desse problema.

Em outro plano, essa foi também a preocupação de Euclides da Cunha, Oliveira Vianna, Gilberto Freyre, Sérgio Buarque de Holanda. A sociedade brasileira, em especial o seu pensamento científico, não escapa ao fascínio desse tema. Muitos querem contribuir para elucidar o caráter, as possibilidades ou as tendências da "civilização brasileira". Procuram a sua integridade essencial.

Não queremos retomar aqui essa questão. Desejamos apenas ressaltar um aspecto, que nos parece fundamental. Além das contribuições já oferecidas pelos etnólogos, sociólogos, economistas e cientistas políticos preocupados com a especificidade da sociedade brasileira, convém atentar para o aspecto apontado a seguir.

Em boa parte, essa questão resulta da ambiguidade da sociedade brasileira, em face de si mesma e de outros povos. Em especial, resulta das congruências, ligações e desencontros entre os países mais desenvolvidos e o Brasil, como economia dependente. Mais precisamente, a ambiguidade da sociedade brasileira, em face de si mesma e dos outros povos, tendo-se em vista a sua integridade e autonomia eventuais, resulta do fato de que ainda existe, no ambiente brasileiro, um profundo hiato entre a estrutura e as tendências efetivas da realidade, por um lado, e a autoconsciência social, por outro. A maneira pela qual se constituiu e continua a desenvolver-se a consciência que o povo brasileiro tem de si dificulta a compreensão satisfatória da realidade nacional. A contextura da sociedade e da cultura brasileiras escapam às vezes à interpretação, devido à incapacidade da ciência de lidar com aquela ruptura entre o

288 RAÇAS E CLASSES SOCIAIS NO BRASIL | *Octavio Ianni*

pensamento e a realidade, como dimensões desencontradas de uma mesma totalidade. A influência poderosa de correntes de pensamento geradas em nações dominantes e assimiladas apressadamente provocam uma profunda distorção da autoconsciência social do povo. Os cientistas sociais nem sempre são imunes à essas distorções.

Em verdade, uma nação como o Brasil é uma "invenção" do capitalismo europeu. Em seguida, ela se torna ininteligível se não compreendemos a trama das relações com os Estados Unidos, a Alemanha, a França, a Inglaterra, a Itália, o Japão. Portanto, como povo, como organização econômica, como cultura, o Brasil é uma sucessão de desdobramentos do capitalismo, com centros dominantes externos. Daí a curiosa luta em busca da autenticidade; a consciência ambígua, expressa no esforço pela formulação de uma "civilização nos trópicos"; a consciência infeliz de um povo que busca seu destino no espelho de outros povos, sem dispor de todas as condições para tornar-se senhor do próprio destino.

1965

15

RAÇA E CLASSE

Além de ser um fenômeno étnico ou racial, demográfico ou cultural, a "questão racial" é uma expressão das tendências de acomodação, reajustamento ou expressão dos mercados de força de trabalho, em escala regional ou nacional. Essa é a sua natureza fundamental, que dá sentido às suas expressões sociais, culturais, demográficas, políticas, as quais, quando são vistas isoladamente, pouco elucidam o problema. Tanto nos países de emigração como naqueles em que os imigrados ou seus descendentes se encontram em absorção, a questão tem em sua base esse componente estrutural determinante: a força de trabalho. O significado econômico-social e político da força de trabalho esclarece manifestações culturais, raciais etc., que obscurecem ou tornam abstratas certas análises de sociológicos e antropólogos. Em outras palavras, certas transformações em curso nos setores primário, secundário e terciário da economia dos países em industrialização está na base do "problema racial", na medida em que a desagregação da ordem econômico-social escravocrata libertou forças produtivas capazes de iniciar a expansão industrial que diferencia a estrutura global. Com a modificação e diversificação das condições de produção, devidas ao esgotamento da estrutura escravista e ao início da reorientação da economia de tipo colonial para a produção nacional, alteraram-se a estrutura e o sentido do mercado de trabalho, acentuando-se as exigências de mão de obra. Por isso verificam modificações na estrutura demográfica, com os movimentos populacionais entre nações especialmente da Europa para a América, superpondo-se aos contingentes hispano-afro-indígenas ou luso-afro-indígenas os novos grupos de alemães, italianos, poloneses, sírio-libaneses, russos e outros, além dos japoneses.

Quando se esgotavam as potencialidades de expansão do sistema econômico-social baseado no trabalho escravizado, emergiram alterações mais ou menos amplas e profundas, destinadas a reestruturar a economia e a sociedade em novas bases. E assim se instaura o trabalho livre, que responde a necessidades novas e cria outras exigências. Enquanto no período de formação do capitalismo europeu a escravatura nas Américas se revelara a forma mais produtiva de organização do trabalho social, no início da fase de maturidade do mesmo sistema a ordem escravocrata se mostra incapaz de atender às novas exigências de produção de "artigos tropicais" e de importação das mercadorias produzidas principalmente na Inglaterra e França, inicialmente, e Alemanha e Estados Unidos depois. Por isso, em boa medida, se dá a *revolução* abolicionista, verificando-se, em graus diversos nos países latino-americanos, a regressão de economias monetárias a economias de subsistência, a preservação de ordens econômicas preexistentes, a modificação de sistemas de subsistência e mercantis ou a expansão dos monetários. Em qualquer caso, todavia, o trabalho escravo foi destruído como instituição fundamental, ainda que se preservassem em muitas regiões alguns elementos seus, disfarçados. E o trabalho livre se firmou pouco a pouco, de conformidade com o vigor das forças produtivas libertas com a abolição ou criadas posteriormente. Contudo, sempre que houve expansão, sempre que as estruturas econômico-sociais apresentavam sinais de desenvolvimento ou diversificação, os governos e entidades privadas incentivaram a imigração de trabalhadores, com o fim de atender aos programas de colonização de áreas desabitadas ou aumentar a oferta de força de trabalho nos núcleos mais dinâmicos da economia. Em consequência, formaram-se os grupos de imigrados e seus descendentes, com feições étnicas, raciais ou culturais distintas.

O negro e o mulato

O estado presente das relações entre brancos, negros e mulatos somente se esclarece quando são focalizadas as condições estruturais em que os escravos se tornaram livres. A compreensão das manifestações de preconceito racial que perpassam as suas relações na atualidade[1] depende do exame das condições econômico-sociais da crise que produziu a Abolição da Escravatura e os primórdios da sociedade de classes. Quando a sociedade de castas esgota todas as suas virtualidades, em consequência da sua dinâmica interna e da atuação de condições do sistema econômico-social internacional, começam a constituir-se os pré-requisitos do novo sistema. Devido, fundamentalmente, às limitações reveladas pela força de trabalho escravizado, em face das novas exigências de expansão e diversificação da economia, o trabalhador livre começa a impor-se lenta ou rapidamente, conforme o vigor das forças produtivas vigentes ou em instalação. Nessa época, o movimento abolicionista adquire eficácia e assume feição revolucionária,[2] produzindo mudanças em doutrinas e concepções tradicionais, que legitimavam a sociedade *fechada*. Dentre outros significados notáveis, o abolicionismo opera no sentido de produzir a redefinição do trabalho, elevando-o à condição de atividade dignificante – requisito do capitalismo industrial em constituição.[3] A liberdade que se dá ao escravo é a liberdade de oferecer-se no mercado de trabalho, como mão de obra apenas. Trata-se de eliminar qualquer vínculo rígido e permanente do trabalhador com os meios de produção. Por isso, o negro e o mulato *são declarados* livres, trabalhadores

---

[1] Sobre as relações entre negros e brancos no Brasil, na atualidade, consultor: Roger Bastide e Florestan Fernandes, *op. cit.*, Octavio Ianni e Fernando Henrique Cardoso, *Cor e Mobilidade Social em Florianópolis*, São Paulo, Nacional, 1960; L. A. da Costa Pinto, *O Negro no Rio de Janeiro*, São Paulo, Nacional, 1945; Thales de Azevedo, *As Elites de Cor*, São Paulo, Nacional, 1955; René Ribeiro, Religião e Relações Raciais, Rio de Janeiro, Serviço de Documentação do Ministério da Educação e Cultura, 1956; Charles Wagley e outros, *Races et Classes dans le Brésil Rural*, UNESCO, 1951.

[2] Octavio Ianni, *As Metamorfoses do Escravo*, São Paulo, Difusão Europeia do Livro, 1962, pp. 232-2135.

[3] Octavio Ianni, *op. cit.*, pp. 207-232.

292 RAÇAS E CLASSES SOCIAIS NO BRASIL | *Octavio Ianni*

livres de apresentar-se no mercado de trabalho, de conformidade com as necessidades das unidades produtivas. Assim, estas podem organizar-se e modificar-se em função da produção de lucro. Com o deslocamento do escravo da esfera dos meios de produção, os empreendimentos produtivos podem racionalizar-se com mais liberdade, sem o obstáculo representado pela presença de capital imobilizado em caráter permanente em escravaria.

Mas o antigo escravo não é redefinido como cidadão, no pleno sentido do conceito. Será um ex-escravo, negro ou mulato, até a atualidade. É que, ao produzir-se a libertação geral dos escravos, produziu-se a transformação da casta numa massa de trabalhadores disponíveis, que pouco a pouco foi reincorporada ao processo produtivo, como força de trabalho livre. "Como a reincorporação do negro e do mulato se faz no seio de um sistema econômico-social que também dispõe hierarquicamente as pessoas, e como ao lado deles haverá trabalhadores brancos de diversas origens em competição, reifica-se a cor, delimitando-se o grupo e os indivíduos como negros e mulatos. Àqueles que detém o domínio da sociedade, pois, será mais fácil distribuir os homens segundo a cor, conforme a religião, pela origem nacional ou outro atributo acidental qualquer, antes que dividi-los segundo a posição na estrutura social. Por isso haverá negros, mulatos, italianos, poloneses, judeus, alemães, identificados socialmente como distintos uns dos outros, ainda quando convivam no mesmo grupo social, trabalhando em condições de igualdade."[4] Esse é o sentido fundamental da ideologia racial do grupo branco dominante, em cuja mente a cor é uma abstração reificada, definindo a totalidade da pessoa à qual é atribuída. À medida que se organiza a concepção social de *negro* e *mulato*, como pertencentes à camada assalariada, redefinem-se reciprocamente negros, mulatos e brancos, criando-se em consequência as condições ideológicas do comportamento social específico da sociedade de classes. "À medida que a seleção da cor como marca e atributo social se realiza, uns e outros passam a

---

[4] Octavio Ianni, *op. cit.*, p. 268.

dispor de mais um elemento definido socialmente, destinado a orientar a formação das expectativas recíprocas de comportamento. Conforme as expressões de Wirth, a ideologia de um grupo social 'não é meramente a formulação de fins, mas um instrumento de consecução desses fins', isto é, uma arma destinada a ganhar e preservar adesões."[5] Paradoxalmente, no caso da ideologia do branco, até mesmo o negro e mulato, dadas as condições histórico-sociais em que são formados, também são levados a aderir, ainda que passivos. Em consequência do modo pelo qual foram integrados socialmente, são levados a se conformar com a situação e com as avaliações que os brancos desenvolvem, devendo inclusive comportar-se em consonância com as suas expectativas.[6] Por isso a ideologia do negro e do mulato será expressão social da outra ideologia, nos termos em que a relação de dominação-subordinação é posta e delimitada pela ideologia racial do branco. "Destina-se a facilitar o ajustamento dos negros e mulatos às novas situações sociais emergentes, onde se defrontam com brancos, seja em face dos círculos de convivência social, seja quando consideramos os níveis da estrutura social. Ela visa, principalmente, a atenuar os efeitos subjetivos negativos dos padrões de comportamento inter-racial herdados do passado e vigentes" na atualidade. "Consequentemente, pode ser definida como uma *ideologia de compromisso*. (...) Destina-se a orientar o comportamento do 'indivíduo de cor', no sentido da sua integração e ascensão, que são oferecidas em troca das conquistas sociais que representam a possibilidade de infiltrar-se ou ascender a grupos dominados por brancos. Essa ideologia se compõe de elementos destinados, particularmente, a permitir concessões, comportando o ajustamento a situações de convivência em que domina o branco. Nesse sentido, o *ideal de branqueamento* é um dos melhores exemplos para a compreensão desse caráter da ideologia do negro e

---

[5] Louis Wirth, *Community Life and Social Policy*, Chicago, The University of Chicago Press, 1956, p. 202.

[6] Octavio Ianni, *op. cit.*, p. 260.

do mulato."[7] Por outro lado, a ideologia racial do branco "atua no sentido de promover ou facilitar o ajustamento e o predomínio dos brancos às situações sociais em que se apresentam também negros e mulatos, seja quando consideramos os círculos de convivência social, seja no que diz respeito aos níveis da estrutura social".[8]

Ao avançar ainda mais na análise, verificamos que as ideologias raciais do negro e mulato e do branco denotam a produção de consciências sociais que não conseguem apreender as situações em seus significados reais. Jamais ultrapassam os limites fenomênicos das relações entre pessoas ou grupos, não os inserindo na estrutura de classes. Ao nível dessas ideologias, as pessoas ou grupos não são concebidos em sua situação peculiar, em face das condições de produção ou relativamente às relações de dominação-subordinação, erigidas sobre a relação dos homens com o produto do trabalho social. Elas exprimem abstrações sobre as relações humanas, jamais sintetizadas numa visão histórico-estrutural globalizadora. Por isso, ideologias possuem outros significados, insuspeitados até agora. Encarada nos termos em que está sendo posta aqui, poderíamos afirmar que a ideologia do branco só é inteligível como componente de uma consciência social de dominação, em que o próprio branco se representa superior aos outros, isto é, com direito de dispor dos outros. As avaliações estereotipadas sobre o negro e o mulato, com base em supostos atributos morais ou intelectuais inferiores – em comparação com o branco – refletem aspectos de uma consciência de dominação, que concebe de modo abstrato e absurdo as relações entre as pessoas.

A ideologia racial do negro, por seu lado, fundada numa relação de inferioridade em face do branco, que detém presumivelmente o poder, exprime uma consciência de submissão. Nela o negro se imagina, em especial, a partir dos termos em que é concebido pelo branco. Nesse sentido, a alienação do

---

[7]   Octavio Ianni, "A Ideologia Racial do Negro e do Mulato", em Octavio Ianni e Fernando Henrique Cardoso, *op. cit.*, pp. 225-226. Texto incluído nesta obra.

[8]   Octavio Ianni, "A Ideologia Racial do Branco", em O. Ianni e F. H. Cardoso, *op. cit.*, p. 210. Texto incluído nesta obra.

negro é mais acentuada, pois que ele se vê a partir das abstrações falsas engendradas na mente do branco. É por isso que as tentativas de autorredefinição do negro são às vezes malogradas, utópicas. Como ele parte de um fundamento errôneo, das coordenadas oferecidas pela consciência de dominação do branco, o negro pode conceber-se incorretamente. A não ser que abandone as premissas das quais parte – quando procura *branquear-se* ou realizar os atributos *superiores* afirmados pelo branco –, a sua luta poderá ser uma sucessão de frustrações sem saída. Para que ultrapasse as barreiras estreitas em que é colocado, nesse processo de mistificação das consciências, é preciso restabelecer as bases do problema, partindo dos fundamentos reais da produção da consciência. Nesses termos, o negro deverá ver-se, antes de tudo, a partir da posição social que ocupa no sistema social e de como a sua *negritude* foi gerada com o sistema de classes, em que se produziu a sua consciência.

Nessa linha de raciocínio, a ideologia singular do mulato possui valor explicativo, iluminando melhor as relações de dominação-subordinação que permeiam as ideologias do negro e do branco. A bipolarização da consciência do mulato, com relação ao negro e ao branco, é típica do ser que se define como pessoa em mobilidade. Partindo das abstrações contidas nas ideologias dos outros, ele se vê de uma forma equívoca, marginalizado e fechando-se sobre si mesmo, em busca de uma segurança impossível enquanto for concebido como descendente do negro, do ex-escravo. Por isso a sua consciência pode ser ambígua. Mas, justamente por esse motivo, ela ressalta ainda mais o significado mistificador das outras consciências (de dominação e de submissão), pois que reflete o hesitar entre os círculos sociais dos grupos privilegiados, identificados ideologicamente com o branco, e os círculos sociais dos grupos subalternos, identificados ideologicamente com o negro. Ao conceber-se, ambiguamente, como um ser que tem direito à ascensão social, a despeito de pertencer à camada inferior, a classe dos vendedores de força de trabalho, o mulato indica a relação *negro-branco* como uma relação falsa, em que o branco e o negro, assim como o próprio mulato, são abstrações.

Em suma, colocar certas relações sociais em termos de *negros, mulatos e brancos* é fundá-las erroneamente, pois se tenta tomar como real o que é apenas abstração; isto é, *uma* dimensão da realidade. Quando se encaram os problemas raciais na esfera restrita das relações entre raças, ainda que definidas socialmente como tais, toma-se a questão nos limites mistificadores em que o põe a ideologia dos sujeitos envolvidos. Abordar a questão apenas nesse nível, tentando explicá-la, é focalizá-la apenas em termos de algumas das suas manifestações abstratas, como se fosse uma totalidade capaz de esgotar as suas significações. Por isso é que muitas análises sociológicas, antropológicas e psicológicas apresentam valor estritamente documental, sem elucidar de modo satisfatório qualquer ângulo do tema. Como esses estudos tomam a questão nos limites em que a colocam os próprios agentes, jamais ultrapassando as bases empíricas em que se manifestam as relações dos homens, o estudo das relações entre grupos sociais, distribuídos efetiva ou presuntivamente de modo assimétrico na estrutura social, se reduz a uma descrição de atitudes, opiniões, estereótipos ou ideologias; sem apreender situações e configurações histórico-estruturais nem consciências.

O polonês

A compreensão estrutural dos problemas colocados pelas relações raciais, nos moldes em que a formulamos neste ensaio, comprova-se também quando abordamos essas relações em outros contextos histórico-estruturais. É o que ocorre com grupos europeus em algumas áreas brasileiras. Em especial, esse fenômeno se verificou na situação do polonês, na região de Curitiba.[9]

Deixando-se de lado o sucesso diverso na absorção dos grupos em que se dividiu o contingente polonês emigrado

---

[9]   A propósito da situação de outros grupos imigrados para o Brasil, consultar Emilio Willems, *A Acumulação dos Alemães no Brasil*, São Paulo, Nacional, 1946, e *Aspectos da Aculturação dos Japoneses no Estado de São Paulo*, São Paulo, USP,

RAÇA E CLASSE **297**

para a região paranaense, interessa-nos especialmente a constituição de uma categoria social de conotação negativa na sociedade de adoção. Presentemente, o polonês e muitos dos seus descendentes ainda não foram definidos como brasileiros pelo consenso social. Marcas ou atributos, encarados como raciais pelos outros grupos que compõem a sociedade, ainda o prendem ideologicamente a um suposto *universo polonês*, em que este é tido como: inclinado ao alcoolismo; exacerbadamente religioso; sempre loiro; dado preferencialmente aos trabalhos braçais, rudes e, por conseguinte, intelectualmente inferiores; dado ao acasalamento com negros. No contexto da ideologia racial dominante, o imigrado de primeira geração, ou das gerações seguintes, desde que tomado socialmente como tal, não é nem *polonês* nem *brasileiro: é polaco*, isto é, uma categoria social à parte, subalterna, próxima à do negro.

Ao verificarmos, contudo, em que se funda essa concepção, acabamos por descobrir que ela se produziu num contexto histórico-estrutural característico, no passado. Em poucas palavras, ao chegar ao Brasil, no terceiro quartel do século XIX, o polonês não encontra um sistema econômico-social que estivesse em condições de absorvê-lo produtivamente. Apesar da economia da região curitibana encontrar-se em expansão e diversificação, o seu ritmo de transformação era relativamente lento, em confronto com a crescente oferta de trabalho ocasionada pela chegada de imigrantes. Precisamente, os poloneses chegaram nessa época; atingiram a área de Curitiba quando as atividades econômicas não podiam desenvolver-se além do ritmo em que já o vinham fazendo, em especial depois da chegada dos alemães. Em termos estruturais, a oferta de força de trabalho se mantinha excedente, em comparação com as possibilidades do sistema econômico-social ali constituído. Ainda que tivessem chegado em épocas em que a sociedade adotiva necessitava de mão de obra para expandir certos setores produtivos, as indicações são de que os poloneses se dirigiram para atividades econômicas não essenciais, bem como

---

Faculdade de Filosofia, 1948; Hiroshi Saito, *O Japonês no Brasil*, São Paulo, Sociologia e Política, 1961; Clark S. Knowlton, *Sírios e Libaneses*, São Paulo, Anhembi, s.d.

298 RAÇAS E CLASSES SOCIAIS NO BRASIL | *Octavio Ianni*

àquelas já desenvolvidas por outros grupos. Particularmente, a situação criada com a segunda alternativa criou as condições para o desenvolvimento de resistências, sob as mais diversas formas sociais. Essas restrições, em parte vigentes ainda na atualidade, limitam as possibilidades de mobilidade social dos poloneses e dificultam a sua ressocialização. Isso significa que a integração do imigrante em determinados setores ou instituições da sociedade adotiva depende do equilíbrio dinâmico desses mesmos setores e instituições, verificando-se, em consequência, a absorção ou a rejeição, conforme o estado e as tendências deles. Em síntese, "o polonês seria rejeitado em determinadas instituições econômicas porque o mercado de trabalho, ou o setor da produção, estaria saturado, isto é, porque essas instituições econômicas somente absorvem a mão de obra ou inversões que resultam da expansão interna. E, vice-versa, ele seria aceito, como no caso das empregadas domésticas, em certo período, por causa das condições favoráveis do mercado".[10]

Em consequência, manifestou-se um movimento de opinião pública contra os recém-chegados, cristalizando-se as críticas em torno de atributos ocasionais, presumidos ideologicamente, abstrações equívocas que passaram a ser tomadas como símbolos do polonês em geral, a ponto de defini-lo totalmente. Assim se construíram os estereótipos e a identificação sistemática do *polaco* com o que é inferior, em termos raciais, morais, intelectuais. Constitui-se ali toda uma doutrina da inferioridade moral e intelectual do polonês, como se formara com a escravatura a doutrina da inferioridade inata do africano ou seu descendente. Da mesma forma que nas relações entre negros e brancos, em que os fundamentos dessas relações ficaram obscurecidos, das relações dos poloneses com os outros grupos emergiram representações ideológicas que mistificaram a situação real. Tanto para os próprios discriminados como para aqueles que desenvolveram os estereótipos, as bases concretas da situação foram obscurecidas. E as relações passaram a ser formuladas com fundamento daquelas

---

[10] Octavio Ianni, "A Situação Social do Polonês", neste livro.

representações abstratas, como se fossem reais. Assim, o que era trabalhador, imigrante, concorrente no mercado de força de trabalho ou de mercadorias, tornou-se simplesmente *polaco*, da mesma forma que se deu a metamorfose do ex-escravo em *negro e mulato*, em lugar de assumir a feição de trabalhador livre, sem os meios de produção.

O indígena

A história do Brasil e outros países latino-americanos está permeada de acontecimentos que envolvem os indígenas sob todas as formas. Em algumas nações, essa história se confunde com a epopeia da destribalização. Até no presente o indígena continua *objeto* da política colonizadora, que, a despeito de haver assumido muitas feições, apresenta sempre o caráter de movimento destinado a incorporar terras, braços e consumidores. As manifestações mais recentes da situação de contato entre os grupos indígenas, ou seus membros acaboclizados, e os *brancos*, ou *cristãos*, revelam um modo específico de estruturação das relações sociais, em que estas se apoiam principalmente na exploração das terras e da força de trabalho *indígenas*. Por isso, a interação entre uns e outros assume ou tende a adquirir o caráter de relações de dominação-subordinação, legitimadas em *direitos* que as vanguardas dos sistema econômico-social mercantil se arrogam. Desenvolvendo-se segundo as linhas gerais de teoria das relações raciais que estamos esboçando, a convivência entre os *indígenas* e os *brancos* permite esclarecer ainda melhor as interpretações desenvolvidas até agora. Não apenas no presente, mas também no passado, os produtos das vinculações sociais entre esses contingentes se explicitam quando a análise ultrapassa os limites estreitos em que se dão aqueles produtos e atinge as significações estruturais em que eles estão inseridos.

Nos estudos em que cientistas sociais estendem a investigação além da esfera cultural dos grupos em contato, há uma tendência no sentido de revelar ao menos uma parte das bases reais da situação. Quando se examinam não somente os produtos ou expressões socioculturais da convivência entre grupos culturalmente diversos, mas se investigam também as

300 RAÇAS E CLASSES SOCIAIS NO BRASIL | *Octavio Ianni*

suas condições reais de existência, adquirimos uma imagem muito mais complexa e real da verdadeira natureza dos contatos entre indígenas e *nacionais*. Nesses casos, o fundamento econômico ou político da expansão dos núcleos dinâmicos da economia nacional se evidenciam, esclarecendo os significados de mudanças sociais e culturais, de processos ecológicos e demográficos. Assim, em certas regiões brasileiras, afirma Roberto Cardoso de Oliveira, "a economia extrativa, a pecuária e a agricultura, configurando social e economicamente o caboclo, aglutinou também a população indígena". Na maioria das vezes, contudo, domina "a exploração pré-capitalista do trabalho, com a qual nem o regime assalariado chegou: são os vales, as trocas, a imposição do trabalho".[11]

Em realidade, a sociedade nacional se apresenta sob diversas formas, diante dos indígenas ou seus membros acaboclizados. Em todas, entretanto, as relações intermitentes ou contínuas colocam os *nacionais* como exploradores das terras e do trabalho de uns e outros. Quando as vanguardas da "civilização brasileira" alcançam indígenas, elas se organizam sempre em torno de atividades econômicas perfeitamente caracterizadas. Segundo Darcy Ribeiro, os núcleos de *economia extrativa*, por exemplo, "quando defrontam com um grupo indígena, sua tendência é desalojá-lo violentamente do seu território, ou, quando possível, diligenciar para colocá-lo a seu serviço, aliciando os homens para a localização de novas reservas de produtos florestais e para trabalhos como o de remeiros, carregadores e outros; e às mulheres como amásias e produtoras de gêneros alimentícios". As frentes de *economia pastoril*, por seu lado, "agem diante do índio movidas essencialmente pela contingência de limpar os campos dos seus habitantes humanos para entregá-los ao gado e evitar que o índio, desprovido de caça, a substitua pelo ataque a seus rebanhos. E, por fim, as vanguardas de *expansão agrícola* veem no índio um simples obstáculo à sua expansão e entram em conflitos para desalojá-los das terras que ocupam e delas se

---

[11]   Roberto Cardoso de Oliveira, "O Problema Indígena Brasileiro e o Serviço de Proteção aos índios", *Revista Brasiliense*, nº 9, São Paulo, 1957, pp. 72-87; citação extraída da p. 85.

RAÇA E CLASSE **301**

apossarem para estender as lavouras".[12] Todavia, passado o conflito inicial, acomodam-se os grupos em contato e tende a estabelecer-se a cooperação, baseada na utilização da força de trabalho *indígena* nas mais variadas atividades em que se baseia a vida econômica nessas regiões. E constitui-se, ao mesmo tempo, como produto e fator necessário das relações de dominação-subordinação, o preconceito racial, quando as expressões *bugre, selvagem, ignorante, bruto* exprimem o limite inferior da escala humana, ao passo que o termo *cristão* reúne os atributos ideais, personificados pelos *brasileiros*, que detêm os meios de produção e os mecanismos de dominação.[13] Nesse contexto, o Serviço de Proteção dos Índios (que em 1967 passa a denominar-se Fundação Nacional do Índio) opera como órgão destinado a preservar condições para a reprodução da vida de proprietários de força de trabalho, escondendo-se sob doutrinas humanitárias. Nas atividades desse órgão muitas vezes estão consubstanciados alvos mais duradouros, que os próprios agentes da expansão econômica, dado o seu imediatismo, não estão em condições de compreender.

Na base das manifestações de preconceito racial, pois, não está simplesmente o etnocentrismo ou o contato entre sistemas culturais diversos. Indubitavelmente, essas esferas da realidade são importantes à análise, mas não contêm todas as significações do fenômeno. Somente quando inscrevemos essas manifestações no âmbito da estrutura econômico-social em que elas ocorrem é que adquirimos uma compreensão precisa do seu sentido essencial. Então, a ideologia racial, as mudanças sociais e culturais, certas crises de personalidade ou outros fenômenos se apresentam como expressões de um modo particular de organização social da vida de pessoas distribuídas desigualmente no sistema. Nessa situação,

---

[12] Darcy Ribeiro, "Cultura e Línguas Indígenas do Brasil", in *Educação e Ciências Sociais*, Rio de Janeiro, 1957, ano II, vol. 2, nº 6, pp. 5-102; citações extraídas das pp. 23-24.

[13] A propósito das manifestações do preconceito racial desenvolvido pelos *colonizadores* nas relações com os indígenas e seus descendentes, ver Roberto Cardoso de Oliveira, *op. cit., esp. pp. 85-87*; Darcy Ribeiro, "Atividades Científicas da Secção de Estudos do Serviço de Proteção aos índios", *in Sociologia*, São Paulo, 1951, nº 4, vol. XIII, pp. 363-385; esp. p. 372.

302 RAÇAS E CLASSES SOCIAIS NO BRASIL | *Octavio Ianni*

determinados produtos das relações sociais entre grupos *raciais* ou *culturais* distintos se revelam como componentes dinâmicos de relações de dominação-subordinação, constituídos com fundamento em certos tipos de apropriação dos produtos do trabalho social.

Raça e democracia

Dessa maneira se colocam novas *variáveis* à análise da estrutura de poder em nações povoadas por grupos raciais e culturais distintos. Em absoluto, não pretendemos defender a ideia de que haveria obstáculos exclusivamente étnico-culturais ou raciais à democratização de sistemas sociais e da personalidade. Com base nas reflexões desenvolvidas nos parágrafos anteriores, queremos apenas ressaltar que essa heterogeneidade – que, aliás, não é privilégio de poucas nações – cria fatores e condições que obstam ou dificultam a expansão de relações sociais de tipo democrático. Como as manifestações discriminatórias geralmente fazem parte de técnicas de preservação de interesses e privilégios, elas podem ser tomadas, ao nível interpretativo, como elementos que impedem ou dificultam a instauração ou expansão de relações democráticas, obstruindo a circulação das pessoas, segundo a sua competência ou qualificação. Nesse sentido, o *mito da democracia racial* é uma expressão ideológica em uma sociedade que não deixa nem pode deixar avançar a democracia. Operando reversivamente sobre as condições reais de existência, sobre os padrões de organização das relações entre os homens, esse mito, ao mesmo tempo que nega a desigualdade racial, implicitamente a reafirma, reconhecendo que o *negro* pode tornar-se *branco*, que o *polaco* pode tornar-se *brasileiro*, que o *bugre* pode tornar-se *cristão*. Mas essa metamorfose, concebida ideologicamente, apenas ocorre ao nível dos indivíduos, porquanto coletivamente continuarão a ser chamados *negros, mulatos, polacos, bugres, brasileiros, cristãos.*

Por isso, o preconceito é uma barreira à difusão das normas democráticas. Ao cristalizar os produtos de relações sociais assimétricas, em que há assalariados e compradores de força de trabalho, ele se transforma num poderoso obstáculo ao

RAÇA E CLASSE 303

progresso dos mecanismos democráticos, tanto na área das instituições e classes sociais como no âmbito da personalidade. Nessas duas esferas, as manifestações discriminatórias, expressas em estereótipos, atitudes, opiniões, doutrinas, normas e padrões de comportamento, restringem as possibilidades de expansão dos benefícios da democracia, na medida em que ela abre a contingentes cada vez maiores a escola, as especializações profissionais, as atividades intelectuais, as ocupações de mando. Juntamente com a constituição de sistemas de organização do trabalho social, cristalizam-se avaliações em torno de *status* e personalidades-*status*, classificando-se os homens não segundo a sua posição relativa em face da situação social em que se encontram, mas por meio de atributos isolados, que podem ou não estar ligados estruturalmente à situação. Emergem, então, ideologias raciais que tomam os homens de modo fragmentário, sem as suas vinculações reais com a estrutura econômico-social global. Por isso se criam, enrijam e persistem as categorias *negro, mulato, polaco, bugre* e outras, como se não houvesse determinações concretas e gerais, definindo os homens com base nas condições históricas de sua produção.

Em consequência, o mito da democracia racial surge como uma expressão particular do mito mais amplo da sociedade *aberta*, em que os homens – pobres ou ricos, de qualquer raça, sexo ou religião – são definidos ideologicamente como iguais. Ao constituir-se a sociedade de classes, com a crise das formas econômico-sociais escravocratas, verificou-se a reconstrução das autorrepresentações da nova ordem social. Nelas, a sociedade global se representa como a concebe a classe dominante, pois que esta é uma condição de preservação da estrutura de poder inerente ao modo capitalista de organização das relações entre os homens. Todavia, essas representações estão permeadas por produtos sociais de relações reais, em que os homens surgem divididos em raças, sexos, religiões, origens nacionais, tornando-se mais complexas as relações hierárquicas em certas esferas sociais ou no âmbito global. Por isso, os componentes das ideologias raciais repassam e medeiam a práxis individual e coletiva, repartindo e tornando estranhos os homens. "Discriminando-se racialmente, os membros dos grupos sociais, hierarquizados ou não, não tomam consciência dos verdadeiros fundamentos das tensões que os opõem. Objetivadas na cor, ou outros atributos ideologicamente constituídos, essas tensões não alcançam a consciência social dos membros da sociedade, enquanto membros das classes. E o preconceito se infiltra entre os discriminados, dividindo-os pelos matizes da pele, como se as marcas fenotípicas fossem o fundamento das distinções sociais."[14] E a democratização esbarra necessariamente em alguns dos obstáculos inerentes ao tipo de organização social da vida que se estabelece com o sistema capitalista de produção. Assim, dentre os impedimentos naturais, criados com a própria estrutura de classes, contam-se certos produtos das relações sociais gerados no âmbito das interações raciais e culturais, distribuindo-se a população, em consequência, em *minorias*, negros, mulatos, brancos, estrangeiros, indígenas, nacionais. Dessa maneira, torna-se ainda mais complexa a situação dos grupos e das classes sociais em face do poder, seja quando se tem em vista o funcionamento da democracia, seja quando se consideram as condições de acesso dos homens aos benefícios do regime, seja quando se trata da circulação política das classes sociais ou seus membros.

Ideologia racial e consciência de classe

O preconceito racial é um processo social constituído por determinados componentes ideológicos das relações sociais entre grupos que são levados a definir-se como pertencentes a raças distintas. É um tipo de ordenação da convivência entre pessoas ou grupos que se concebem ideologicamente como diversos. Mas essa é apenas a expressão empírica do fenômeno, conforme ele cai no horizonte da observação. Examinada mais detidamente, contudo, essa formulação revela fundar-se em outros elementos, permitindo ampliar a sua compreensão.

Assim, por um lado, o preconceito racial é engendrado e se manifesta em situações em que as pessoas ou os grupos

---

[14] Octavio Ianni, *As Metamorfoses do Escravo, op. cit.*, p. 28.

se defrontam na competição por privilégios sociais (especialmente *status* em instituições econômicas ou políticas), ainda que se exprima em abstrações ligadas à *raça* ou à *cultura*. De conformidade com o estado das configurações estruturais, em que a competição entre pessoas e grupos se reforça ou se atenua, as manifestações preconceituosas tendem a exprimir-se com intensidade variável. Devido aos graus de integração, diferenciação e mudança das estruturas, e em consonância com o tipo de concorrência pelos privilégios ou *status* econômicos, sociais, políticos, os grupos *raciais* acentuam ou abrandam a discriminação recíproca. Numa época de crise econômica, por exemplo, quando a oferta de força de trabalho cresce em ritmo acelerado, ao passo que a procura diminui pronunciadamente, os trabalhadores tendem a desenvolver, acentuar ou reorientar as autorrepresentações recíprocas, subdividindo-se, discriminando-se e reintegrando-se em grupos profissionais, *raciais*, sexuais, religiosos etc., como se nesses atributos se fundasse a própria crise. Como as consciências individuais ou grupais se produzem e se modificam em situações concretas, a crise das configurações recorrentes dessas situações gera representações díspares, falsas, reificadoras do real. Acentuam-se, pois, certas manifestações contingenciais da consciência, como os preconceitos, que dividem internamente as classes, em contradição com a sua posição estrutural e seu destino. Além disso, como as técnicas de dominação não operam senão com os próprios elementos sociais do sistema, elas incorporam os componentes das ideologias raciais, simplificando as tarefas destinadas a preservar o equilíbrio do poder. Evidentemente, há outros elementos e condições da consciência de classe envolvidos nesse processo. Por exemplo, ao lado do revigoramento das manifestações ideológicas, que se encaminham no sentido de separar os membros da mesma classe, atuam inclusive condições básicas determinantes e mais gerais, que possibilitam ou tendem a permitir a estrutura de uma consciência de classe radical. A relação de negatividade que se estabelece entre *raças*, ou outras categorias abstratas, não é senão uma expressão parcial da relação mais profunda que se explicita no âmbito das tensões entre as classes. É que, na conjuntura crítica, propendem a manifestar-se as determinações internas fundamentais da totalidade histórico-estrutural.

Em épocas *normais*, entretanto, quando se verifica certo equilíbrio entre a oferta e a procura de força de trabalho, os trabalhadores são levados a abandonar ou a atribuir menos importância às autorrepresentações recíprocas, apagando-se ou reduzindo-se as manifestações discriminatórias. Em qualquer caso, todavia, as *ideologias raciais*, assim como outras representações ideológicas particulares, devem ser encaradas como componentes da *consciência social*. Ainda que essas ideologias possuam certo grau de consistência interna e autonomia, verificando-se, em consequência, a sua difusão e adoção pelos vários grupos e classes sociais, elas não podem ser explicadas isoladamente, como se contivessem todas as suas significações. Em verdade, a inteligibilidade dessas ideologias depende da sua inserção no contexto mais amplo da *consciência de classe*, a partir da qual se desenvolve a interpretação. Apesar de não poder reduzir-se sumariamente a essa categoria, a análise precisa caminhar tendo por fundamento as tendências e significados da consciência de classe.

Por outro lado, devido ao fato de ser um fenômeno que se manifesta principalmente no nível ideológico, o preconceito racial possui uma dinâmica relativamente autônoma, como se se produzisse exclusivamente na esfera dos símbolos que medeiam as relações *raciais*, independentemente da configuração da estrutura econômico-social. Entretanto, como esse é um processo constituído no âmbito de certos tipos de relações sociais, que se alteram continuadamente em seus significados secundários, ele pode fixar-se ou modificar-se em estereótipos, atitudes, opiniões, atributos morais, econômico-sociais primordiais, que o geraram. A sua preservação, contudo, podendo revigorar-se ou debilitar-se, se torna explicável quando o inscrevemos no âmbito da estrutura de classes, em que as suas significações essenciais se mantêm. Em outras palavras, porque se conserva a estrutura básica em que se constituiu. No amplo processo de mistificação dos fundamentos reais das relações entre os homens, as ideologias raciais atuam

RAÇA E CLASSE 307

como técnicas sociais de manipulação do comportamento de pessoas ou grupos, dividindo-se ou aglutinando-os, da mesma forma que as ideologias religiosas ou políticas, por exemplo, e nas quais muitas vezes se inserem.

Em síntese, a discriminação, as barreiras, os estereótipos organizados em ideologias raciais, operam como componentes ativos recorrentes num sistema societário que, de conformidade com a estrutura de dominação vigente, *deve* ser preservado. Muitas vezes, as distinções entre grupos que se definem como racialmente diversos e desiguais exprimem, em geral de modo mistificado, relações reais de dominação--subordinação.

16

DIVERSIDADES RACIAIS E QUESTÃO NACIONAL

Na história da sociedade brasileira, desde a Independência, a problemática racial sempre representou, e continua a representar, uma perspectiva importante para a compreensão de como se forma o povo. Todos os que se preocupam em compreender as peculiaridades da sociedade brasileira, em diferentes momentos da sua história, defrontam-se com a problemática racial. O indianismo, europeísmo, arianismo, lusitanismo, democracia racial, negritude, indigenismo, entre outros, são temas que expressam as orientações de pesquisas e controvérsias sobre o significado das raças e mesclas de raças na formação da sociedade nacional. De permeio a essas pesquisas e controvérsias, há muito racismo aberto ou velado. Da mesma forma, há um singular debate sobre o que seria o povo. Toda discussão sobre a problemática racial é uma espécie de debate sobre as metamorfoses das raças e mestiços em povo. Para uns, o debate se restringe à transformação das raças e mestiços em uma população de trabalhadores. Outros avançam no sentido de compreender como se dá a emergência do povo, enquanto uma coletividade de cidadãos. E há aqueles que procuram ver as raças e mestiços não somente como uma população de trabalhadores e um povo, mas também como um complexo de grupos raciais e classes sociais.

Os estudos antropológicos realizados por Nina Rodrigues, Oliveira Vianna, Roquette Pinto, Afrânio Peixoto, Castro

DIVERSIDADES RACIAIS E QUESTÃO NACIONAL 309

Barreto e Arthur Ramos, entre outros, apresentam contribuições de interesse também para a compreensão da metamorfose do povo. Esses autores estavam preocupados em caracterizar as raças e os mestiços. Em geral, partiam do reconhecimento de que a população brasileira se forma a partir do índio de origem mongoloide, português de origem caucasoide e africano negroide. Escrevem sobre as características biológicas, genéticas, fenotípicas e outras da raça vermelha, raça negra e raça branca. Destacam duas épocas na história da branca: os três séculos iniciais de predomínio do português e os séculos XIX e XX, durante os quais ingressam no país, os imigrantes alemães, suíços, italianos, árabes, poloneses, ucranianos e outros. Os japoneses, entrados no século XX, aparecem como um capítulo especial, às vezes como um grupo que se torna importante na população do Estado de São Paulo.

Simultaneamente aos dados e análises antropológicos apresentados por esses autores, afirmam-se ou insinuam-se os atributos psicológicos, morais, culturais e outros considerados peculiares de cada raça e cada mestiço. Por meio de uma taxionomia inocente, constroem-se os elos e as cadeias de uma estrutura na qual se distribuem os puros e impuros, superiores e inferiores, civilizados e bárbaros, históricos e não históricos. As coletividades anormais, fetichistas, fanáticas, carismáticas podem ser compostas de raças classificadas como inferiores ou mestiços nos quais predominam os traços dessas raças inferiores. Fala-se, às vezes, em mestiços superiores, os raros que têm a sorte de ganhar os traços dos brancos que entraram na mescla. Em certos casos, predomina a preocupação com o encadeamento entre raça, clima e saúde. Há de tudo: determinismo geográfico, racismo, darwinismo social, positivismo e outras correntes de pensamento. Mas também há a perspectiva social, histórica.

Oliveira Vianna expressou uma parte importante desse debate, na direção do arianismo, europeização ou branqueamento da população. "Em suma, o que nós desejamos – os que investigamos, como antropo-sociologistas, como biossociologistas, como antropo-geografistas, como demologistas e demografistas, os problemas da raça – é que os nossos

310 RAÇAS E CLASSES SOCIAIS NO BRASIL | *Octavio Ianni*

antropometristas e biometristas não dispersem os seus esforços e orientem as suas pesquisas no sentido de nos dar as bases científicas para a solução de alguns problemas mais urgentes e imperativos, como os que se prendem à formação da nossa nacionalidade no seu aspecto quantitativo e no seu aspecto qualitativo. Por exemplo: o problema da mestiçagem das raças. Ou o da seleção eugênica da imigração. Ou o da distribuição racional das etnias arianas segundo o critério da sua maior ou menor adaptabilidade às diversas zonas climáticas do país."[1]

Roquette Pinto afirmou que os resultados do cruzamento racial devem ser avaliados tendo-se em conta as causas ou condições sociais, e não apenas os fatores biológicos. Do ponto de vista fisiológico, dizia, os cruzamentos entre branco e negro e branco e índio resultam em tipos normais. Às vezes, no entanto, ele ainda cede a uma espécie de psicologia das raças; ou, pelo menos, dos mestiços. "Do ponto de vista intelectual, os mestiços não se mostram, em coisa alguma, inferiores aos brancos. É verdade que eles não são tão profundos, embora sejam, às vezes, mais brilhantes. Mas ainda aí é possível citar exemplos denunciando que é sobretudo uma questão de cultura, orientada segundo qualidades que os povos latinos prezam de modo particular. Os mestiços que recebem instrução técnica (mecânicos, operários especializados etc.), são tão bons quanto os europeus. Os que não conhecem senão os mestiços degradados das grandes cidades, onde o meio cosmopolita corrompe facilmente aqueles que a educação não fortifica, e os que só conhecem os mestiços opilados ou impaludados do interior, não podem fazer ideia da perseverança, da firmeza, da dedicação de que dá prova o do *hinterland*, cuja sobriedade é proverbial. Do ponto de vista moral, no entanto, é preciso reconhecer que os mestiços manifestam uma acentuada fraqueza: a emotividade exagerada, ótima condição para o surto dos estados passionais."[2]

Arthur Ramos fez um largo balanço das classificações das raças e mestiços. Como outros antropólogos, examinou

---

[1] Oliveira Vianna, *Raça e Assimilação*, São Paulo, Nacional, 1932, p. 86.

[2] E. Roquette-Pinto, *Ensaios de Antropologia Brasileira*, 2ª ed., São Paulo, Nacional, 1978, p. 95; 1ª ed. 1933.

DIVERSIDADES RACIAIS E QUESTÃO NACIONAL 311

a distribuição racial da população brasileira pelas diferentes partes do país, indicando os lugares, estados e regiões em que predominam uns e outros, tipos puros e mestiços. E reconheceu a influência das expressões populares nas denominações usadas por cronistas, historiadores, médicos, cientistas: índio, caboclo, negro, mulato e branco. Sugeriu a ideia de branqueamento. "O que não há dúvida é que a base geral da população brasileira está constituída pela mistura inicial, do elemento lusitano com o índio e o negro, formando esse substrato comum luso-negro-índio sobre o qual se enxertaram novas misturas ou novos elementos de extração europeia. Muito têm discutido os nossos sociólogos sobre a proporcionalidade desigual dessas misturas, no decorrer dos tempos, acenando alguns para uma 'progressiva arianização' ou um progressivo 'branqueamento' das populações brasileiras, em virtude do estancamento da entrada do negro e as crescentes afluências do imigrante europeu, e ainda procurando provar o progressivo 'branqueamento' das populações mestiças, pela reversão ao tipo branco que seria 'dominante', em face das leis de Mendel."[3] Em todo o caso, acrescenta, as pesquisas realizadas, ainda que incompletas e fragmentárias, permitem "verificar que mestiçagem não acarreta nenhuma 'degenerescência' ou perda de vigor biológico. Muito pelo contrário, ela é fator da formação de fenótipos resistentes, de relativa homogeneidade, que estão possibilitando a construção de uma civilização nos trópicos."[4] E lembra os escritos de Gilberto Freyre, Caio Prado Júnior, Josué de Castro e outros que teriam abandonado o critério racial no estudo da população brasileira. "Em todos esses trabalhos verifica-se o condicionamento social e histórico, econômico, geográfico, alimentar, cultural, dos fenômenos humanos, no Brasil, corrigindo o critério estreito do fator racial. As grandezas e misérias do homem brasileiro, de qualquer matiz epidérmico, são injunções e resultados de múltiplas influências que nada têm a ver com a raça."[5]

---

3   Arthur Ramos, *Introdução à Antropologia Brasileira*, 2ª ed., Rio de Janeiro, Casa do Estudante do Brasil, vol. I, 1951; e vol. II, 1ª ed., 1947; citação do vol. II, p. 384.
4   Arthur Ramos, *Introdução à Antropologia Brasileira*, op. cit., vol. II, p. 461.
5   Arthur Ramos, *Introdução à Antropologia Brasileira*, op. cit., vol. II, p. 462.

312 RAÇAS E CLASSES SOCIAIS NO BRASIL | *Octavio Ianni*

Há muita antropologia, biologia, psicologia, sociologia, economia, geografia e história na larga e fantástica metamorfose das raças em população e povo. A "democracia racial" proposta por Gilberto Freyre entra nessa história.

Em todos os setores da sociedade, no passado e presente, há sempre um debate sobre a problemática racial. Mais do que os intelectuais, políticos e governantes, os próprios índios, negros, imigrantes e outros vivenciam situações nas quais as diferenças, hierarquias, preconceitos e discriminações aparecem. Na fazenda, fábrica, escritório, escola, família, igreja, quartel e outros lugares, o pluralismo racial brasileiro manifesta-se tanto como caleidoscópio como espaço de alienação.

Na literatura, muito expressivamente, a problemática racial está sempre presente. No século XX, desde Lima Barreto a Antonio Callado, são muitos os que revelam preocupação com o índio, negro, imigrante e mestiço. Em Lima Barreto, ao colocar-se a condição do negro na sociedade brasileira, também se realizava uma espécie de denúncia do caráter injusto e autoritário da sociedade burguesa em formação na época. Em Callado, no seu romance *Quarup*, há certo fascínio pelo índio, que aparece como um mistério, impenetrável. Na floresta, não há sinais de Sônia, que se foi com Anta. O índio e o branco, a comunidade e a sociedade, dois mundos mesclados mas diversos, reciprocamente impenetráveis, remotos.

As raças se constituem, mudam, dissolvem ou recriam historicamente. É óbvio que têm algo que ver com categorias biológicas. Mas têm muito mais com as relações sociais que as constituem e modificam. As raças são categorias históricas, transitórias, que se constituem socialmente, a partir das relações sociais: na fazenda, engenho, estância, seringal, fábrica, escritório, escola, família, igreja, quartel, estradas, ruas, avenidas, praças, campos e construções. Entram em linha de conta caracteres fenotípicos. Mas os traços raciais visíveis, fenotípicos, são trabalhados, construídos ou transformados na trama das relações sociais. Quem inventa o negro do branco é o branco. E é esse negro que o branco procura incutir no outro. Quem transforma o índio em enigma é o branco. Nos

DIVERSIDADES RACIAIS E QUESTÃO NACIONAL 313

dois casos, o branco é o burguês que encara todos os outros como desafios a serem desfeitos, exorcizados, subordinados.

O modo pelo qual se cria o negro foi registrado por Isaías Caminha, personagem de Lima Barreto. Faz um breve retrospecto da sua vida e anota que desde certa época sua condição começa a mudar. Isaías Caminha se constitui como diferente, outro, negro, na teia das relações sociais nas quais predomina o branco. Pouco a pouco, torna-se diferente do outro e de si mesmo. A metamorfose desgasta sutilmente o eu, ao mesmo tempo que constitui o negro do branco.

"Verifiquei que, até ao curso secundário as minhas manifestações, quaisquer, de inteligência e trabalho, de desejos e ambições, tinham sido recebidas, senão com aplauso ou aprovação, ao menos como cousa justa e do meu direito; e que daí por diante, dês que me dispus a tomar na vida o lugar que parecia ser de meu dever ocupar, não sei que hostilidade encontrei, não sei que estúpida má vontade me veio ao encontro, que me fui abatendo, decaindo de mim mesmo, sentindo fugir-me toda aquela soma de ideias e crenças que me alentaram na minha adolescência e puerícia.

Cri-me fora de minha sociedade, fora do agrupamento a que tacitamente eu concedia alguma cousa e que em troca me dava também alguma cousa.

Não sei bem o que cri; mas achei tão cerrado o cipoal, tão intrincada a trama contra a qual me fui debater, que a representação da minha personalidade na minha consciência se fez outra, ou antes esfacelou-se a que tinha construído."[6]

Em todas as épocas e diferentes situações, subsiste o dilema: raça, população ou povo; índio, caboclo, negro, mulato, imigrante, isto é, colono, camarada, seringueiro, peão, sitiante, posseiro, volante, operário rural, operário urbano, empregado, funcionário ou cidadão; raça ou classe. Dilema

---

6 Lima Barreto, *Recordações do Escrivão Isaías Caminha*, Prefácio de Francisco de Assis Barbosa, São Paulo, Brasiliense, 1956, p. 41. Citação extraída do prefácio escrito por Lima Barreto para 1ª ed., parcial, do romance, em 1907, na revista *Floreal*, prefácio esse incluído pelo autor em "Breve Notícia", que abre a 1ª ed., completa, da Livraria Clássica Editora, Lisboa, 1909.

esse que põe e repõe a importância da problemática racial na explicação da questão nacional.

Na história da sociedade brasileira, a questão nacional foi colocada pelo menos três vezes. Em termos particularmente fortes, foi colocada com a Declaração da Independência em 1822, a Abolição da Escravatura em 1888 e a Revolução de 1930. Essas datas marcam apenas o momento inicial de uma nova época de lutas sociais, debates, conquistas e derrotas que compreendem diferentes da questão nacional. Em cada uma dessas épocas, a sociedade se põe diante de problemas tais como os seguintes: raça, mestiçagem e população; povo e cidadão; terras devolutas, indígenas, ocupadas, griladas e tituladas; províncias, ou Estados, e Estado nacional; centralismo e federalismo; região e nação; língua nacional, línguas portuguesa, indígena, africana ou língua brasileira; língua e dialetos; religião oficial e religiões populares; cultura oficial, erudita, popular, indígena, africana, europeia ou brasileira; sociedade nacional, independência e soberania; nacionalismo e imperialismo; sociedade civil e Estado nacional. Em cada época, a sociedade brasileira se põe diante de alguns ou todos esses problemas.

Vejamos como tem sido colocada a problemática racial, vista no âmbito da questão nacional e tendo em conta as três épocas mencionadas. A problemática racial pode ser uma perspectiva eficaz para a análise da formação do povo, da metamorfose das raças e mestiços em povo. O passado e o presente estão nessa história.

Durante o século XIX, enquanto a sociedade estava apoiada no regime de trabalho escravo, o debate nacional polarizou-se em termos de indianismo, inicialmente, e europeísmo, depois. Logo após a Independência houve um surto indianista. A mesma literatura que trabalhava o mito da raiz indígena da sociedade brasileira, trabalhava também uma imagem mais abrangente da sociedade brasileira como um todo. Ao privilegiar o índio, mesmo não lidando maiormente com os outros, a poesia de Gonçalves Dias e o romance de José de Alencar situavam e articulavam escravos e livres, índios, negros e brancos, portugueses e brasileiros, ou raça, população e povo.

DIVERSIDADES RACIAIS E QUESTÃO NACIONAL 315

Da mesma maneira, o indigenismo inicial de José Bonifácio e Varnhagen também entrava na elaboração da fisionomia da população brasileira. Todos estavam inventando a nação. O abolicionismo e a política de incentivo à imigração europeia alteram o quadro inicial. Introduzem uma crescente valorização do imigrante, implicando a proposta de europeização, isto é, branqueamento da população. Ao lado da idealização do índio, em contraposição ao português e ao negro, desenvolve-se a idealização do europeu, também em contraponto com o negro.

Com a abolição do regime de trabalho escravo e a Proclamação da República, o poder estatal passa às mãos da oligarquia cafeeira, que já se achava apoiada no colonato de imigrantes europeus. Para essa oligarquia, o índio, o negro e mesmo o branco nacional eram colocados em segundo plano. Valorizava-se o imigrante. Aproveitou-se a imigração para provocar a redefinição social e cultural do trabalho braçal, de modo a transformá-lo em atividade honrosa, livre do estigma da escravatura. Tão honrosa que o negro e o índio somente poderiam exercê-la se a executassem como o imigrante. As modificações das condições de produção – isto é, forças produtivas e relações de produção – ocorreram simultaneamente com a modificação das ideias, princípios ou categorias.

A rigor, estava em marcha a revolução burguesa. Revolução essa que implicava o radical divórcio entre a propriedade da força de trabalho e a propriedade dos meios de produção. A sociedade burguesa começava a desenvolver-se sem os entraves do regime de trabalho escravo, que atava o trabalhador aos meios de produção, baralhava as forças produtivas e as relações de produção. Esse foi o contexto em que se acentuou a valorização do trabalhador branco, imigrante europeu, como agente ou símbolo da redefinição social e cultural do trabalho braçal.

O arianismo vem por dentro da revolução burguesa em marcha, por dentro desse processo fundamental de redefinição do trabalho e trabalhador, ou seja, força de trabalho. Tanto assim que um ingrediente desse mesmo arianismo é a tese de que o índio, o negro e até mesmo o trabalhador nacional branco entregavam-se à luxúria e à preguiça. A tristeza, luxúria, cobiça e preguiça eram os pecados do índio, caboclo, negro e mulato, enquanto não se ajustassem às exigências do mercado de força de trabalho, do trabalho submetido ao capital, na fazenda, engenho, usina, estância, seringal, oficina, fábrica. Tratava-se de redefinir o trabalhador para redefinir a força de trabalho. Redefinir as condições de produção do lucro, ou mais-valia, ao mesmo tempo que o trabalhador, já que este era o proprietário da principal força produtiva.

O lema "ordem e progresso" expressa o caráter da revolução burguesa em marcha. Os massacres de Canudos e Contestado foram alguns exemplos da realização da ordem preconizada pelo lema. O colonato, a proletarização no campo e cidade, a industrialização, a emergência da burguesia industrial, ao lado da expansão capitalista no campo, foram exemplos da realização do progresso preconizado no lema. Estava cumprida a metamorfose do trabalhador escravo em trabalhador livre.

O ano de 1930 assinala uma alteração fundamental no enfoque do problema racial brasileiro. Todo um largo debate, que vinha de décadas anteriores, parece organizar-se em algumas correntes principais, a partir da ruptura representada pela Revolução de 1930. Pouco a pouco, nos anos e décadas posteriores, delineiam-se as interpretações mais importantes, com as quais se defrontam posteriormente todos os que vivem e estudam o problema racial brasileiro. Primeiro, formula-se a tese da democracia racial. Segundo, retoma-se, em linguagem diversa, em geral mais discreta, o racismo embutido na tese arianista. Terceiro, desenvolve-se o indigenismo, compreendendo sertanistas, antropólogos e, principalmente, os próprios índios. Quarto, coloca-se o problema racial no âmbito da reflexão sobre a sociedade de classes.

É possível dizer que essas colocações fazem parte de um debate mais amplo, no qual se acham engajados movimentos sociais e partidos políticos, grupos raciais e classes sociais, políticos e intelectuais, igrejas, militares e setores do poder estatal. O que está em causa, fundamentalmente, é a metamorfose da população em povo, entendendo-se a população

DIVERSIDADES RACIAIS E QUESTÃO NACIONAL 317

como uma pluralidade de raças e mesclas, e povo como uma coletividade de cidadãos. Uns querem circunscrever os membros da população à condição de trabalhadores: sem luxúria nem preguiça. Outros querem a transformação do negro, mulato, índio, caboclo, imigrante em cidadão. E há aqueles que procuram mostrar as desigualdades sociais, econômicas, políticas e culturais que constituem e reproduzem as desigualdades raciais. No conjunto, todos estão lidando com as condições de constituição e organização da sociedade civil. A marcha da revolução burguesa, na medida em que expressa os desenvolvimentos de uma formação social capitalista, implica a instituição da liberdade e igualdade entre proprietários de mercadorias. Compradores e vendedores, principalmente de força de trabalho, precisam de liberdade e igualdade para realizar o contrato. Está em causa o princípio da cidadania da mercadoria, que aparece como se fora atributo de compradores e vendedores, principalmente de força de trabalho.

A *Frente Negra Brasileira*, criada em 1931, teve também esse significado: fortalecer o negro e mulato na sociedade de mercado, burguesa, em expansão. Além das reivindicações de cunho político e cultural, expressou a reivindicação de um largo contingente de trabalhadores, isto é, vendedores de força de trabalho. Eles queriam condições mais justas, ou seja, semelhantes às que desfrutavam os trabalhadores brancos, então bastante identificados com imigrantes europeus e seus descendentes. A Frente Negra foi um dentre muitos outros movimentos sociais e associações criados com a finalidade de lutar contra o preconceito e a discriminação no trabalho, escola, família, igreja e outros lugares.

Durante a Segunda Guerra Mundial, o governo brasileiro adotou uma política de nacionalização forçada de alemães, italianos, poloneses, japoneses e outros imigrantes de primeira e outras gerações. A ditadura do Estado Novo agiu militarmente nos partidos, movimentos, associações, igrejas, escolas e outros círculos de atividades. Era uma decorrência da adesão do Brasil à guerra contra o nazifascismo alemão, italiano e japonês, de acordo com uma política continental

318 RAÇAS E CLASSES SOCIAIS NO BRASIL | *Octavio Ianni*

formulada pelo governo dos Estados Unidos da América do Norte.

Depois da guerra, aos poucos apagaram-se as marcas da nacionalização forçada. Os remanescentes das primeiras gerações e os descendentes de alemães, italianos, japoneses, poloneses e outros reiniciaram e desenvolveram a sua participação nas atividades econômicas, políticas e culturais. Reduziram-se entraves e preconceitos. Mas não se eliminaram preconceitos diversos, inclusive entre os descendentes dos imigrantes.

Ao longo dos anos da democracia populista, desenvolveu-se bastante o indigenismo, de base antropológica. Multiplicaram-se os cursos, as pesquisas e os debates sobre o problema do índio. A defesa das terras, a proteção da cultura e a preservação das condições de vida e trabalho do índio ganharam ênfase. Ressurgiram os ideais de José Bonifácio e Rondon – isto é, do iluminismo e positivismo –, fortalecidos ou modificados pelos novos ensinamentos da antropologia. Essa foi a época em que o Serviço de Proteção ao Índio (SPI) ganhou maior dinamismo. Também o Museu do Índio desenvolveu bastante as suas atividades, em termos de cursos, pesquisas e debates. Entretanto, a proteção efetiva da comunidade indígena esteve sempre prejudicada pela ingerência dos negociantes de terras, militares e outros grupos com fortes interesses representados no poder estatal.

A partir de 1964, sob a ditadura militar, as linhas principais da problemática racial continuaram a ser aquelas desenvolvidas após a Revolução de 1930: democracia racial, racismo disfarçado, indigenismo, raça e classe. Mas houve algumas alterações significativas.

Ficou bem mais difícil falar em democracia racial em um país no qual o povo em formação foi jogado de novo ao nível de simples população de trabalhadores. Esse processo disfarçou-se sob a tese de que as pessoas, os grupos, as associações, os movimentos sociais, os partidos políticos, as ideias, podiam ser suspeitos, perigosos, nocivos à segurança do Estado. Os governantes não precisaram revelar o seu racismo; simplesmente passaram a tratar toda população de trabalhadores

DIVERSIDADES RACIAIS E QUESTÃO NACIONAL 319

como indefesa, incapaz para o voto, sujeita à demagogia e carisma, suspeita, carente do mando do Estado militarizado: população conquistada.

Ao mesmo tempo, desenvolveu-se o conteúdo geopolítico do indigenismo governamental. O problema indígena passou a ser encarado, de forma mais aberta que em épocas anteriores, como um problema de segurança nacional. A pretexto de que o índio poderia sofrer a influência de movimentos de esquerda, laicos ou religiosos, a ditadura militar conferiu categoria geopolítica à problemática indígena. Simultaneamente, aproveitou para favorecer a expropriação das terras indígenas, como ocorre, por exemplo, na Amazônia.

Sob vários aspectos, o cacique e deputado federal Juruna simboliza o protesto indígena contra a forma pela qual o Estado burguês tem lutado contra a comunidade indígena. Juruna, Megaron, Marcos Terena e muitos outros expressam o protesto indígena: lutam pela reconquista ou preservação das suas terras, pelo direito de preservar o seu modo de vida, trabalho e cultura. Expressam uma forma de pensar, sentir e agir que nada tem que ver com a sociabilidade burguesa. Ainda que mescladas, emaranhadas, em essência a comunidade e a sociedade, ou a aldeia e a cidade, são dois universos distintos. "Era bom quando o branco não ameaçava a gente. Agora não. Temos que conhecer como vive, como pensa, como faz branco. Não adianta fugir. Ficar dentro São Marcos, na aldeia, sem sair, é pior. Sempre vou cidade. Trago um, dois, três índio comigo. Não trago muito, não. Trago aos poucos. Vou ensinando, mostrando. índio então fica abismado. Tudo diferente. E com medo. índio não entende como tanta gente, e quase ninguém se fala. Todo o mundo de cara fechada. Triste. Cidade é muito triste. índio fica triste também na cidade."[7]

Houve inclusive uma espécie de ressurgência do indianismo literário, às vezes também romântico, a despeito do embasamento antropológico. Algumas produções artísticas, tais como os romances *Quarup*, de Antonio Callado, e *Maíra*, de

---

[7] Mario Juruna, cacique xavante, em entrevista a Edilson Martins, *Nossos índios Nossos Mortos*, Rio de Janeiro, CODECRI, 1978, p. 285.

Darcy Ribeiro, a peça de teatro *Supysáva*, de Aurélio Michiles, e o filme *Uirá*, de Gustavo Dahl, expressam esse neoindianismo. Recolocam o divórcio entre o índio e o branco, a aldeia e a cidade, a comunidade e a sociedade. Dois mundos diversos, alheios, apesar de mesclados. O fascínio do intelectual, em geral burguês, pelo índio, tem muito que ver com o mistério deste, com o fato de que o índio é outro modo de ser.

Naturalmente, também o negro e o mulato entram na ciência e arte do branco, enquanto burguês. Inclusive nesse caso está presente o dilema, fascínio ou mistério do outro. Os filmes *Xica da Silva*, de Cacá Diegues, e *Amuleto de Ogum*, de Nelson Pereira dos Santos, são duas amostras dessa inquietação. Um acaba por folclorizar o negro; transforma-o em divertimento, em lugar de desfazer o dilema. Outro se debruça sobre o dilema, deixa-se levar pelo mistério.

Ao mesmo tempo, o negro e o mulato preservam e alargam o seu espaço de vida e criação. A despeito das condições adversas, criam e recriam muito de sua singularidade no interior e nos poros da sociedade. Afirmam-se tanto na religião, música, canto, dança e outras atividades culturais como na Sociologia, Antropologia e outros campos da ciência. À medida que vivem e sofrem a cidade, também se apropriam dela. Transformam a cidade em um caleidoscópio de outras possibilidades.

Desde antes da Abolição, os negros libertos organizavam-se. Muitos clubes combinavam atividades recreativas, assistenciais e culturais. O clube *Floresta Aurora*, criado em Porto Alegre antes de 1888 e em atividade até o presente, é um marco nessa história. No século XX, criaram-se muitos clubes, associações, publicações e movimentos sociais. O jornal *Clarim da Alvorada* e o movimento denominado *Frente Negra Brasileira* ficaram na história das lutas sociais do negro brasileiro como marcos importantes. Ao lado das atividades recreativas, assistenciais e culturais, desenvolviam-se também as políticas. Sob certos aspectos, o *Movimento Negro Unificado Contra a Discriminação Racial*, criado em 1978, retoma algumas dessas reivindicações. Em todos os casos, em forma aberta ou velada, há uma luta permanente contra o preconceito e

DIVERSIDADES RACIAIS E QUESTÃO NACIONAL 321

a discriminação. Uns reivindicam os direitos de cidadania. Outros engajam-se na crítica da cidadania burguesa, formal, pouco efetiva, que recobre as desigualdades dos grupos raciais e classes sociais. Todos lutam de modo a alcançar a transformação do negro em povo. "Como se combater este preconceito que gera marginalização econômica, social e cultural de ponderável faixa da atual população brasileira? Para nós, não adiantam campanhas humanitárias, educacionais ou de fundo filantrópico. Necessita-se criar um universo social não competitivo, fruto da economia de uma sociedade que saia do plano da competição e do conflito e entre na faixa da planificação e da cooperação."[8]

Em poucas palavras, essas são as três épocas principais da história da problemática racial brasileira. Durante o Império, predominou o indianismo literário, como uma afirmação abstrata da nacionalidade brasileira em face do lusitanismo predominante na Colônia. Mas logo emerge o europeísmo, por meio do qual se valoriza o imigrante europeu como trabalhador livre. Aliás, ocorre inclusive a valorização das produções econômicas, políticas e culturais europeias. Na Primeira República, à medida que crescem as atividades econômicas no campo e cidade, emerge o arianismo. Trata-se de uma valorização mais ostensiva do europeu, como civilizado, superior, histórico e branco, em face do negro, mulato, índio e caboclo. Em seguida, com o predomínio do populismo, inicialmente, e militarismo, depois, desenvolvem-se várias teses. A democracia racial aparece principalmente nos discursos das classes dominantes. O indigenismo de antropólogos e escritores passa a contar com uma presença cada vez mais forte do próprio índio. E a discriminação racial é vista principalmente pelos próprios negros, mulatos, índios e caboclos, entre outros, mas também por aqueles que estudam a sociedade como um complexo de grupos raciais e classes sociais.

Visto em perspectiva ampla, é possível dizer que o debate sobre a problemática racial aparece como uma espécie de

---

[8] Clovis Moura, *O Negro – De Bom Escravo a Mau Cidadão?* Rio de Janeiro, Conquista, 1977, p. 87.

exorcismo. Esse debate sempre fez parte da discussão mais geral sobre o povo brasileiro, sociedade, Estado, cultura, civilização, evolução, progresso, modernização, desenvolvimento. Realizou-se simultaneamente à controvérsia sobre escravatura de negro e índio, abolicionismo, imigração europeia. Também tem sido contemporâneo das lutas sociais: fugas, quilombos, motins, revoltas, revoluções, Muckers, Canudos, Contestado, Joazeiro, cangaço, massacres indígenas, lutas pela terra, ligas camponesas, sindicatos rurais e urbanos, comícios, passeatas, greves, movimentos sociais os mais diversos. Nina Rodrigues e Euclydes da Cunha são contemporâneos de Canudos, Abolição, imigração, República. Oliveira Vianna estava repensando tudo isso, levando em conta Contestado, Joazeiro, cangaço, e buscando teorizar sobre as exigências de um Estado forte, em face de uma sociedade civil débil. Nesses e em outros autores há sempre algum ou muito exorcismo. Trata-se de explicar as lutas sociais em termos raciais. Querem descobrir as raízes do atraso, barbárie, fetichismo, fanatismo das coletividades, multidões. Em lugar de compreender as condições econômicas e políticas das desigualdades sociais, buscam explicações geográficas, raciais, evolucionistas, darwinistas, disfarçadas de antropologia científica, em geral a antropologia formulada no âmbito do colonialismo e imperialismo da Inglaterra, França, Alemanha, Estados Unidos e outros países. Sob vários aspectos, a ciência que fundamenta as interpretações de Nina Rodrigues, Oliveira Vianna e outros aparece como uma técnica conveniente também para exorcizar a emergência do povo; exorcizar as lutas sociais por meio das quais o povo aparece na história.

Pode-se dizer que a revolução burguesa ocorrida no Brasil não resolveu o problema racial. Na perspectiva do índio e negro, o problema racial continua em aberto. O camponês, operário rural, operário urbano, empregado, funcionário e outras categorias de trabalhadores continuam a defrontar-se com as diferenças raciais, além das de classes. Mais frequentemente, as desigualdades sociais compreendem e mesclam diversidades raciais e de classes sociais. Sem esquecer as diversidades de cunho regional, religiosas, culturais e outras, presentes nas condições de trabalho e vida de todos.

A revolução burguesa resolveu muito bem o problema da transformação das raças em população, compreendendo-se esta como uma coletividade de trabalhadores. Desde a abolição do regime de trabalho escravo, o imigrante, negro e índio foram reeducados para o trabalho livre. Houve uma vasta reeducação de uns e outros para que se ajustassem às exigências do mercado de força de trabalho. Agora todos são iguais e livres, enquanto proprietários de força de trabalho. Como os outros proprietários de mercadorias. Mas aí terminam a liberdade e a igualdade.

Talvez se possa dizer que a revolução burguesa reitera a tese de que a humanidade se divide em povos históricos e não históricos. Todos os europeus e seus descendentes brasileiros seriam históricos, civilizados, brancos, superiores, dominantes. Todos os outros, no caso do Brasil, índios e negros, seriam não históricos, fetichistas, bárbaros, inferiores, dominados.

Nesse sentido é que a revolução burguesa não resolveu o problema racial. Transformou o negro, índio e imigrante em trabalhadores; mas não os transformou em cidadãos. Nos institutos jurídicos obviamente está estabelecido o princípio de que todos são iguais perante a lei, independentemente de raça, sexo, religião, classe e outras diversidades sociais. Mas essa igualdade jurídica é formal, abstrata, ilusória, quando se trata de camponeses, operários, empregados, funcionários, na fazenda, fábrica, escritório. Na prática, há uma larga desigualdade racial, entre outras desigualdades sociais, além das diferenças entre as classes. No máximo, uns e outros aparecem como cidadãos para vender e comprar mercadorias; destacando-se a força de trabalho. Por isso o povo não se constitui, senão com muitos obstáculos. Todos são cidadãos de categoria inferior, apenas para exercerem a sua função de trabalhadores. Os movimentos sociais e os partidos políticos, na medida em que expressam reivindicações raciais, culturais, regionais e de classe, são periodicamente bloqueados ou simplesmente desbaratados. A cooptação, o diversionismo e a violência são as técnicas de poder que as classes dominantes põem em ação para reduzir ou anular a força dos movimentos e partidos.

Em geral, as classes dominantes organizam o Estado jogando com as desigualdades raciais, regionais, culturais e outras, além das desigualdades entre as classes sociais. Em certa medida, as várias desigualdades são capitalizadas pelas classes dominantes. Uma das razões da reiteração do Estado autoritário no Brasil está na realidade das desigualdades raciais, regionais e culturais, o que permite que as classes dominantes joguem com elas, de modo a enfraquecer a capacidade de reivindicação e luta de amplos setores da sociedade civil.

Entretanto, o fato de que a revolução burguesa não resolveu o problema racial acaba por criar outra gama de contradições sociais. Com as contradições de classes, desenvolvem-se as contradições raciais. Em muitos casos, o camponês é também negro, mulato, índio ou caboclo. Da mesma forma, o operário e outras categorias de trabalhadores. As várias classes sociais reúnem inclusive as reivindicações de cunho racial, cultural e regional.

Nessa perspectiva, a revolução burguesa, com o desenvolvimento da formação social capitalista, implica a criação, reiteração e desenvolvimento de uma complexa rede de contradições sociais. As contradições de classes, raciais, culturais e regionais, entre outras, constituem-se como fundamento de outra revolução. A revolução popular, que se esboça em muitas ocasiões na história da sociedade brasileira, tem muito que ver com esse complexo de contradições. Muitos acontecimentos, passados e presentes, podem ser vistos nessa perspectiva. Movimentos sociais, motins, revoltas e outras manifestações com frequência combinam as reivindicações de trabalhadores que são negros, mulatos, índios e caboclos. Nesse sentido é que a emancipação do operário e camponês passa pela emancipação do índio e negro.

1984

SOBRE O AUTOR

Foto: Neldo Cantanti

Nasceu em 1926, na cidade de Itu, Estado de São Paulo; formou-se em Ciências Sociais na Faculdade de Filosofia, Ciências e Letras da Universidade de São Paulo (USP); doutorou-se em 1961 pela mesma universidade, onde lecionou até 1969 quando, em decorrência do AI-5, foi aposentado compulsoriamente. Foi membro do Centro Brasileiro de Análise e Planejamento (CEBRAP) e professor visitante, entre outras, nas seguintes universidades: Nacional autônoma de México, Colúmbia de Nova Iorque, Oxford na Inglaterra. Foi professor da Pontifícia Universidade Católica de São Paulo (PUC-SP) e Universidade de Campinas (UNICAMP).

Recebeu prêmios como o Jabuti em 1993, o Troféu Juca Pato de Intelectual do Ano e o da Academia Brasileira de Letras (ABL), ambos em 2000.

Além de estudos de cunho teórico, realizou pesquisas sobre aspectos da história social brasileira e latino-americana. Nos últimos anos, dedicou seus estudos para a análise da globalização.

Faleceu em 4 de abril de 2004.

Coleção Primeiros Passos
Uma Enciclopédia Crítica

ABORTO
AÇÃO CULTURAL
ACUPUNTURA
ADMINISTRAÇÃO
ADOLESCÊNCIA
AGRICULTURA SUSTENTÁVEL
AIDS
AIDS – 2ª VISÃO
ALCOOLISMO
ALIENAÇÃO
ALQUIMIA
ANARQUISMO
ANGÚSTIA
APARTAÇÃO
ARQUITETURA
ARTE
ASSENTAMENTOS RURAIS
ASSESSORIA DE IMPRENSA
ASTROLOGIA
ASTRONOMIA
ATOR
AUTONOMIA OPERÁRIA
AVENTURA
BARALHO
BELEZA
BENZEÇÃO
BIBLIOTECA
BIOÉTICA
BOLSA DE VALORES
BRINQUEDO
BUDISMO
BUROCRACIA
CAPITAL
CAPITAL INTERNACIONAL
CAPITALISMO
CETICISMO
CIDADANIA
CIDADE
CIÊNCIAS COGNITIVAS
CINEMA
COMPUTADO
COMUNICAÇÃO
COMUNICAÇÃO EMPRESARIAL
COMUNICAÇÃO RURAL
COMUNIDADE ECLESIAL DE BASE
COMUNIDADES ALTERNATIVAS
CONSTITUINTE
CONTO
CONTRACEPÇÃO
CONTRACULTURA
COOPERATIVISMO
CORPO
CORPOLATRIA
CRIANÇA
CRIME
CULTORA
CULTURA POPULAR
DARWINISMO
DEFESA DO CONSUMIDOR
DEMOCRACIA
DEPRESSÃO
DEPUTADO
DESENHO ANIMADO
DESIGN
DESOBEDIÊNCIA CIVIL
DIALÉTICA
DIPLOMACIA
DIREITO
DIREITO AUTORAL
DIREITOS DA PESSOA
DIREITOS HUMANOS
DOCUMENTAÇÃO
ECOLOGIA
EDITORA
EDUCAÇÃO
EDUCAÇÃO AMBIENTAL
EDUCAÇÃO FÍSICA
EMPREGOS E SALÁRIOS
EMPRESA
ENERGIA NUCLEAR
ENFERMAGEM
ENGENHARIA FLORESTAL
ESCOLHA PROFISSIONAL
ESCRITA FEMININA
ESPERANTO
ESPIRITISMO
ESPIRITISMO – 2ª VISÃO
ESPORTE
ESTATÍSTICA
ESTRUTURA SINDICAL
ÉTICA
ETNOCENTRISMO
EXISTENCIALISMO
FAMÍLIA
FANZINE
FEMINISMO
FICÇÃO

Coleção Primeiros Passos
Uma Enciclopédia Crítica

FICÇÃO CIENTÍFICA
FILATELIA
FILOSOFIA
FILOSOFIA DA MENTE
FILOSOFIA MEDIEVAL
FÍSICA
FMI
FOLCLORE
FOME
FOTOGRAFIA
FUNCIONÁRIO PÚBLICO
FUTEBOL
GEOGRAFIA
GEOPOLÍTICA
GESTO MUSICAL
GOLPE DE ESTADO
GRAFFITI
GRAFOLOGIA
GREVE
GUERRA
HABEAS CORPUS
HERÓI
HIERÓGLIFOS
HIPNOTISMO
HIST. EM QUADRINHOS
HISTÓRIA
HISTÓRIA DA CIÊNCIA
HISTÓRIA DAS MENTALIDADES
HOMEOPATIA
HOMOSSEXUALIDADE
IDEOLOGIA
IGREJA
IMAGINÁRIO
IMORALIDADE
IMPERIALISMO
INDÚSTRIA CULTURAL
INFLAÇÃO
INFORMÁTICA
INFORMÁTICA – 2ª VISÃO
INTELECTUAIS
INTELIGÊNCIA ARTIFICIAL
IOGA
ISLAMISMO
JAZZ
JORNALISMO
JORNALISMO SINDICAL
JUDAÍSMO
JUSTIÇA
LAZER

LEGALIZAÇÃO DAS DROGAS
LEITURA
LESBIANISMO
LIBERDADE
LÍNGUA LINGUÍSTICA
LITERATURA INFANTIL
LITERATURA POPULAR
LIVRO-REPORTAGEM
LIXO
LOUCURA
MAGIA
MAIS-VALIA
MARKETING
MARKETING POLÍTICO
MARXISMO
MATERIALISMO DIALÉTICO
MEDICINA ALTERNATIVA
MEDICINA POPULAR
MEDICINA PREVENTIVA
MEIO AMBIENTE
MENOR
MÉTODO PAULO FREIRE
MITO
MORAL
MORTE
MULTINACIONAIS
MUSEU
MÚSICA
MÚSICA BRASILEIRA
MÚSICA SERTANEJA
NATUREZA
NAZISMO
NEGRITUDE
NEUROSE
NORDESTE BRASILEIRO
OCEANOGRAFIA
ONG
OPINIÃO PÚBLICA
ORIENTAÇÃO SEXUAL
PANTANAL
PARLAMENTARISMO
PARLAMENTARISMO
   MONÁRQUICO
PARTICIPAÇÃO
PARTICIPAÇÃO POLÍTICA
PEDAGOGIA
PENA DE MORTE
PÊNIS
PERIFERIA URBANA

Coleção Primeiros Passos
Uma Enciclopédia Crítica

PESSOAS DEFICIENTES
PODER
PODER LEGISLATIVO
PODER LOCAL
POLÍTICA
POLÍTICA CULTURAL
POLÍTICA EDUCACIONAL
POLÍTICA NUCLEAR
POLÍTICA SOCIAL
POLUIÇÃO QUÍMICA
PORNOGRAFIA
PÓS-MODERNO
POSITIVISMO
PREVENÇÃO DE DROGAS
PROGRAMAÇÃO
PROPAGANDA IDEOLÓGICA
PSICANÁLISE – 2ª VISÃO
PSICODRAMA
PSICOLOGIA
PSICOLOGIA COMUNITÁRIA
PSICOLOGIA SOCIAL
PSICOTERAPIA
PSICOTERAPIA DE FAMÍLIA
PSIQUIATRIA ALTERNATIVA
PUNK
QUESTÃO AGRÁRIA
QUESTÃO DA DÍVIDA EXTERNA
QUÍMICA
RACISMO
RÁDIO EM ONDAS CURTAS
RADIOATIVIDADE
REALIDADE
RECESSÃO
RECURSOS HUMANOS
REFORMA AGRÁRIA
RELAÇÕES INTERNACIONAIS
REMÉDIO
RETÓRICA
REVOLUÇÃO
ROBÓTICA

ROCK
ROMANCE POLICIAL
SEGURANÇA DO TRABALHO
SEMIÓTICA
SERVIÇO SOCIAL
SINDICALISMO
SOCIOBIOLOGIA
SOCIOLOGIA
SOCIOLOGIA DO ESPORTE
STRESS
SUBDESENVOLVIMENTO
SUICÍDIO
SUPERSTIÇÃO
TABU
TARÔ
TAYLORISMO
TEATRO NO TEATRO
TEATRO INFANTIL
TECNOLOGIA
TELENOVELA
TEORIA
TOXICOMANIA
TRABALHO
TRADUÇÃO
TRÂNSITO
TRANSPORTE URBANO
TROTSKISMO
UMBANDA
UNIVERSIDADE
URBANISMO
UTOPIA
VELHICE
VEREADOR
VÍDEO
VIOLÊNCIA
VIOLÊNCIA CONTRA A MULHER
VIOLÊNCIA URBANA
XADREZ
ZEN
ZOOLOGIA